WIZARD

ツキの方程式

人生は思いがけず変化する

The Luck Factor

Why Some People Are Luckier than Others and How You Can Become One of Them

Max Gunther

マックス・ギュンター
夏目 大［訳］

Pan Rolling

First published in 1977. Published by Harriman House in 2009, reprinted in 2012.
This new Harriman House Classics edition first published in 2020,
www.harriman-house.com.
Japanese translation rights arranged with Harriman House Ltd
through Japan UNI Agency, Inc., Tokyo

本書は、2011年にPHP研究所から刊行された
『「ツキ」の科学――運をコントロールする技術』の新装版です。

新版によせて

「運は何にも勝る最高の力だ」

——スタン・リー

人生に成功する条件とは、はたして何だろうか。実際に大きな成功を収めた人たちにはどのような秘密があるのか。それを知りたい人はきっと多いだろう。

すでに成功した人をよく見れば、成功の秘訣が学べるはずだと私たちは考えがちである。その人の持っている特質——生まれつきの才能、身につけたスキル、勤勉さ、粘り強さ、楽観主義、常に成長しようとする姿勢など——が今の成功につながったと考える。

しかし、本当にそうなのだろうか。

実際には「運」の役割も大きいのではないだろうか。だが、運に注目が集まることは少ない。

私たちは成功した人の話は聞くが、失敗した人の話を聞くことはあまりない。ジェニファー・アニストンとサンドラ・ブロックはどちらも有名な映画スターだが、そうなる前は二人ともウエートトレスをしていた。ロサンゼルスには二人以外にも無数のウエイターやウエートレスがいるが、その中に映画スターになる者はほとんどいない。マーク・ザッカーバーグのようなＩＴ起業家も無数にいるが、大半は長年懸命に努力をしたとしても、見るべき成果を上げられない。

あなたの周りにも「いつも運の良い人」がいるのではないだろうか。どこへ行っても面白い人に出会い、どこでも何かと得をする。たいした努力もせずに、自分のしたい仕事をしている。友人や同僚の中にそういう人が一人はいるに違いない。その人には、あなたにはないような良いことが何度も起きる。

だが、運の良い人、悪い人は本当にいるのだろうか。もし、いるとしたら、運の良い人になる方法はあるのだろうか。

その答えは、「ある」だ。

適切な行動さえ取れば、幸運が訪れる確率を上げることができる。運の良い人は、生まれつきそうなのだと思っている人は多いだろうが、そうではない。著者のマックス・ギュンターは、「どう行動すれば、運を良くできるか」を、本書の中で具体的に教えてくれる。

運の良い人は、まず運が良くなる場所に自分の身を置いている。物事の動きが早く、活発な場所にいるので、その分、幸運に出合いやすくなる。できるだけリスクが小さく、リターンの大きい挑戦を積極的に何度も繰り返している。

また、いつも自分よりも賢明で優秀な人たちと関わっている。目標を達成するには、いわゆる「セレンディピティ（思いがけない幸運）」が必要なこともよく知っている。だから、イベントやパーティー、ミーティング、カンファレンスなどの場にできるだけ出席し、常に心と目を開いて、セレンディピティに出合った時、それに気づけるようにしている。偶然の出来事を有効に生かせる生き方をしているということだ。

リスクは厭わないが、その大きさは事前によく考えている。

目標を定めたら、達成のために粘り強く努力をするが、希望がまったくないとわかればあっさりとあきらめる。「強い信念は持つが、執着しすぎることはない」のだ。

簡単に言えば、幸運な人は人生の流れに逆らわず、流れに従って生きている、ということである。偶然に何か良いことが起きた場合には、それを最大限に生かす。一方、何か悪いことが起きた場合には、その悪影響を最小限に抑える。後者は特に重要だ。幸運を追い求めるよりも、不運を避ける術を学ぶ方が大事だと言ってもいい。そして不運を最小限にすれば、幸運は訪れやすくなるだろう。

チャーリー・マンガーは「自分がどこで死ぬのか知りたい。そうすれば、そこにはけっして行かないから」（『完全なる投資家の頭の中』パンローリング）と言っているが、まさにそういうことだ。

幸運を引き寄せるには、慎重な楽観主義と健全な悲観主義が必要になる。この本を読めば、幸運に出合う確率を高める方法もわかるが、もっと大事なのは、どこに不運が潜んでいるかがわかるということだろう。

チャンスは誰にでも訪れるが、必要な準備がなければ、せっかくのチャンスを生かすことができない。古代ローマの哲学者、セネカは「幸運とは、準備と機会とが出合った時に訪れるものだ」と言っている。確かにその通りだろう。単純に「良いことが起きる」というのとは違う。ただ良いことがちょうど良い時に起きただけでは不十分だ。それに対応する準備ができていなくてはいけない。

心理学者のリチャード・ワイズマンは、四〇〇人を対象に一〇年にわたる追跡調査を実施した。その間、どのような幸運、不運がそれぞれの人に訪れるかを観察し続けたのだ。四〇〇人の中には他より運の良い人も悪い人もいたが、一定の原則を守れば、自分である程度、幸運を増やすことも可能だとわかった。

「幸運な人は、いくつかの原則を守ることで自ら幸運を増やしている。自分で機会を生み出すことができ、また機会の訪れを察知することにも長けている。直感に従って運が良くなるような決断をする。良い期待を持って、その期待を自己成就させることもできる。弾力性、回復力があり、仮に何か不運に見舞われたとしても、それを幸運に転換させることができる」

ひとまず健康で、生計の手段を持っている人であれば、誰にでも幸運になる機会は訪れるだろう。あとは、自分が生きていく中で日々、どういう選択をするかにかかっている。自由な社会で暮らしている人は、それだけでかなり幸運だと言えるだろう。

幸運は常にあなたの周りにある。気づいている、いないにかかわらず、良いことは絶えずあなたに起き得るのだ。

幸運な人は総じて生来、楽観的で、自分には良いことが起きるだろうと思っている。楽観的な人は幸運になりやすい。良いことが起きると信じていると、実際に良いことが起きる確率は上がるからだ。また、楽観的な人は、多少、良くないことがあっても、すぐにまた良いことがあると信じているので耐えやすいし、早く立ち直ることもできる。

結局、幸運な人とは、自分の幸運に気づくことができ、自分の今の境遇に感謝できる人のことだろう。自分がお金で買えない「贈り物」をすでにたくさん持っていることに気づけるかどうかが大事だ。

また私は、幸運になるためには、まず、「自分らしくある」ことが大切だと思っている。仕事や投資で何か失敗したとしても、愛する家族がいて、健康にも恵まれていれば幸運だと言えるし、それに感謝すべきだろう。

マックス・ギュンターの業績は、私が自分の著書で運や偶然、セレンディピティ、ランダムネスなどについて書く時に大いに助けになった。すでに古典的名著となった本書を読めば、私と同じように多くのことを学べるに違いない。

ゴータム・ベイド『ザ・ジョイズ・オブ・コンパウンディング』の著者
アメリカ、ソルトレイクシティ

はじめに
運をめぐる不思議な旅

Prepare yourselves for a strange journey

私たちはこれから旅に出る。旅の目的は、「運」とは何かを探ることだ。

おそらく、運とは何かを真剣に探究したことのある人は多くないだろう。探究の対象になり得ると思っている人自体が少ないと思う。考えてもわかりようのないこと、と思っている人が大半のはずだ。そう思う人にとって、運は、有無を言わさず人生を変えてしまうものであり、自分の力ではどうすることもできないもの、自分の能力を超えたものということになる。

幸運も不運も、誰にいつどのようにやってくるかはまったくわからない。それを知ろうとするのは、海の波がいつどこにどのようにできるかを知ろうとするのに似ている。運に何か秩序のようなものを見出そうとしても、なぜ運が良くなったり悪くなったりするのかを知ろうとしても、そんな試みがうまくいくはずはない――そう感じる人は多いに違いない。

しかし、この本を読み、私と一緒に旅をした人は、旅が終わる前に気づくだろう。運というのは、思ったほど「つかみどころのないもの」ではない、と。運は、限られた範囲ではあるけれど、自分の意志と行動によって、確かに思い通りに変えられるものなのだ。なぜそう言えるのかも、はっきりと説明ができる。

「運を思い通りに変える」というのはつまり、幸運に恵まれる確率を上げ、不運に見舞われる確率を下げる、ということだろう。そのために私たちは、まず自分を変えなくてはならない。自分の発想や態度、行動にいくつか変革を起こさなくてはならないのだ。小手先の変化ではなく、根本的な変革だ。変革の一つひとつは独立したものではなく、互いに関係し合い、補完し合うものである。それがすべてあいまって、自分の運を少なくともある程度、良い方向に変えることができる。

私は二〇年以上にわたり、千人を超える人々の人生について調べ、また直接話も聞き、「運の良い人」と「運の悪い人」それぞれにどういう特徴があるのか、両者にどういう違いがあるのかを探ってきた。その結果、運の良い人には見られるが、運の悪い人にはほとんど（あるいはまったく）見られない、という特徴が主に五つあるとわかった。本書では、その五つがそれぞれどういうもので、運にどう影響するのかを、詳しく、誤解のないよう慎重に書いていくつもりだ。

五つの特徴は、簡単にまとめれば次のようになる。

一．**社交性に富む**

運の良い人は、多数の人と友好的な関係を築いている。幸運は常に他人からもたらされるものなので、多くの人とつながりを持つほど、幸運が訪れる可能性は高まることになる。

二．直感力がある

運の良い人は、目に見える以上の何かを察知する能力を持っている。多くの場合は、無意識のうちにその能力をはたらかせている。

三．勇気がある

運の良い人は、目の前にチャンスが訪れたら、確実にそれをつかみ取る。たとえ、それによって自分の人生設計が狂うことになっても、勇気を出して一歩踏み出す。そのため、運の良い人は「ジグザグ」な人生を歩むことが多い。

四．ラチェット効果をはたらかせる

運の良い人は、自分のしていることが悪い方向に転がり始めたときや、状況が悪化し始めたときには、素早くその場から逃げ出すことができる。そのため、ひどい不運に見舞われることは少ない。

五．悲観的推測に基づいて行動する

「運の良い人は楽観的な人」というイメージがあるが、実際にはまったく楽観的ではない。運の良い人は、自ら意識して、極端なほど悲観的な態度を貫いている。いつ良くないことが起きるかわからない、と思って行動することが、幸運につながっているのだ。

私も、運の良い人たちにこういう特徴があると、はじめから思っていたわけではなかった。彼らの行動や信条に直接触れることでわかったのだ。最初のうちは驚いたし、ずいぶん戸惑ったりもした。きっと読者のなかにも驚く人が多いだろうと思う。また彼らが、昔ながらの倫理観からすると好ましくない行動をとっているように見えることもある。実は、そういう倫理に従うと、幸福になるどころか不幸を招くことも多いのだ。それを知って困惑する読者も少なくないだろう。

たとえば「勇気を出して一歩踏み出す」行動は、古い倫理観を持つ人には、軽はずみ、向こう見ずと思われやすい。そして、一歩踏み出すために彼らがうまく「迷信」を利用する、というのも意外なことだろう。迷信に頼っても、それ自体は幸運にはつながらないが、合理的な判断がどうしても不可能なとき、迷信に頼って決断を下す（コインの表裏で決める、など）、というのは有効なのだ。

なぜ、この五つの特徴が大事なのかは、読み進めていくうちによくわかってもらえると思う。もちろん、書いてあることを鵜呑みにする必要はない。あくまで懐疑的な態度で、しかし、先入観や固定観念にとらわれずに読んでもらえればありがたい。常に心は冷静に、目は大きく開いて、ということが大事だ。

では、幸運を求めて旅に出よう。

マックス・ギュンター

目次

運を招きやすい人たち　186
「クモの巣」的人脈の持つ力　191
人の印象と本能にある相互扶助　194
簡単にできる最初のきっかけ　201

第二章　運の良い人は直感力が強い　204

第 1 部

Part 1

旅の始まり

第一章
運の良い人、悪い人

The Blessed and the Cursed

「世の中には、運の良い人と悪い人がいる」

この言葉に、異を唱える人は少ない。だが、そこで話が終わってしまうと、スープだけでメインディッシュが出てこない食事のようになってしまう。これで満足するわけにはいかない。何かを知るためには、さらに言葉を重ねる必要があるだろう。

どうして運の良い人と悪い人がいるのか――それだけですでに大問題である。それについて話してもらうだけで、その人が自分自身について、また自分の人生や運命について、どんな信念を持っているのかがよくわかる。

いろいろな意見があるだろう。きっと皆の意見が一致したことはなかっただろうし、これからも一致することはないだろう。なかには「幸運である理由や不運である理由を自分は知っている」と言う人もいるだろうし、一方で、「理由はあるかもしれないが、人間がそれを知るのは不可能だ」と言う人もいるだろう。「そもそも、運の良し悪しに理由なんてない」と思っている人もいるに違いない。

では、まずそのあたりから話を始めよう。

ここにエリック・リークという人がいる。理髪師で、ヘアスタイリストでもある。彼は、ここ何カ月もの間、「運」というものについてかなり考えたのだという。それというのも、まさにその運によって、人生が大きく変わったと感じていたからだ。

私は彼の考えをぜひ聞きたいと思い、ニュージャージー州ノース・アーリントンにある自宅を訪ねることにした。だいたいの住所はわかっていたのだが、正確ではなかった。行ってみると、寂れた通りにエレベーターもないアパートが建っていて、一階部分にはいくつか商店が入っている。ドラッグストアの横に薄暗い入口を見つけ、私は「たぶんここだろう」と当たりをつけて中に入った。廊下には、傷だらけになった金属製の郵便受けが並んでいたが、どれにも名前がない。木の階段をきしませながら上がっていくと、ドアがあった。表札はなかったが、間違いないと思いノックした。出てきたのはエリック・リーク本人だった。彼は私を部屋に入れてくれた。エリックは二六歳、背が高く、痩せていて、ハンサムだ。髪は明るい茶色で、口ひげをはやしている。部屋は古いとはいえ、綺麗に片付いている。彼は、同居しているティリー・カルダスに私を紹介した。ティリーは「ビールでもいかが」と言って差し出した。

さらに小さくて人なつっこい家族がもう一人（一匹）。赤毛の交じった白い猫で、名前はキール（Keel）だという。リーク（Leek）のスペルを逆さにしたものだ。エリック・リーク（Eric Leek）のスペルをすべて逆にすると、"Cire Keel（シール・キール）"になるが、彼はそういう名前の魔法使いが中世にいたと信じているという。そして、自分はそのシール・キールの生まれ変わりなんじゃないか、とも思っているらしい。

さっそく、私たちは「運」についての話を始めた。エリックは「運の話をするときはちょっと戸惑います」と言う。話を聞いて気味悪がる人が多いのだそうだ。

「どうしても神がかったようなことを言うことになるからです。神秘的というか。僕は『幸運は、それを受け入れる準備ができている人のところにやってくる』と信じているんです。そして、その幸運を、自分のためではなく、他人のために生かせる人のところにしかやってこない、とも思っています。自分の得ばかり考える欲の深い人のところには、幸運は訪れないですね。欲深い人ほど、幸運に見放されると思います」

エリックには、これからこの言葉に嘘がないことを証明する機会が何度も訪れるだろう。

彼は、もともとはごく普通の青年にすぎなかったが、一九七六年一月二七日に、突如驚くほどの富を手に入れた。ニュージャージー州の、アメリカ建国二〇〇年を祝う宝くじに当たったのだ。その賞金は、当時アメリカ史上最高となる額だった。毎週一七七六ドル、一年間で九万二〇〇〇ドルあまりを一生涯受け取ることができるというものだ。彼がもし早くに亡くなった場合にも、遺産相続人に支払いは引き継がれ、最低でも一八〇万ドルは受け取れることになっていた。

わずか一ドルで買った宝くじである。そのくじを買った六三〇〇万人のなかからただ一人、彼が選ばれたのだ。エリックは言った。

「問題は、なぜ私の買った一枚が当せんしたか、ということです。大事なのはそれです。これだけ大勢の人がいるのに、なぜ私が当たったのか。これが単なる偶然だとはとても思えません。どんなことでも、起こるには理由があります。それが何なのかがわかるとは限りませんが。物事の起き方には一定のパターンがあるんです。それが私たちの人生を決めているのです」

エリックは、これまでいつも幸運に恵まれてきたという。そして「将来については、あまり心配をしたことがないですね。いつも『まあ何とかなる』と思ってきました」と言っている。いわゆる「身を落ち着ける」ということをしないのも、そのためだ。職業もいろいろと変わった。歌手だったこともあれば、俳優だったこともある（それは、滑《なめ》らかな口調、言葉の正確さなどに表れている）。タクシー運転手をしたことや工事現場で働いたこともある。そして今は理髪師だ。

「ずっと、今くらいの年齢に何か大きな変化が起きるだろう、という強い予感がしていました。すべてを変えるような何かが起きる、と感じていたので、あまり急いで『自分はこうあるべきだ』

と決めつけないようにしてきました。その大きな変化が起きれば、あとは自然となるようになっていくだろうと思ったのです」

「あらかじめ、自分の未来がわかっていた、ということですか」と尋ねてみた。

「おぼろげにですけど『わかっていた』と言っていいと思います。僕にもティリーにも少し予知能力のようなものがあるんです」

「そうなの」。ティリーも言った。

「何週間か前に、夢を見たんです。茶色い髪をした男の人が大金を当てる夢なの。おかしいんですけど、最初はそれをエリックだと思わなかったんです。宝くじの抽せんの直前になって、突然気づいたの。そうだ、当たるのは絶対に彼だって」

「僕も、直前には確信していました」。エリックもそう言った。だが、くじを買ったときに、何か予感めいたものがあったわけではないという。

「買ったときは、『当たるかもしれない』なんて思っていたわけじゃないんです。もともとは、宝くじの収益が教育基金に寄付されると知って、それはいいなと思っただけで……。一カ月くらいの間に、四〇枚くらい買いました。一ドルゆとりができるたびに買い足したって感じですね。最終抽せんには、四五人が残ることになっていたんです。その四五人の氏名が翌日発表されると新聞で読んだとき、僕は友人に言いました。『きっと僕の名前もあるよ』って。冗談とも本気ともつかない感じで。どんな感じか、わかってもらえないかもしれないけど、どこかで『本当にそうなるんじゃないか』とは感じていたんです。そして、実際にその通りになりました」

そしてエリックは、数字の「10」の話をしてくれた。彼のラッキーナンバーなのだという。

「僕は10月10日の10時に生まれたんです。僕に何か良いことが起きるときは、必ずと言っていいくらい10という数字が関わっています。たとえば、ティリーに出会ったのも10日でした」

宝くじの抽せんの日付が1月27日だったことも、良い前兆だったという。1と2と7を足すと10になるからだ。また、抽せん会にも10は現れた。抽せん会の会場は大学の講堂で、最終抽せんに残った人のほとんどが出席していた。抽せんの手順は複雑で、あえて長い時間がかかるようにしてあり、見ているほうがハラハラするような、芝居がかった演出がなされていた。最終抽せんの候補者たちには、候補者が絞り込まれるたび、それぞれに番号が振られたのだが、エリックの番号が「10番」になったとき、彼は自分の当せんを確信した。

当せん金はどう使うつもりなのだろうか。最大の目標は、苦しい状況に置かれた青少年を支援する施設を、ノース・アーリントンにつくることなのだという。「僕の幸運を、他人の幸運に変えるんです。まだ見ぬ子供たち、若者たちの幸運に」とエリックは言う。

彼の幸運は今後も続くのだろうか。「少なくともしばらくは続きそうだ」と本人は感じているらしい。当せんのすぐあとにティリーを連れてアカプルコに旅行したのだが、ホテルの部屋番号は偶然にも「１０１０」だったという。まさに願ってもない番号だ。何週間かしてニュージャージーに戻ってきてから、彼は理髪師組合の会合に出席したが、そこでも抽せんが行われた。壺の中から、組合員の名前を書いた紙を引いて当せん者を決めるのだが、皆は、すでに地元の有名人になっていたエリックに引いてくれるよう促した。彼が引いた紙には彼自身の名前があった。

ジャネット・マリンソンは三〇代後半の女性。タイピストだったが、失業してしまった。少々太り気味だが、魅力的な人だ。髪は茶色で目は青。私はワシントンDCの、あるドラッグストアの軽食堂で彼女に会った。コーヒーカップの隣に新聞が置かれていた。ジャネットは求人広告を見ていたのだ。

「何だか、気づくといつも失業してるって感じなんです」と言う。その声には、自分を哀れんでいるようなところは全然なかった。泣きごとを言っているふうでもない。それどころか、不可解なほどに明るいのだ。

「前に、心理学者の書いた本で読んだことがあります。『人は自分の不幸を自分でつくる』って。でも、それは私には当てはまらないですね――その本がまったく嘘とは言わないけど、完全に本当でもないです。私の人生にはたくさんの不幸がありました。私一人分にしては多すぎるんじゃないかって思うくらい。私のいう不幸っていうのは、自分の力ではどうすることもできないこと、っていう意味ですけど。『運命』っていうのかな。ときどき、誰かが選ばれて、しばらく不幸を引き受けさせられるんじゃないかと思うんです。でも、それがずっと続くわけじゃない。私は、来年には良くなりますーーそしてその次の年から、やっと、すべてが思い通りになるんです」

「どうしてそうだとわかるんですか」

「星占いでそうなってるんです。そんなの迷信だって思われるでしょうけど……。でも、聞いてください。私みたいに不幸な目にばかり遭ったら、あなただって、これはいったいどうしてなんだろうって思うはずです。宗教に答えを求めたこともあったけど、何も教えてはくれませんでした。途方に暮れていた私に、友達が占星術を教えてくれたんです。あまりによく当たるので、驚いてしまいました。私はさそり座なんですけど、土星と水星の位置が良くないし、ほかにもたくさん問題がある状態が、私が生まれてから四〇年近くも続いていたんだそうです。だけど、もうそれも終わりに近づいています。今年はまだ少し心配が残っていますが、来年は楽しみです。何とか今年を乗り切れれば。これまでも何とかやってきましたし……」

彼女が思い出せる最初の大きな不幸は、メリーランド州に住んでいた子供の頃の出来事だ。ピクニックに行って、たき火をしようと誰かがガソリンに火をつけたとき、一気に燃え上がった炎で彼女は左頬にひどい火傷を負ってしまった。のちに皮膚を移植する形成外科手術を受けたため、今はほんの少し跡が残っているだけで、見た目にはあまりわからない。

「当時はまだ、今ほど形成外科が進歩していませんでした。それに、そもそも私の両親には、手術代を負担するお金がなかったのです。なので一〇代のときはずっと、頬に醜い赤い斑点がついたままでした。一〇代の女の子がどれくらい傷つきやすいか、あなたも知っているでしょう。今思うと、斑点は人に顔を見せられないほどではなかったんですけど、その頃は、とても見苦しくて人には見せられない、と思い込んでいました。だから、いつも家に一人でいました。デートに行ったり、ということもなく、引きこもりみたいになってしまったんです。性格で運は変わるって言う人がいますけど、私の場合は逆です。運命が性格を変えました。頬を火傷してからというものは、一人で過ごすようになり、内気で人の顔をまともに見ることすらできなくなりました」

高校を卒業すると、ジャネットはワシントンDCに移り住み、政府機関で働き始めた。

「今まで、一つの仕事を三年以上続けられたことはありません。いつも必ず何かが起きて、私は追い出されてしまうのです。こちらにも問題があるのかもしれないけれど……でも、それだけとは思えません。最初の仕事では、職場でお金が盗まれるという事件が起きました。それで責められたのは誰だと思いますか？　私ですよ、もちろん。運の悪いことに、勤務時間後に私が職場に戻ったのを誰かが見ていたのです。ただ、その日買ったシャンプーを職場に忘れたから取りに戻っただけなのに。お金を盗むために忍び込んだんだって言われて。それも、ほんのちょっとのお金を……」

ジャネットはさらに続ける。

「私にはそんなことばっかり起きるんです。ついこの間も仕事を辞めたので、それで、こうして求人広告を見ているんです。うまくやっていたのに、やっぱり問題が起きました。私の上司だった人が辞めてしまって、代わりの人が入ってきたんですが、それがとてもひどい人なんです。みんな彼女を嫌っていて、彼女もみんなを嫌っていたんですが、なぜだか、彼女は私を特に目の敵にしました。理由はわかりません。よくよく考えてみたんですが、怒らせるようなことを言った覚えも、した覚えもまったくない。本当です。人間が二人いれば、どうしても合わないってこともあります。よくあること、仕方ないことなんでしょう。運が悪かったとしかいいようがないです。いずれにしろ、彼女の耐えきれないほどの仕打ちに、私はもう、仕事を辞めるか精神科の病院に入院するか、というところまで追い込まれてしまいました」

つき合った男性も何人かはいたが、いつも最後はひどい結果になったという。二二歳のときに結婚したものの、三年経って夫は彼女のもとを去った。小さい二人の男の子を残して。

二〇代後半になって、ジーンという別の男性に出会った。彼女によれば、ジーンは「本当に自分にぴったりで、理想的な相手に思えた」らしい。二人の息子がいても気にすることなく、彼女を好きになってくれ、結婚したいと言ってくれた。

ところが、結婚式まであと一週間というとき、ジャネットの母親が重い病気にかかってしまい、すべての予定を延期して、彼女が何カ月か母親の世話をしなくてはならなくなった。その後、母親の病気は完治する見込みがなく、ジャネットがずっと一緒に暮らして世話をしなくてはいけない、ということがわかった。同居して生涯、介護を続けるという事態に、ジーンの熱意も冷め始めた。ジャネットは、何週間も彼と話し合い、冷めた気持ちが何とか再び戻るように努力をしたが、彼は結婚自体を考え直そうと言う。

そんなとき、また新たな事件が起きた。ジャネットの息子が学校で倒れたのだ。てんかんだった。そのてんかんは治療が困難な種類のもので、頻繁に通院しなくてはならず、治療費もかさむ。ジーンは黙って姿を消してしまった。

「もう一人の息子は、ぜんそくなんです」。彼女は表情も変えずに言った。まるで、そんなことは当たり前で、何も不思議なことではない、というように。

「今、治療費と薬代が半年分、アパートの家賃は二カ月滞っています。先月は、とうとうテレビまで手離してしまいました……」

彼女はため息をついた。

「世の中には、運をつかむ人もいれば、そうじゃない人もいます。良くないときは、ただ耐えて待つしかありません。星の位置が悪いときは、どうしても、それに逆らえないんです」

シャーロック・フェルドマンはプロのギャンブラーだ。彼は死ぬまで「運」についての研究――正確には、「運」というものについて他人がどう考えているかを探ること――に身を捧げた。また、運に関わる不思議な出来事について記録することにも熱心だった。

彼は、ラスベガスではよく知られた「デューンズホテル」のカジノマネジャーだった。昼も夜も

（主に夜だが）人間がギャンブルに興じる姿に接して、ほぼ純粋に運だけを相手に遊ぶ人たち、眠ることよりギャンブルを選ぶ人たちを見て過ごしてきたのだ。

彼はすべてが「大きい」男だった。腹も、鼻も、黒ぶちの眼鏡も、笑顔も。そして、生に対する執着心も。「寛大」という意味でも大きかったと言っていいだろう。他人が自分の運に対する見方、考え方を話すのを、彼は辛抱強く聞いた。相手に対する共感を示すことも忘れなかった。そうして、他人の考え方をすべて吸収していった――彼自身の考えを言ったほうがいいと判断したときも、あくまで静かに優しく話をした。

「運とは何か」を尋ねた私に、彼はかつてこう言った。

「運とは何かと聞かれても、『私にはわからない』と言わざるを得ませんね。ここ（カジノ）に来る人のなかには、四つ葉のクローバーを持ってくる人もいれば、占星図を持ってくる人もいる。ラッキーナンバーがある、と言う人もいる。みんなあれこれと工夫をして、何とか自分の運を自分の手でコントロールしようとしています。『ラッキーナンバーは本当に存在するんだ』という人も、なかにはいるでしょう。もしラッキーナンバーで良いことが起きるような人がいるなら、まさにそういう人のことを『運が良い』と言うべきなのかもしれません。でも私は、運というのは、幸運にしろ不運にしろ、偶然もたらされるものにすぎない、と思っています」

フェルドマンには、こういうときにする話がいくつかあるという――どれも、本人が率直に「うまく説明できない」と認める、不思議な話だ。

彼の話にはいろいろな人間が登場するが、特に興味をそそられたのは、彼が「生まれつきの負け犬」と呼ぶタイプの人間だ。「生まれつきの負け犬」などという言い方は、彼の考え方とは一見、矛盾するものである。それは本人も認めている。

「運が偶然のみによって決まるのなら、幸運と不運が誰にも同じように均等に訪れるはずです。『生まれつきの負け犬』なんて人がいるわけはない。ルーレットみたいに純粋に偶然だけで勝ち負けが決まるのなら、ずっと負け続ける人がいるはずはない。でも実際には、勝つことのほうが多い人もいれば、長い間に勝ちと負けが同じくらいになる人もいるし、常に負け続ける人もいる。それはなぜなのか？　もしそれがわかるのなら、私のほうが教えてほしいですよ」

ある夜、カジノを見回っていたフェルドマンは、ある男が気になって、ふと目を留めた。そこで働いているスタッフではなさそうだった。

「小さい男でした。四五歳から五〇歳くらいでしょうか。悲しそうな表情をしていました。カジュアルなシャツを着ていたのですが、たえず首のあたりを触っているので、普段はネクタイをしていることが多いのでしょう。ただ、一人でその場に立って、ルーレットで遊ぶ人たちを見ているのです。私はそばに行って挨拶をしました。何も、彼が強盗を企んでいるとか、そういうふうに思ったわけではありません。でも、私の仕事は、ご存じの通り、人に興味を持つのが大事ですから」

話しかけると、男は嬉しそうな顔をした。自分と話したいと思う人間がいたことが、嬉しかったようだ。二人はしばらく話をした。彼は中西部の小さな街の紳士服店で働いているのだという。今は二週間の休暇を取り、夫婦で南西部を旅行中だとのこと。その夜は、妻が友人とショーを見にいったので、自分一人になったということらしい。

「なんとなく立って見ていよう、と思ったんです」。男は言った。「せっかくラスベガスに来たのに、カジノも見ないんでは、帰ってからみんなに『何しに行ったんだ』と言われますから」

「もし、運試しをなさりたければ、席は空いていると思いますけど」とフェルドマンは言った。

「とんでもない。ダメですよ。運試しの必要はありません。自分の運が悪いことくらい、もう十分わかっていますから。私は生まれてこの方、勝ったことがないんですから。コイン投げですら、勝ったことがないんですよ。正真正銘の『負け犬』なんです」

フェルドマンは笑顔でうなずき、立ち去ろうとした。そのとき、誰かがテーブルの下に五ドル札を落としているのに気づいた。身をかがめて大勢の人をかき分け、ディーラーに向かって叫んだ。

「床に五ドル落ちてますよ！（There's a five on the floor!）」

喧噪の中、声がよく聞こえなかったのか、ディーラーは彼の言葉を誤解した。ルーレットにお金を賭けたと思ったのである。「4に五ドル！（Five on four!）」と聞こえたのだ。ディーラーは、その通り「4」に五ドルのチップを置いた。ルーレットが回り出す。小さな象牙の球が「4」のスロットに入った。勝ったのだ。五ドルが一七五ドルになった。

一気に増えたチップがテーブルの上を運ばれる。男は驚いて見ているだけで、チップに触ることもできなかった。チップはたまたま、「赤」のマス目の上で止まっていた。そのまま、またルーレットは回り始める。赤が出た！　的中だ。一七五ドルは倍の三五〇ドルになった。

フェルドマンは床の五ドルを拾い、落とした女性に渡した。そして男の背中を叩いて言った。

「あなたの運も、実はそう悪くないようですね」

「信じられません！」男は言った。

「こんなことは今まで一度もありませんでした。全然勝ったことないんですよ。たとえ五分五分の勝負でも、私だけは一〇〇パーセント負けと決まっているようなものでした。うちの子供たちと以前はよくポーカーをしましたが、みんな私のことを『キャッシュディスペンサー』と呼んでいました。私が入ると、必ずみんなに払う側に回るからです」

「でも、今夜はあなたが勝つことになってるみたいですよ」とフェルドマンは言った。

「とうとうツキが変わったんですね。このままやってみませんか？」

男はそうした。そして勝ち続けた。チップの山はとうとう五〇〇〇ドル分を超えた。感情がたかぶり、男はそれに耐えきれなくなったので、チップを換金してその場を去ることにした。

だが、不思議なのはそこからだった。不運は、またも彼を翻弄したのである。

カジノというのはどこでもそうだが、ラスベガスのカジノも、お金を賭けたり支払ったりということに関して、面白いほど融通が利く。ただ、表面的にはそのように非常に大らかでも、その下には「鉄の掟」が存在する。なかでも特に厳格に守られている――例外は絶対に許されない――のは、お金を賭ける際のあるルールである。

プレーヤーは賭けるときに、必ずしも現金を置かなくてもよい。ディーラーがその人を見て「大丈夫」と判断したら、現金を受け取る前にチップを渡して、ゲームに参加させることもある。しかし、いずれは、最初に元手となったチップを買うための現金を出さなくてはならない。たとえ勝っていても、「そのチップを買えるだけの現金を確かに持っていた」という証明をしなくてはならないのである。もし証明できないと、カジノ側は申し訳なさそうに、だが断固たる態度で「勝った分を支払うことはできない」と告げることになる。

この男の場合、最初に提供されたのは五ドルのチップだったから、五ドル持っていたと証明できればいいわけだ。いたって簡単なことである。ポケットにたった五ドル入っていることさえ証明すれば、五〇〇〇ドルが手に入るのだ。

彼は財布を出し、中を見た。笑顔が消え、ショックの色が顔に浮かんだ。やがて、表情は実に悲しそうなものに変わった。どうやら妻が、今夜のショーのために、彼の金を全部持っていってしまったらしい。それを言おうと思いながら忘れたのだろう。財布は空だった。

◇「運」という言葉の定義

さて、例を挙げるのはひとまずこのくらいにして、ここで、「運（luck）」という言葉がいったい何を意味するのかを明確にしておこう。

私たちは「運」という言葉を、どういう意味で使っているのか。

「運」はそれ自体、極めて簡単な、単純な言葉である。だがこの言葉には、人の感情に訴える力があり、哲学的、宗教的な側面、また神秘的な側面もある。そのように多様な面があるため、この簡単な言葉の定義は何通りも考えられる。「人生」というものをどう見るかによっても、定義の仕方は変わってくる。だから、ある定義を強く主張しすぎると、別の定義を支持する人、つまり自分と人生観の違う人と衝突することにもなりかねない。

辞書を引けば少しは役に立つが、それですべてがわかるわけではない。どの辞書の定義にも必ず異論は出る。人生観の違いによって、その定義のどこに不満を持つかも違ってくるだろう。

ある辞書で「運」という言葉は、「偶然が人生に及ぼす作用」と定義されている。人によってはこれを「素晴らしい、完璧な定義だ」と言うかもしれないが、「いや、運は単なる偶然とは違う」と言う人もいるだろう。

もっと神秘的な定義がなされている辞書もある。「運」とは「人生を良い方向、あるいは悪い方向に導く力」だというのだ。力？　この力とは、どういう力のことだろう？

さらに別の辞書を見ると、「運」とは「人、集団、あるいはその活動を、ときには望ましい方向、またときには望ましくない方向に導く、無目的で、予測・制御が不可能な力」であると定義されている。だが、何かの宗教を熱心に信仰している人なら、この定義を否定するだろう。「『無目的』とは何ごとか」というわけだ。占星術師や、心霊現象を信じている人は、「予測不可能」という部分に異議を差しはさむだろう。ラスベガスやモンテカルロに出入りするギャンブラー、競輪・競馬・

競艇などに興じる人たちなら、「いや『制御不可能』とは言いきれない」と言うかもしれない。

私は、誰もが受け入れることのできる定義をずっと考えてきた――あとから説明や分析を加える必要がなく、それだけで真実を言い表せる定義はないか、と考えてきたのである。その結果、思いついたのが次の定義だ。

運――人生を大きく左右し、人間の手で操作・制御することが不可能に見える事象

あまりに曖昧な定義と思う人もいるかもしれない。確かにその通りである。あえて曖昧にしてあるのだ。

まず、運というものを「ただ偶然に物事が良くなったり悪くなったりすること」と捉える人は、この定義で満足するだろう。それから、運に単なる偶然以上のものを感じている人、「運とは何かの力であり、論理的、科学的に説明のつくはずのものである」と信じている人も、これに異議は唱えないだろう。また、運が超自然的、超常的な力であると信じる人、占星術、ラッキーナンバー、魔法の呪文、ウサギの足（**訳注**　西洋ではウサギの足が幸福のお守りとして使われる）、四つ葉のクローバーなどを信じる人、そして、何より「全能の神」を信じる人にも納得してもらえると思う。

運をどう定義するかは、その人のこれまでの人生がどのようなものだったのかで変わるだろう。他人の定義に異議を唱えても、意味はない。それは、他人の人生に異議を唱えることにほかならないからだ。

本書は、誰かに異議を唱えるための本ではない。

私は、運についてそれぞれに違った意見を持つ、さまざまな人々と話をしてきた。そして、一人ひとりの説明、物語に耳を傾けた。話の論理に欠陥らしきものが見つかった場合には、もしそうする意味があれば、その欠陥について掘り下げて考察もした。ただし、相手の論理の欠陥をつくような場合も、態度はあくまで穏やかに、常に最大限の謙虚さを持つよう心がけた。

知りたいのは、人間が「運」についてどう考えているのか、ということだけであり、相手を言い負かすことではないからだ。そうする間には、奇妙な考え方にも多く出合ったし、変わった人、それから魅力的な人にも大勢出会った。

本書の究極の目的は、いつも幸運に恵まれる人といつも運の悪い人の間に、何か明確な違いがあるのか、を探ることだ。運の良い人は実行しているけれど、運の悪い人は実行していない、そんなことがあるのか。運の良い人の生き方、考え方や行動の仕方に共通する特徴はあるのか。それは果たして学べるものなのか。極端に現実的な人でも、反対に極端に神秘主義的な人でも、あるいはその中間の人であっても、皆、そういう幸運な人の考え方や行動を取り入れることができるのか。

答えはすべて「イエス」である。

「浅はかな人間ほど運を信じる」

ラルフ・ウォルド・エマソンがそう言ったのは、今から一世紀以上前のことだ。この場合、エマソンが「運」という言葉を狭い意味で使っているのは明らかである。彼は、運を何か霊的、神秘的なものとして捉えているのだ。単なる偶然とは考えていない。ある不思議な秩序をもって人を動かす力、媒介、あるいはパターンと見ていたのだ。

だが、先に私が提示した「広い定義」だと、どうなるだろうか――「人生を大きく左右し、人間の手で操作・制御することが不可能に見える事象」という定義だ――この定義だと、エマソンの言葉には意味がなくなってしまう。「運」という言葉がこのような意味だとすると、「運を信じる」と言うのは、「太陽を信じる」と言っているのと変わらないことになってしまう。信じようが信じまいが、太陽は存在している。それと同じように、運も信じようが信じまいが存在するのだ。

人間は誰しも、自分の外の世界で起きる出来事に影響される。男だろうと女だろうと、子供だろうと、自分の人生をすべて思い通りにすることはできない。誰の人生も、予想できなかったこと、予期しなかったこと、希望しなかったことが起き、それに左右されるのだ。運は良いことも悪いこともあるが、たとえどんな運であれ、人は必ずそれと向き合わなくてはならない。運は、すべての人の人生において一定の役割を果たす。ときには、人生を完全に支配してしまうこともある。

そもそも誰かの人生が始まることも、運のなせるわざだ。そう考えると怖くもある。たとえば、私が生まれたのは、はるかな昔ロンドンで、ある若い男がたまたま風邪をひいたおかげだ。

彼はロンドン中心部の銀行に勤めていた。晴れた日曜日には、田舎へピクニックに行ったり、英仏海峡に面した海岸まで泳ぎにいったりすることが多かった。だが、その日曜日、彼は風邪をひいてしまい、ピクニックの予定を延期し、部屋でおとなしくしていた。

春の日だった。勤めている銀行のそばの、家具もほとんどない殺風景な部屋。そこに友達がやってきて、パーティーに誘われた。そのパーティーで、彼は一人の若い女性に出会ったのだ。二人は恋に落ち、結婚した。それが私の父と母である。

それから四半世紀後、別の若い女性が仕事を求めてニューヨークにやってきた。数ある求人のなかで彼女が特に強く惹かれたのが、大学の人事部での仕事だった。面接を受け、一週間ほど待ったが何の連絡もない。貯金も減って心配になった彼女は、大学ほどは乗り気でなかった雑誌社への入社を決めた。

だが数日後、大学から連絡があり、ぜひ来てほしいと言う。希望通りの仕事をさせてくれるというのだ。連絡が遅れたのは、複雑な事務処理が必要だったのと、ちょっとした不測の事態がいくつか重なったためだ。特に大きかったのは、採用に関わる幹部職員がインフルエンザにかかって寝込んでしまったことだった。

彼女は数日悩んだが、結局は、すでに始めていた雑誌の仕事をそのまま続けることにした。それは主に、道徳的にそうすべきだろうと思ったからだが、いったん始めてしまった以上、続けるほうが気分的に楽だったからでもある。

それから間もなく、私が偶然にも同じ雑誌社に入り、リライト担当として働き始めた。二人は出会って恋に落ち、結婚した。我々の三人の子供たちは、誰だかよくわからない大学の幹部職員が、ちょうどいいタイミングでインフルエンザにかからなかったら生まれてこなかったのだ。

◇運がもたらす混乱

どうだろうか。こういう話に「運命」という言葉を使う人もいるだろう。逆に、所詮は単なる偶然の出来事の積み重ねで、そこには何の意味も法則性もない、と考える人もいるだろう（私も個人的にはそちらのほうが好きだ）。「運」という言葉の定義を、先に私が示したような曖昧なものにしておけば、どちらの解釈にもうまく合致する。

ここで一つ確かなのは、もし、自分の人生を細部にいたるまで計画通り、思い通りにするよう厳密にコントロールできる、と考えている人がどこかにいるとすれば、その人は幻想にとらわれている、ということだ。

先述のエマソンがそうだったように、「運」というものの存在には、これまで幾多の知性豊かな人たちがいら立ち、当惑してきた。「運は人間の理性に対する最大の侮辱である」という捉え方もされてきた。

運を無視することはできず、また運がどうなるかを見越して計画を立てることもできない。我々はただ座して待つしかない。運が勝手に自分の人生に繰り返し入り込んでくるのを、なすすべもなく見つめているしかないのだ。どんな形で入り込んでくるかを、あらかじめ知ることもできない。運によって、自分が悲しくなるか嬉しくなるか、腹を立てるか、あるいは金持ちになるか貧乏になるか、それはまったくわからない。今より良くなるのか悪くなるのか、さらには、自分が死んでしまうのか生き延びられるのかもわからないのだ。

人間の知性は常に「秩序」を求める。だが、運は必ず混乱をもたらす。どれほど賢明な人がどれほど注意深く計画を立てたとしても、運は間違いなく、その計画を狂わせる。運が良ければ、完全に計画通りではなくても、ある程度、自分の望みに近いものが得られる。しかし、運が悪ければ、自分の望みとはまるで違う結果になる。それが運の腹立たしいところである。どうしても逃れられないのに、それに備えることは不可能なのだ。

自分を向上させようといかに努力したとしても、幸運に恵まれなければ、ほとんど報われずに終わることになる。勇気や忍耐など、倫理的に重要とされるあらゆる特質を持っていたとしても、愛情や謙虚さなど、詩人が尊ぶ特質をどれほど持っていたとしても、運が良くなければ、そんな特質が功を奏することはないだろう（先に登場したジャネット・マリンソンを見てもそれは明らかだ）。

マキャベリなどから戦略を学ぶことも可能ではある。権力を握るための戦略のようなものはあるし、それを学ぶことはできる。権力を持てば、自分の思い通りになることは増えるであろう。他人に恐怖心を抱かせることで、物事を望みの方向に導くこともできる。権力があれば、他人に何か言われても、罪の意識なしにそれを拒否できる。人を惹きつける魅力があれば、言うことをきいてもらえるかもしれない。他人をうまく洗脳すれば、赤道直下で熱いお湯を売りつけるようなことも不可能ではない。

このように「周囲を自分の思い通りにする」というのとは逆の方向の努力もできる。何があっても、自分で幸福な気持ちを持ち続けるよう心がけるのである。神に祈りを捧げ、神との一体感を常に保てるよう鍛錬をするのだ。その方法はいろいろだし、どんな方法もそれなりに役立つだろう。そうして自分の人間としての器を大きくする、というのは確かに良さそうなことだし、実際にそれが良い効果をもたらすこともあるだろう。

しかし、仮にそうだとしても、やはり「運」という要素が人生から消え去ることはない。神の教えなどで言及されることはまずないが、それでも厳然として「運」は存在するのである。どんな方法をとるにしろ、運が良くなければ、成功して自分が満足できる結果を得ることはない。

ＩＢＭに勤務する私の知人には、オフィスのトイレで「超越瞑想」をする習慣があった。瞑想をするには一人になる必要があったが、彼にとっては、トイレだけが一人になれる場所だったのだ。ある日、マントラを唱え始めたときに、天井のタイルが一枚剥がれ落ち、彼の頭に当たった。驚いて飛び上がったのだが、その拍子に、ズボンの後ろポケットから車のキーが飛び出して、便器の中に落ちてしまった。かがみ込んでキーを拾おうとしたが、あわてていたため、うかつにも便器のレバーに触れ、水が流れてしまった。もう、どうすることもできない。

幸運に恵まれなければ、我々は何も、本当に何もできないのだ。この、とてつもない力を持つ運というものを、他人より少しでもうまくコントロールできたらどんなに良いだろう。ほかのことと同様に、運が方法次第で少しでも自分の思い通りになるとしたら、どんなに素晴らしいだろう。

その「方法」を見つけ出そうと試みた人は無数に存在する。太古から人間は、雨や獲物などの恵みがもたらされるようにと、神に祈ってきた。ほとんどの宗教には、運を自分の思い通りにするために祈る、という側面がある。

現代の人間でさえ、好ましい結果を得るために祈ることは多い。旅に出るときに危険な目に遭わないよう、お守りを持つ人もいるし、進むべき道がいくつかあって迷っている人は、占い師に相談したりもする。読者には決して勧めないが、数ある呪術・魔術の類はほぼすべて、制御できない運を制御することを目的としていると言ってもいい。あるいは、占星術のように、この先の運がどうなっているかを予測し、それに備えようとするものもある。

そういうものは「迷信」と呼ばれることも多い。そもそも「迷信」という言葉が存在するのは、運に対する見方が人によって異なるからである。人が「迷信」という言葉を使うときは、何か宗教的、神秘的、あるいはオカルト的なもののなかでも、「自分は信じていないもの」を指すのに使うことが多い。つまり、私にとっては「迷信」でしかないものが、別の人にとっては「宗教」なのかもしれないし、その逆もある、ということだ。

何より問題なのは、「運を良くするためにさまざまな試みがなされてきたにもかかわらず、そのうちの一つとして、万人を満足させると証明されたものはなかった」ということだ。たとえ満足する人がどこかにいても、必ず、一方には試してみようとさえしない人がいる。

もし、魔術や祈りのように「目に見えない力」に頼ることなく、自分の運をコントロールする方法があるなら、間違いなく役に立つだろう。何か、科学的、経験主義的に効果が証明できるような方法があれば言うことはない――実を言えば、そんな方法は確かにあるのだ。

◇運は変えられるか

私は一九五〇年代半ばから、運に関わる話、運に関わる理論に心惹かれ、そういうものを数多く収集してきた。ちょうど五〇年代半ばに、どこからともなく（と当時は感じた）私に思いもかけない幸運が舞い込み、自分の人生の計画が大きく変わったからだ。

それ以降、私はさまざまな理由で、何千人という人々にインタビュー（そのほとんどはジャーナリスティックな目的でのインタビューである）をしてきたが、その際、必ず「運」についても話を聞くようにしていた。

運に関してどんな経験をしてきたか、運についてどう考えているか、また、運を自分の思い通りにするために何かやっていることはあるか、などを尋ねたのだ。

特に、極端に幸運な人、極端に不運な人には注目した。幸運に恵まれた人は実行しているけれど、そうでない人、特に極端に不運な人は実行していない、果たしてそんなことはあるのか。自分の内面や周囲で何かを明確に変化させれば、運というものは変わり得るのだろうか。

答えは「イエス」だ。変わり得る。本書はそれについて書いた本だ。やり方さえ知っていれば、限られた範囲ではあるけれど、確実に自分の運を変えることができる。

ただし、神秘的、超自然的な力を操れると自称する怪しげな人たちが言うように、きめ細かく運を変えることは不可能だ。未来の出来事の逐一を思い通りにできるわけではない。神秘的な力が利用できるか否かにかかわらず、態度や行動の取り方を変えるだけで、目に見えて幸運に出合いやすくなり、不運を避けやすくなる——そんな方法が存在するのだ。

常に幸運に恵まれる人と、常に不運な目に遭い続ける人の間には、見ていてはっきりわかるくらいの違いがある。例外はあり、絶対にそうとは言えないが、運の良い人の多くはかなり似た生き方をしていて、また心の持ち方にも共通している部分が多い。運が良くなるように自分の心をコントロールするすべを身につけている、と言ってもいい。

私は、こういう生き方や心の持ち方のことを「幸運への適応」と呼んでいる。

私は、自分の心、行動、周囲の環境を幸運に適応させるよう努力してきた。そして、それによって喜ばしい結果を得た。友人は私のことを「運の良い人間」と言う。確かにその通り、私は運が良い。だが、決してそれは生まれつき運が良いから、というだけではないと思う。どうすれば運が良くなるかを知っているから運が良い、という部分もあると信じている。

私はこの、自分が持っている運を、本書を読む読者と共有したい。本を読み終わる頃には、全員が幸運への適応ができるようになり、私と同様の幸運を享受できるようになればと思う。

これからしばらく、私と一緒に旅をしてほしい。きっと素晴らしい旅になるはずだ。

この旅ではまず、運とはいったい何なのかを探る。さまざまな立場の人々がそれぞれ運についてどんなことを考え、どんなことを言っているかを見ていく。たとえば、ギャンブルをする人は、ほかのどんな人よりも直接的に、運というものに関わっているに違いない。彼らの生き方や運との関わりについて知ることは、運というものを真に知ることにつながると言えるだろう。

また、株価の上下で利ざやを稼ぎ、やはり運というものに直《じか》に向かい合っている「投資家」などにも話を聞き、その考察もしている。

そしてもちろん、ごく普通の、無名の人たちの話も聞いている。普通の人たちは、自分のことを「ギャンブラー」だとはまったく思っていないが、実は彼らも十分にギャンブラーである。

では、手を合わせ、お守りにキスをし、道中の安全を祈願して出発しよう。私たちは、未知の国に足を踏み入れようとしているのだ。

きっと理解しがたいもの、信じがたいものにもたくさん出合うだろう。許容量の限界を超えそうになり、ヘトヘトになるかもしれない。戻ってくる頃には、いくつかの問いには答えが見つかるかもしれないが、それよりはるかに多く、新たな問いが増えてしまうかもしれない。だがそれでも、旅に出る前より少し賢くなれるのでは、と思う。

運が良ければ、ということだが……。

第二章

二つの数奇な人生

Two Lives

イーズル・ダニエロヴィッチとチャーリー・ウィリアムズは、第一次世界大戦のさなか、ニューヨーク州アムステルダム市の東のはずれの街で生まれた。決して「美しい」とは言えない街である。二人の父親は、どちらも移民の労働者であり、どちらの家族も、ほとんど貧困と言っていい暮らしをしていた。

二人が人生で成功するにしろ失敗するにしろ、その確率はほぼ同じ、と見ていいだろう。二人の少年は同じ世界で成長し、直面した社会情勢もまったく同じだった。ともに同じ波に洗われたのだ。活況と狂騒の一九二〇年代に小学校に通い、ティーンエイジャーの頃は世界恐慌。第二次世界大戦が始まったときにはまだ若かったため、従軍することになり、戦争が終わると平和とともに好況がやってきた。その後は、アメリカという国が「自己満足の五〇年代」、「大騒ぎの六〇年代」、「静かな七〇年代」と変化していくなかで、二人も年を重ねていった。

私がこれを書いている時点で、二人は「中年」を超える年齢になっている。二人は生まれながらに平等のはずだし、生まれた環境も同じだ。しかし、二人の置かれている現状は、同じではない。チャーリー・ウィリアムズは今、ニューヨークのバワリー地区で路上生活をしている。友達からは「バナナ・ノーズ（バナナみたいな鼻）」と呼ばれている。一方のイーズル・ダニエロヴィッチは、「カーク・ダグラス」という名前のハリウッドスターで、大金持ちになっている。

二人のこれまでの歩みを比較すれば、いろいろなことが見えてくるだろう。

今から二五〇〇年ほど前、ギリシャの哲学者ヘラクレイトスは「人間の運命はその人柄がつくるものである」と言った。何百万という演劇や小説が、それを証明すべくつくられてきたと言ってもいいだろう。しかし結局、どれもこの言葉の正しさを証明し得たとは言えない。この言葉は、真実の一面を捉えたものにすぎないからだ。

確かに人柄が運命をつくるということはある。だが、反対に運命が人柄をつくることもあり得るのだ。人が人生においてどのような道を歩むかは、部分的には、内面に持っているもので決まる。勇気や元気、粘り強さ、情熱、夢、そういうものは確かに人生に大きく影響する。しかし、その人の身に起きた出来事や、周囲の人によって内面が影響を受けるということもあるのだ。少なくとも幾分かは、外からの影響がその人の性格を形づくると言えるだろう。

カーク・ダグラスとチャーリー・ウィリアムズは、部分的には彼らの人柄によって、また部分的には、彼ら自身の意志とは無関係と思える出来事によって、現在の姿になったのだ。二人の物語は、人柄と運が絡み合ってつくられた物語であるということだ。

◇自らを敗者にする者

私が最初にチャーリー・ウィリアムズと会ったのは一九六八年だった。ある雑誌から運についての記事を書くよう依頼された私は、ニューヨークのバワリー地区におもむいた。荒廃した街だが、それだけに現実離れした独特の魅力もある。

私は、「マジェスティックバー」という、まるで実態にそぐわない名前（**訳注**　マジェスティックには、「豪華な」、「威厳がある」などの意味がある）のバーに入った。中には、みすぼらしいなりをした男が一〇人あまりいて、皆、一杯一五セントのワインを飲んでいた。そのほとんどは五〇代かそれ以上に見えたが、それも当然だ。バワリーは、人生に敗れた者が最後にたどり着く場所だからである。人間の精神は強靭で、自らを本当に「敗者」と認めるにはかなりの年数がかかるものなのだ。

私がマジェスティックバーのドアを開き、中に入りかけると、二人の男が立ち上がってこっちに向かってきた。二五セントでも一〇セントでもいいから、コインを一枚恵んでくれというのだ。バーテンが「ここで物乞いをするな。やるなら表でやれ」と怒鳴った。私はバーテンに「大丈夫だ」と告げ、皆に一杯ずつ飲ませてやってくれと言った。

店の中はちょっとした騒ぎになった。注目の的となった私は、自分がジャーナリストであること、運について文章を書くのだということを説明した。そして、「このなかに誰か、金持ちの有名人と同じ街の出身で、生まれた年も同じ、という人はいないか」と尋ねてみた。

これには彼らも戸惑ったようだった。まださほど酔っていなかった連中は、必死で考えてくれた。間違いなく、私から「金のにおい」を嗅ぎとってもいただろう。「俺はルーズベルトと同じ列車に乗り合わせたことがあるよ」と嬉しそうに言う者がいた。自分の妻の母親はタフト上院議員とつながりがある、と話す者もいた。やがて、私の隣にいた小さな男が口を開いた。

「カーク・ダグラスならいいかな?」彼はそう言った。

醜いが感じの良い顔だ。ほかの部分に比べて鼻が異様に大きい。だが、笑顔も同じくらい大きいのだ。着ている服は古びているが、こざっぱりとしている。色が褪せているのは、まめに洗濯をしているせいだろう。靴は片方、底が剥がれてしまっているが、それをビニールテープで留めてある。髭は綺麗に剃ってあり、茶色の髪は丁寧にとかしてある。爪も短く、綺麗に切り揃えてある。たとえ人生がうまくいっていなくても、決して自尊心は失わない、そういう男だということはすぐにわかった。

私は彼にサンドイッチをご馳走して、話を聞かせてもらった。チャーリー・ウィリアムズは一九一七年生まれで、カーク・ダグラスとは一歳違いだった。アムステルダムで過ごした少年時代は楽しかったようだ。学校の成績は良く、特に算数は得意だったらしい。

だが、間もなく、思い出せる限りでは最初の大きな不幸に見舞われる。十二歳のときだ。彼の父がロードアイランド州プロビデンスに職を見つけ、一家は移住したのだ。少しの技術があればできる仕事という話だった。

「給料も少し上がるということで、父にとっては幸運だったのでしょうが、私にとってはそうではなかった。今までの学校が楽しかったですからね。引っ越し先の学校ではうまくやれませんでした。続けて何人も良くない先生に当たってしまって……」

教師のなかに、彼の鼻について思いやりのないことを言う者もいたらしい。彼の鼻は、成長し、骨格ができ上がるにつれ大きくなっていった。顔や体の形はもちろん、自分ではほぼ（あるいはまったく）どうすることもできないことであり、人生に大きな影響を与える要素でもある。ハンサムだから、美人だからといって、それだけで普通の容貌の友人に比べて有利になる、というわけではない。しかし、外見をうまく利用すれば、何らかの利益につながることはあるだろう。顔は多少なりとも運に影響を与えるということだ。

チャーリー・ウィリアムズは、もともと楽観的な性格だったが、十代の頃にその性格は失われてしまった。

「その意地の悪い教師はこんなことを言うんです。『どうしたの、チャーリー、宿題やってきたんでしょう？　さあ、読んでごらんなさい。どうして読めないの？　鼻が邪魔なの？』クラスメートも教師のまねをします。それで、私はのけ者になってしまうんです。みんなから『鼻でかチャーリー』なんて呼ばれて、からかわれ、笑われる存在になりました。子供にとっては辛いことです。成績も落ちました。何というか、発想がすっかり『負け犬』になってしまったんですね。まだ人生は始まったばかりだというのに、すでに終わってしまったような気分になったというか……」

彼は学校が嫌になり、退学した。その後は、まず農場で働き、次に鉄道の線路整備の仕事をし、次はスクールバスの運転手になった。

「ときおり、もっといい仕事に就きたい、と思って動いてはみるんです。でも、完全に負け犬意識に染まっていたのでしょう。どうせ採用されない、と思いながら求職していました。相手に時間をとらせて申し訳ないという気持ちです。そんなふうだから、当然雇ってもらえないんですね」

その頃、一つの事件が起きた。彼が暮らしていたみすぼらしい部屋に一人の女性がやってきて、数日をともに過ごしたあと、姿を消したのだ。わずかな所持金も一緒になくなっていた。また、いまだに理由はわからないのだが、その女は、彼が運転していたスクールバスのキーまで持ち去ってしまったのだ。翌朝、バスを出すことができなかったチャーリーはクビになった。

だが一九三九年、状況は変化の兆しを見せた。彼はこの年、小さなトラック運送の会社に就職することができ、その会社の経営者ととても気が合ったのだ。経営者はすでに高齢で、引退したいと考えていた。だが、引退後も会社はたたまず、そこから収入が得られれば、と望んでいた。息子もいなかったので、公式にではないが、チャーリーを養子にしてくれた。ゆくゆくは会社を譲り、経営をまかせてくれるという。

自分にもようやくチャンスがめぐってきた、とチャーリーは思った。何年もの間、彼は何に対しても熱心になることがなかったのだが、丹念に会社の帳簿を調べ、トラック運送業の経営について懸命に勉強するようになった。学校に通って会計を学ぶことも考えた。

「自分は社長になるんだ、ついにやった！　と思いました。本当にそう思ったんです。仕事は好きでしたし、自分に向いていることもわかっていました。会社を大きくできるだろうとも考えていたんです。いずれは大企業の社長になるんだ！　という気持ちでしたね」

しかし、運命はそんな彼の計画を狂わせた。アメリカが第二次世界大戦に参戦したのだ。参戦当初、地元の徴兵委員会によって招集される人数はごくわずかだったが、チャーリー・ウィリアムズはそのなかに含まれていた。除隊して戻ってきたのは一九四〇年代半ば。その頃には運送会社はなくなり、経営者も亡くなっていた。

チャーリーは職を転々とした。軍隊にいたときにウイスキーを飲むようになったが、まだ度を越して飲む、というわけではなかった。次にチャンスが訪れたのは一九四八年、ファイアストン社（アメリカのゴム、タイヤメーカー）に倉庫係として就職したときだった。

当時、大企業はどこもそうだったが、ファイアストン社もやはり、戦後の景気拡大に乗じて事業を広げようと目論んでいた。問題は、戦争があったおかげで、特殊技術の訓練を受けた人材が極端に不足してしまったことだ。対応策として、ファイアストン社では大急ぎで社員教育をすることにした。未熟練労働者を大量に雇い、学校に行かせるなどして、知識・技能を高めさせ、有能な人材に変えようと考えたのだ。

チャーリー・ウィリアムズは正規の学校教育は受けていないものの、頭はとても良いので、教育すれば良い人材になるだろう、と思われた。会社は、彼にタイヤの再生技術を習得させようと教育し始めた。夜間学校に通わせ、高校を卒業させ、その後は化学の専門学校に通わせてくれるかもしれない、という話だった。

「このときも、ついにやった、と思いましたね」

だが、これも思い違いで、またも不運に見舞われることになる。ある土曜の夜、ガタのきた旧式の自動車に乗り、ニュージャージー州を走行中、ハンドルがまったく利かなくなってしまった。ハンドルをいくら回しても、車は一切、それに応えてくれなくなったのだ。

「田舎の道路です。あたりには家が一軒しかなく、一面何もない野原でした。いくらハンドルが利かないといっても、そんな場所ですから、どの方向に走ったとしても、まず問題はないはずでした。でも、どうなったと思いますか？　なんと、よりによって車は、一軒しかないその家に一直線に進んでいったのです。不運としか言いようがないでしょう。まるで誰かがハンドルを操っていたかのように、家に向かって進むと、ガレージに脇から突っ込みました。ガレージの屋根は全部落ちてしまいました」

チャーリー自身にたいした怪我はなかったが、彼のキャリアにとっては大きな痛手となった。まずいことに、その夜、彼は酒を飲んでいたのだ——と言っても、さほど多く飲んだわけではない、と彼は強調する。

「ビールをグラスに三杯くらい飲みましたが、それだけです」

だが、飲酒運転で起訴されてしまった。ハンドルが利かなくなったという話は、誰も信じてくれなかった。車が大破したために、証拠として使えなかったのだ。チャーリーは保険に入っていなかった。家の所有者から損害賠償を求めて告訴され、ファイアストン社からもらう給料は差し押さえられてしまった。

ファイアストン社で約束された輝かしい未来は、すべて幻に終わった。その後は漂流するような日々が続いた。一九五〇年のある日、仕事もなく、空腹を抱えて歩いていた彼は、偶然、軍の隊員募集のポスターを見かけた。そのポスターで約束されていた条件は、彼にとって魅力的なものだった。屋根とベッドが与えられ、三食まともに食べさせてもらえ、しかも技術を身につけるチャンスまで与えられるというのだ。

「これだ、と私には思えたんです。平時の軍隊ですから、怪我をしたり死んだりする心配もないだろう、そう考えました。どうせ、どこかで働いて稼がなくてはいけないんだから、この際、軍隊でも同じじゃないか、とも思いましたし」

入隊した日、一九五〇年の六月一五日は確かに平時だった。だが一〇日後、彼は自分がとんだ過ちを犯したことを知った。六月二五日、北朝鮮の軍隊が突然、三八度線を越えて韓国に侵入したのだ。平時のつもりが、突然戦時に変わった。数カ月後、朝鮮半島でチャーリーは銃撃され、傷を負ってしまう。

「自分は何をやっても結局、うまくいかないんだと思いました。もうどうでもいいや、という気持ちになり、酒ばかり飲むようになったんです」

しかし、このときも、まだ何とか浮上できるかもしれないという希望がなくなったわけではなかった。一九五〇年代の終わりに除隊した彼は、ニューヨークにやってきて職探しを始めた。

「もう四〇歳でしたから、今どうにかしなければずっとダメだろうと思い、酒をやめたんです。一切、アルコールを断ちました。軍隊でもらった金の残りで、きちんとした服も買いました。本当に、真剣にもう一度がんばってみよう、と固く決意していたんです」

とはいえ、就職しようにも、売り物になる技術など何もない。そして、暗い気持ちで公園のベンチに座り、新聞の求人欄を見ていると、ある日、決定的な出来事に遭遇することになる。運に見放されたこれまでの人生で、なかでもこれが最大の不運だったのではないか、とチャーリー自身は考えているようだ。

「私が座っていると、男が一人、どこからともなく現れて、隣に座りました。ボロボロの服を着たホームレスで、酒を相当飲んでいるようでした。『失業中か？』と聞くので、私が『そうだ』と答えると、『いいところを教えてやる』と言われました。何か私にできそうな仕事でも紹介してくれるのかと思ったのですが、そうではありませんでした。そこですべてが終わったんです。運命、だったのかもしれません」

ホームレスの男が教えたのは、市の支援施設のことだった。貧しく、困窮した人に、無料の食事券、宿泊券を支給してくれる施設だ。その券があれば、バワリー地区のいくつかの飲食店、簡易宿泊施設を無料で利用できる。

「その夜、無料の食事とベッドにありついたことで、私はもうあきらめてしまったんです。苦しみから解放されたような気持ちでした。もう職探しをしなくてもいい、と思いました。その日から、ワナにかかって動けなくなったようなものです」

年に二度くらいは、そんな境遇から抜け出そうとあがいてはみる。いろいろな仕事をした――カフェテリアの皿洗い、喫茶店のコーヒーの出前、洗車、公園のゴミ収集。でも、どの仕事も続いて数カ月なのだ。すぐにやる気をなくす。ちょっと気に入らないことがあったり、誰かと喧嘩になったりすると、即、辞めてしまう。給料はいつも安く、そのため、彼にしてみれば、気分が悪いのを我慢してまで続ける意味がないということになる。今までの経験からして、我慢して続けたとしても、人生が好転するとは思えない。希望を持てる理由が、どこにも見つからないのだ。

仕事を辞めるとき、たとえわずかな金が残っていたとしても、安いウイスキーを買うのに全部つぎ込んでしまう。金がなくなると、市の施設に頼る暮らしに戻る。そして毎日、通りに出ては、その日一日の飲み代を恵んでくれる人を探すのだ。

私が最後にチャーリーに会ったのは一九七三年である。家もなく（つまり住所もなく）、仕事も電話も持っていない人物を見つけるのは容易なことではない。しかし、それでも折に触れて私は彼に会おうと試み、ときには会うことができた。バーにいることもあれば、お気に入りのブロードウェイの街角でくつろいでいることもあった。会うたびに私は何ドルか渡して、前に会ってから変わったことがあったかと尋ねる。たいていは何も起きていないと言われる。いまや彼の人生は、ゆっくりとして、ほとんど止まってしまったかのようだ。

最後に彼に会ったのは寒い日だった。できれば、ヒッチハイクでフロリダまで行きたい、と言っていた。「年をとると、寒さに耐えられなくて」というのが理由らしい。十一月の冷たい風が、軍から支給されたらしい彼の古いオーバーコートを吹き抜けていた。

◇他者の運から成功をつかんだハリウッドスター

イーズル・ダニエロヴィッチ、つまりカーク・ダグラスも、チャーリーと同じ、貧しく、治安の悪い地域で育った。子供の頃は腕白《わんぱく》だったらしい。私には、その頃のことを「将来はせいぜい、アムステルダムのデパートの店員になるくらいしかないような子供でしたね。これといった目標もなく、興味があると言えば女の子くらいだった……」と話してくれた。

彼とチャーリーは、二人が思い出せる限り、一度も顔を合わせたことがない。もし近所に、十一〜十二歳の頃の二人をどちらも知っている大人がいたとしたら、きっと、チャーリーのほうを「将来有望」と思ったに違いない。チャーリーは優秀な生徒で、特に算数に関しては素晴らしいひらめきを見せていた。だがダニエロヴィッチは、いちおう問題ない程度に勉強はしていたものの、どう見ても熱心とは言えず、知的好奇心などまったく感じられない子供だった。

しかし、目に見えていることだけを頼りに子供の将来を予測しても、その通りにならないことが多い。カーク・ダグラス本人も言う通り、子供の将来には「未知の要素」が大きく影響するからである。この未知の要素が、つまり「運」というわけだ。

奇妙なのは、チャーリー・ウィリアムズが、自らの不幸な境遇に満足しているように見えることだ。カーク・ダグラスも、自分の恵まれた境遇に満足はしているのだろうが、チャーリーのほうがより満足しているように見える。

チャーリーは、私と会った頃にはすでに「心配」ということをしなくなっていた。だが、カーク・ダグラスはいまだに、人生に起きる数々の出来事に迷わされたり、不安を感じたりしている。そして、自分の身に起きたことの意味を考えるのに、相当な時間を費やしている。ただし、考えても結局意味はわからない、と本人は認めている。

「人間は、自分の人生が自分の思い通りになると考えたがりますが」とカーク・ダグラスは切り出した。「でも、そんなのはとんでもない勘違いですね。人生にはいつも『未知の要素』というのがあると思います。たとえ、ありとあらゆる才能を全部備えた人間であっても、運がなければどこへも行けないし、何もできないんです」

チャーリー・ウィリアムズの不幸の始まりは、おそらく、良くない教師に続けて出会ったことだろうが、イーズル・ダニエロヴィッチはそれと正反対の経験をしている。目標も持たずふらふらし、女の子のことばかり考えていた少年は、幸運にも一人の素晴らしい教師に出会った。彼女の存在は本当に際立っていて、もう六〇近い年齢になる今でも、彼の記憶に鮮明に残り、よく話題にするという。その先生が自分の人生を変えてくれた、と彼は信じている。

「先生には先生なりの考えがあって、その考えを実行に移すのに私が格好の対象だったんじゃないかと思っています。自分の信念は正しかったという、確かな証拠を見たかったんでしょう。彼女は『見るからに才能のある生徒でなくても、やればできるんだ』ということを証明したかったのではなかったか、と思うんです。本当のことはわかりませんが……」

「……ともかく、先生は私に課題を与えました。私が自分ではやろうとさえ思わないようなことを、あえてさせたのです。その課題とは、学校で上演する劇に出演することでした。そんなに大きな役ではなかったのですが、ある日突然、出演しろと言い出したのです。そうする必然性など、どこにもありませんでした。私がその方面に関心を示したわけでもなかったし、何か才能の片鱗を見せた、ということもなかったからです。特に理由もなく、ただそう指示したのです。まあ、一種のまぐれ当たりのようなものですね。この出来事がなければ、きっと今でも、アムステルダムの外で私の名前を知る人などいなかったでしょう。でも、それは起きた。そのときから、私は演じることに興味を持ち、先生は私を応援し、あと押しをしてくれたのです。すべての始まりでした」

若いイーズル・ダニエロヴィッチは、働きながら（本当にアムステルダムのデパートで店員をしたこともあった）大学を卒業したのち、ニューヨークに出て、ショービジネスの世界に入ろうと試みた。そこには、自分と同じような俳優志望者が無数にいた。彼らと出会って楽しい時を過ごしたが、彼が出世できる可能性は、ほとんどゼロに近いと言えた。

「グリニッジ・ヴィレッジの狭くて汚い部屋に住み、レストランでウエイターとして働いていました。ブロードウェイで何度か端役はもらいましたが、顕微鏡で見ないと見えないんじゃないか、と思うくらい小さな役です。文字通り、客からは『見えない』役もありました。『こだま』の役です。これは舞台裏にいますからね。それでも、役があるだけまだまし、という状況でした。一九四二年に海軍に入ると、俳優としてのキャリアが伸びることはもうない、と思うようになりました」

だが、実は彼も知らないところで、運が作用し始めていたのだ。カーク・ダグラスにはたくさんの友人がいて、彼が戦地におもむいたあと、ブロードウェイに残った者も多かった。そのなかの一人に、ローレン・バコールという当時無名の女優がいた。カーク・ダグラスが太平洋上にいる間に、立て続けに幸運に恵まれ、彼女は瞬く間にハリウッドスターに登りつめた。

「自分の運は、他人の運によって変わるんですよ。それはもう驚くほどに」とカーク・ダグラス本人が言うように、ローレン・バコールの幸運によって、彼にも運が向き始める。彼女があるプロデューサーに、除隊したカーク・ダグラスの出演する舞台を見るように勧めたことから、彼の映画スターとしてのキャリアが始まったのだ。

「そりゃもちろん、私にも少しは才能があったのかもしれません。でも、ローレン・バコールが偶然にもたらしてくれた幸運がなければ、多少才能があったところで、どうにもならなかったに違いありません。その当時、友人のなかに才能のある人間が少なくとも一〇人はいましたが、彼らの名前を今、スクリーンで見ることはありません。彼らには幸運が訪れなかったのです」

ハリウッドに来てしばらく、ダグラスが出たのは二流の映画ばかりで、特に目立たない存在だった。しかし、やがて、普通では考えられないようなチャンスが同時に二つも舞い込む。わずか数日の間に、二つの映画制作会社が彼に大きな役の話を持ってきたのである。

一方の会社は規模が大きく、資金も豊富だった。出演の話をもらった映画も、莫大な予算で製作する計画で、なかでも、ダグラスのギャラは俳優のギャラとしては驚くべき額だった。もう一方の会社は小さく、裕福とはとても言えない。映画の予算も少なく、ギャラも最低限しか保証できないと言ってきた。出演交渉する俳優には「一か八かの可能性に賭けてみてくれ」と頼むのが精いっぱいで、もし「いやだ」と言われれば、手ぶらで帰るしかないというのだ。

「結局、私は小さな会社の作品を選びました。なぜかって？　わかりません。そのときもわからなかったし、いまだにわからないんです。単なる勘としか言いようがないですね。私はいつも、勘というものを信じる人間なんです。強い予感がして、それが正しいと思えば、その予感に賭けてみます。このときの予感もとても強いものでした。どこから来たものなのかはわかりません。いずれにしろ、私は賭けてみた。そして、最終的にそれは正しかった」

その小さな会社の作品こそが『チャンピオン』だった。ボクシング界のことを綿密に調査してつくられた映画だ。この映画によってカーク・ダグラスはスターになった。大きな会社の作品は、人気が出ず、その出演者の名も、すぐに人々の記憶から消えてしまった。

この種の予感については、ある程度、合理的な説明が可能かもしれない。だが、一九五八年にダグラスが経験した出来事について、合理的な説明を加えるのは難しい。

そのときもやはり、「予感」めいたものがあった。プロデューサーのマイク・トッドが、西海岸からニューヨークに飛行機で向かうことになり、ダグラスも同行するよう誘われたときだ。彼は行くことに同意し、荷造りまでしたにもかかわらず、行かなかった。

「なぜ行かなかったのか、説明はできません。未来が見えたというわけではないし、虫の知らせがあったというわけでもない。土壇場になって、ただ『行かない』と決めたのです。理由もわからずに」――彼が乗るはずだった飛行機は墜落し、乗客乗員はすべて亡くなった。

カーク・ダグラスの人生は、その後も概《おおむ》ね幸運なものだ。ずっと「有名人」として生きてくることができた。彼の栄光は十分知られているし、ここで改めて詳しく紹介する必要もないだろう。

ただ、いくつか疑問は残る。

カーク・ダグラスもチャーリー・ウィリアムズも、運を自ら招いたとは言えないのか。また、自ら招いたとしたら、それはどの程度なのか。それとも、運は、彼らの知らない力によってもたらされたのか。だとしたら、その力とは何なのか。どうすれば、その力を制御できるのか。

第2部
Part 2

運とは何か
——科学的な見解

第一章 ランダム理論

The Randomness Theory

マーティン・ガードナーは有名な数学者で、疑似科学や超常現象に対する批判でも知られる。かつて『サイエンティフィック・アメリカン』誌に毎月、数学をテーマにしたコラムを連載していた。ガードナーは、「運は単なる偶然の産物である」と強く信じていた。突然、驚くほどの幸運が舞い込んだり、良いことがいくつも重なったり、朝から一日ついていたり、ということは誰にでもあるが、それは単に偶然そうなっただけ、と考えていたのだ。たとえ、あらゆる出来事が偶然に起きていたとしても、長い時間が経過する間には、似たようなことが同時に起きているように見えたり、ある人にとって都合の良いことが続けて起きているように見えたりする。それは結果的にそうなっているだけで、そこに何か理由があるわけではない、というのである。

同じく数学者のホレス・レビンソンも、著書『Chance, Luck and Statistics（偶然・運・統計）』

の中で同様の考えを述べている。このほか、同じテーマの本としては、やはり数学者のウォレン・ウィーヴァーの著書『**やさしい確率論——レィディ・ラック物語**』（**河出書房新社**）がある。ウィーヴァーも、運に関してはガードナーやレビンソンと同意見だ。

もちろん、皆が彼らに賛同するわけではないし、まったく違った考え方もある。意見はさまざまだが、この章ではともかく、ガードナーたちのように、運を偶然で説明する理論、すなわち「ランダム理論」について話すことにする。ランダム理論とはいったいどういうものなのか、運についてどこまで納得のいく説明ができるのか、それを見ていこう。

何年か前のことだが、ニュージャージー州プリンストンで、ベラ・ネティックという女性がブリッジをしていた。あるとき彼女は、自分に配られた手札を見た途端、落としてしまいそうになった。一三枚のカードすべてがダイヤだったからだ。

はじめは、たちの悪いジョークでからかわれているのかと思った。ブリッジではそういう嫌がらせが珍しくないからだ。しかし、怒って席を立つことはしなかった。考えてみれば、カードはよくシャッフルされていたし、どうも嫌がらせではなさそうだ、と思ったからだ。

右側にいたディーラーからゲームが始まり、見ていると、彼女以外の三人も明らかに同じマークのカードを多く持っている。もちろん、ダイヤは一枚も持っているはずがない。ハート、スペードで勝負してくるプレーヤーがいそうだが、勝てそうだ。そう思った彼女は、いきなり一三枚のダイヤすべてを一度に使って勝負に出た。あとは息を凝らして皆の出方を待つだけだ。皆、どうすることもできない——勝負あり、である。きっと彼女はブリッジをし続ける限り、この話を何度でも繰り返し人に聞かせるだろう。その夜のツキは彼女のものだった。

◇完璧な手とありふれた手の確率

今、私は「ツキ」と言ったが、ランダム理論では、そんなものの存在は認められていない。

ブリッジなどカードゲームをする人は、「ツキ」という言葉を使いたがるが、ランダム理論の研究者なら、「誰でも繰り返しプレーしていれば、遅かれ早かれ、必ずいつかはベラ・ネティックと同じ体験をすることになる」と言うだろう。頼めば、その確率がどのくらいなのか、計算する式も教えてくれるに違いない。計算してみると、その確率は、普通の人が思うよりも高いことがわかる。

ブリッジで配られる一三枚のカードの組み合わせはおよそ六三五〇億通りある。そのなかには、「完璧な手」と言っていいような最強の組み合わせが八つ含まれている。ただし、厳密に言うと、その八つの「完璧さ」は同等ではない。

まず、八つのうちの四つは「切り札」が一枚もない手である。エース、キング、クイーンが四枚ずつで、ジャックが一枚、という手だ。この手は「完璧」の中でも最高に「完璧」だと言ってよい。

相手がどう出ても絶対に勝てるからだ。ほかの四つは、「完璧さ」では少し劣る。この四つを強い順に並べると、「すべてスペード」、「すべてハート」、「すべてダイヤ」、「すべてクラブ」ということになる。

六三五〇億の手のうち完璧な手が八つだとしたら、統計学的に、七九三億回に一回は完璧な手が来るということになる。実際には、もう少し多くなったり少なくなったりするが、だいたいそのくらいである。

では、一年の間に行われるブリッジのゲームの数はどのくらいで、各ゲームで発生する手札はいくつだろうか。それを考えると、かなり控えめに見積もっても、アメリカ国内では、だいたい三〜四年に一人というくらいの頻度で、完璧な手札が配られていることになる。

つまり、今年、来年、再来年くらいまでの間に、一度はそういうことが起きるのだ。手札が配られた当人は「とてつもなく、ついている」と感じるだろうが、ランダム理論を知っている人間なら、「いつか必ず起きることが起きただけ」としか思わない。取り立ててすごいこととは感じないのだ(そういう人間は、場を白けさせる存在に違いない)。彼らにとって、この種の出来事は、朝、太陽が昇るのと同じような、予測可能な出来事でしかない。違いと言えば、太陽がいつ昇るのかは予測できるのに対し、完璧な手がいつ出るのかは予測しにくいということくらいだ。

実のところ、「完璧な手がまったく出ない」とすれば、そのほうが驚くべきことである。六三五〇億通りの手は、どれも発生頻度という点ではまったく同じなのだ。一三枚のカードの組み合わせを事前に適当に予測したとすると、それが的中する確率は、どの組み合わせを選んだ場合でも平等に六三五〇億分の一ということになる。つまり、完璧な手はどれも、ほかのあらゆる手と同じくらい「ありふれている」のだ。違うのは、完璧な手がほかの手よりも待ち望まれている、ということだけである。待ち望まれているだけに、実際に出たときに人は驚くし、記憶にも残る。人に話したくなるというわけだ。

いつもブリッジをしている人が注意深く観察すれば、先週プレーしたときに出た「地味な」手が今週も正確に再現される、ということはめったにないと気づくはずだ。ただ、そういう地味な手は、誰も出てほしいと待ち望まないというだけである。出る確率は同じでも、完璧な手が出れば、いつまでも覚えているだろう。そして、何十年も同じ話を繰り返して、友達を退屈させることになる。

完璧な手がほかの手と同じくらい「ありふれている」からと言って、出たときに喜んでいけないわけではない。運をランダム理論で説明する人間でも、それを否定したりはしないだろう。宝くじの当せん番号は、ほかのすべての外れ番号と同じくらいありふれているけれど、当せんして一〇〇万ドルを手にしたことを喜んではいけない、とは誰も言えない。そういうとき、思わず「自分は運が良い」と叫んでも、別にとがめられはしないだろう。

だが、ランダム理論に照らせば、そういう「幸運」が訪れることは何も不思議ではないのだ。完璧な手が出る確率は極めて低いけれど、それは、一三枚のカードのどの組み合わせにも言えることだ。ホレス・レビンソンは、「実際に起きたことはすべてが『大穴』なのだ」と言っている。

レビンソンは宝くじを例にとって説明している。自分と同じ宝くじを買った人が一〇〇万人いるとする。一等の当たりくじが一枚だけなら、当たる確率は一〇〇万分の一である。しかし、仮に一等が当たっても驚くことはない、とレビンソンは言う。もちろん、普通の人は驚くはずである。きっと、うろうろと歩き回って「信じられない！　どうして自分が？　なんてついてるんだ！」と叫ぶだろう。

だが、宝くじを運営する側から見れば、それは何ら珍しいことではない。必ず一人は当せんする人間がいるはずだからだ。運営側にとって、宝くじは信頼性の高い機械と何も変わらない。いつも、必ず意図した通りの結果が得られ、驚くようなことは何も起こらない。毎回、何も考えなくても、とてつもない数の人々のなかから一人は当たる人が出る。

同じことは人生全般についても言える。何かが起きて、それを「信じられない」と思うのは、起こる確率が極端に低いからだ。だが、いくら確率が低くても、必ず誰かにそれは起こる。

ある朝、私が車で出かけ、交差点でほかの車と衝突したとする。そんなことがあれば、私は怒りのあまり大声をあげ、とんでもない不幸を嘆くだろう。私も相手の車のドライバーも、まったく面識はなく、違った場所を違った時間に出発し、違った目的地に向かって走り、全然違う道を通って現場までやってきた。途中にあった数々の信号のちょっとした変わり方や、出合ったほかの車（やはり一台一台、出発点も目的地も経路も違う）のちょっとした走り方によっても、運命は違ったものになっていただろう。無数の要素がその運命には関わっているのだ。

車が衝突した不幸な日も、ほかに何万、何億、何兆という出来事が起こり得た。衝突はそのうちのたった一つだったわけだ。自分の車と、衝突した相手の車が正確に同じ時刻に同じ交差点に到達する、という出来事は、膨大な可能性のうちのたった一つだった。そんな確率で起きた事故なのに、警察は見ても驚かない。彼らにとって、事故はいつかどこかで必然的に起きるものでしかないからだ。車の衝突事故は、州内で一年間に必ず何千と起きる。警察はそれを知っているのだ。

自分に訪れた幸運は、たとえ自分に訪れなかったとしても、必ずほかの誰かに訪れていた。だから、ランダム理論を理解している人間の目には、「大変な幸運（あるいは不幸）に見舞われた」と言って騒いでいる人は奇異に映る。彼らは、ほとんど何が起きても「当たり前」と思い、驚く必要を感じないのだ。

◇ランダム理論と偶然の一致

ランダム理論においては、確率の法則が重要になる。ただ、この法則はほかの法則とは違い、未来に何が起きるかを正確に予測できるようなものではない。

まず覚えておくべき基本的な法則は、次の二つである。

一　「絶対に起こらない」ということは何もなく、あらゆることは起こり得る

二　起こり得ることは、必ずいつか起こる

あらゆる出来事は、それがたとえどんなことでも、長い長い時間のうちには、遅かれ早かれ、必ず誰かの身に起きるのだ。とんでもない偶然の一致もあるし、複数の出来事がとても偶然と思えない「できすぎ」の順序で続けて起きることもある。そういう、起きる確率が極めて低そうなことが起きれば、当事者は間違いなく驚く。何か神秘的な、超自然的な力がはたらいたのでは、と言い始める人も多いだろう。「こんなことが偶然で起きるはずはない」というわけだ。

だが、そんなのは鼻で笑ってやればいい。

マーティン・ガードナーも言っている通り、地球上には何十億という人がいて、その人たちには、大小いろいろあるものの、合計すれば毎日何兆もの出来事が起きている。この出来事の海、絶え間なく荒れ狂う広大な海では、どんなことであれ、ときどきなら起こり得るのだ。もし、何か決して起きないことがあるとしたら、そのほうが驚きである。

先に触れた数学者のウォレン・ウィーヴァーには、お気に入りのエピソードがあった。ネブラスカ州ビアトリスでかなり以前に起きた出来事だ。

それは冬の寒い夜だった。その夜の七時二〇分に、ある教会に一五人の男女が合唱の練習に来ることになっていた。その一五人には「時間を厳守すべし」という強い圧力がかかっていた。皆、練習の終了が遅くなるのは嫌だったし、一五人のなかに時間に厳格なメンバーがいて、遅刻者のせいで待たされると、あからさまにいら立った態度を見せるからだ。とにかく「素早く行動」というのが、そのグループの暗黙のルールになっていた。

ところが、その夜は一五人全員、指揮者までもが遅刻した。しかも、遅れた理由はさまざまで、一五人には少なくとも十種類の遅刻理由があった。一人は、車が動かなかった。二人（この二人は夫婦）は、ベビーシッターがなかなか見つからなかった、といった具合。

皆が遅刻したため、七時半になっても教会にはまだ誰もいなかった。そして、教会の建物はまさにその七時半に、ボイラーの爆発によって破壊されたのである。誰もいなかったので、誰も亡くなることはなかった。

合唱団のメンバーにも、ビアトリスの市民のなかにも、至極当然のことながら、「これは神の導きだ」、「神の手によって彼らは守られたのだ」と言う者があった。予知能力や、神秘的な勘のおかげなのでは、という声もあった。教会に向かう前に何か妙な予感がした、と言う人もいたのだ。「どうも妙な感じだったんです。今日だけは遅れていったほうがいいような気がして……」というふうに。「運命だ」という人もいた。前からそう決まっていたんだ、星のめぐりがそうなっていたんだ、というのだ。「彼らはまだ死ぬべき時ではなかったのだ……」という声も聞かれた。そしてもちろん、いろいろな形で、皆が「運」という言葉を口にした。

ウィーヴァーも「運」という言葉を使わないわけではないが、彼から見れば、このビアトリスの教会での出来事は、単なる偶然以上のものではなかった。一つひとつは偶然の出来事にすぎなくても、それが複数同時に起きると、何やら意味ありげに見える。だが、やはりそこに意味や目的はなく、背後に何か力がはたらいているわけでもない。

まず、「遅刻」という出来事は、それ自体まったく珍しいものではない。「一五人全員が約束の時間に遅れる」という出来事は、おそらく「一五人全員が約束の時間ぴったりに現れる」という出来事よりは珍しくないだろう。「時間厳守」と言われているにもかかわらず、十数人全員が一斉に遅刻してしまう、などという出来事は、世界のどこかで毎日起きていると考えて間違いない。

仮にそういうことが起きても、ほかに何も特別なことがなければ、誰も気に留めることはない。ビアトリスの教会での出来事も、仮に爆発が同時に起きなければ、特に人々の関心を集めることはなかっただろう。ごく当たり前の何でもない出来事が、爆発によって、急に神秘的な意味を持ったものに見えるようになったのだ。

これほどの大事件ではないけれど、ちょっと驚くような奇妙な偶然の一致というのもある。その例として、ウィーヴァーはケネス・D・ブライソンという人の話を紹介している。

ブライソンはそのときバス旅行中で、ケンタッキー州ルイビルを通りかかったところだった。彼は不意に、その活気ある街を一日見て回りたい、という思いにかられ、いったんバスを降りることにした。そして、見知らぬ人から勧められたホテルにチェックインした。

驚いたのは、そのホテルに自分宛ての手紙が届いていた、ということだ。「三〇七号室、ケネス・D・ブライソン」——宛名もホテルの部屋番号も合っている。なんというミステリーだろう！手紙が出されたのは、ブライソン自身もまだ、自分がルイビルでバスを降りることを知らないときだ。もちろんその時点では、彼がどのホテルのどの部屋に泊まるかなど、本人にもわからない。やがて、なぜこんなことになったのか理由がわかったが、その理由自体が非常に不思議だった。実は、前の泊まり客もケネス・D・ブライソンだったのだ。同姓同名の別人ということである。不思議といえば不思議。しかし、確率を考えると不思議ではなくなる。ブライソン本人は、そこに何か神秘的な意味を探したかもしれないが、ランダム理論を知っている人間なら、「何も驚くようなことじゃない」と彼に言うだろう。

この話はただ、起こり得ることはいずれ必ず起きる、ということを証明したにすぎない。ホテルにチェックインし、チェックアウトする人間は、一年に何百万といるのだから、いずれ遅かれ早かれ、同じ名前の人が同じ部屋に続けて泊まるということは起きるはずだ。

マーティン・ガードナーは数学者だけに、数字に関わる偶然に強い関心を寄せている。同じ数字が別々のところで同時に現れたり、一定のパターンで数字が並んだり、ということが起きると、「これは偶然ではない」と主張する人がいるが、ガードナーはもちろんランダム理論を熟知している（この点では一般人の比ではない）人なので、それが単なる偶然であることを説明してくれる。

彼が例に挙げるのは、ニュージャージー州郊外を走る通勤列車がニューアーク湾に落下し、多数の死者が出た事故だ。そのニュースは、テレビでも新聞でも大きく報道された。ニュースに使われた写真のなかでも特に印象的だったのは、水の中から引き上げられた車両を撮影したものだったが、その写真を見ると、「９３２」という車両番号がはっきりと写っている。

ニューヨークのマンハッタンで宝くじを買おうとしていた人たちも、この数字を見た。彼らのなかには、この車両番号を神秘的なメッセージだと解釈した人も多かった。新聞の一面に大きく出た「932」という数字が「この数字に賭けろ」というメッセージに見えたのだ。

実際に、何千という人間が「932」に賭けた。そして驚いたことに、無作為に選ばれるはずの当せん番号は、本当に「932」になったのである。

マーティン・ガードナーは、この出来事も単なる偶然にすぎないと考える。「932」という数字が二か所に現れる、という現象は、特に超自然的な力などがはたらかなくても十分に起こり得る。同じような数字の一致はこれまでにも何度も起きていただろうし、これからも起きるだろうというのだ。

偶然の一致は誰にでも起きる。そのほとんどは些細な一致で、気づいても、ちょっと戸惑うくらいのものだ。にやりと笑ったり、肩をすくめたりして終わりだろう。

何年も前から会っておらず、頭にも浮かばなかった友人のことを、何かのきっかけで思い出した途端、その当人から電話がかかってくる。それまで見たことのない単語に出合い、辞書で調べたら、それから数日間、何を読んでもその単語が出てくる。何カ月も職探しをして、まったく仕事が決まらなかったのに、突然、同じ日に三社から「うちに来てくれ」と言われる。どれも皆、人間ならば誰でも経験するようなありふれた出来事である。

運に関しては、魅力的だが正しさを証明しにくい理論が多数ある。理論の正しさを証明するための証拠として、こうした経験が引き合いに出されることも多い。だが、結局はどれも、確率の法則から考えれば、「いつかは必ず起こるはずのことが起きただけ」と言うことができるのだ。

ランダム理論を知る者たちは、一種の「偶像破壊者」と言ってもいいだろう。皆が運について熱く語り、詩的な解釈をしているときに、いつも燃え上がった炎を水で消すようなことをするのだ。起きる確率の低いことが起きたとき、その当事者は驚く。そして、自分の経験について宗教的、霊的、超自然的な解釈を与えたがる。しかし偶像破壊者たちは、そんな解釈を見つけ次第、片っ端から否定するのだ。「ああ、それは実はたいして面白いことじゃないんですよ……」とか言って。

一九七六年、オーストリアのインスブルックで開催された冬季オリンピックには、こんなエピソードがある。スイスのスキー選手、マリーテレーズ・ナディヒは、このときいくつもの不運に襲われた。彼女は当時、最も有名なスキー選手であり、数々の大会で優勝し、賞をいくつも取っていた。オリンピックでも、ダウンヒル、スラロームの両方でメダルの有力候補だった。しかし、不幸にも、その大会では一つもメダルを取れずに帰国することになった。

インスブルックに向かう少し前、ナディィヒは、長い間ずっと持っていたお守りをなくしてしまった。そのお守りは、交差した二本のスキーをかたどったミニチュアで、金ぴかの安物だった。情緒的、迷信的な価値を除けば、ほとんど無価値と言ってよかった。友人のなかには、お守りをなくしたことを心配する人もいたが、彼女自身は、気にしていないと言っていた。

インスブルックに着いてからは、毎日練習する予定になっていたのだが、いきなり不運に見舞われ、それができなくなってしまう。インフルエンザにかかってしまったのだ。彼女は何日もベッドで過ごさねばならなかった。ダウンヒルレースの数日前に何とかベッドから出て、練習のためゲレンデに向かったのだが、今度は転倒して肩を捻挫する、という大きな不運が襲う。怪我の程度はひどく、結局、レースは棄権せざるを得なかった。

その後、スラロームに出場することになり、レース本番、ナディィヒは途中までは快調に滑っていた。ところが、不意に片方のストックが彼女の手から離れた。それでも最後まで滑ろうと頑張ったが、そのコースは一本のストックではとても滑れないような難コースだった。

熱心なスポーツファンは、ギャンブラーなどと同様、運というものに強い関心を示す。運が勝負に及ぼす影響を語るのが好きだし、運に関して神秘的な解釈をするのはもっと好きだ。彼らの多くは、ナディィヒの不運を見てこう考えただろう――運命の神様が彼女にとても辛くあたっている。神様にどういう意図があるのかはわからないが（ナディィヒではないほかの選手に優勝という幸運を与えるためかもしれない）、とにかくそう感じたのだ。確かにそうだ、という証拠はどこにもない。

しかし、そう考えればわかりやすいし、何やら魅力的なストーリーができ上がる。

私は、あるパーティーでランダム理論を熟知した技術者に会い、ナディヒの話をした。彼に言わせれば、これは、運命とかそういうものを持ち出すような大げさな話ではない。

彼がまず指摘したのは、そのとき選手村でインフルエンザが流行していた、ということだ。だから、ナディヒが患者の一人になったのは何も驚くことではない。その後の不運である捻挫は、まだインフルエンザが完全に治っておらず、体力が落ちていたことと、身体がふらついていたことが原因で起きたと推測される。つまり、インフルエンザと捻挫は個別の不運ではなく、一つのものと考えるべきだ。ストックを落としたことにも、当然、体調の悪さが関わっているだろう。

「そう考えていくと、すべてがありふれたことになります。何をそんなに驚くことがあるんですか」

この件については推測するのみであり、彼も確実にそうだと証明できるわけではない。だが、ときには、ランダム理論を使って数学的に証明が可能な場合もある。

◇バースデー・パラドックス——誕生日の一致

何かに驚くような一致が見られたとき、自分にとって嬉しい出来事が続いたときなどに、人間は判断を誤りやすい。「常識」というものに、目を曇らされてしまうのだ。自分の常識に照らして「あり得ない」と感じることが起きると、確率の法則を逸脱しているように見えてしまう。しかし実際には、物事はいつも完璧に確率の法則に従って起きている。直感では起こる確率が低そうに思えることでも、実際は結構起こりやすいことだったりするのだ。

たとえば、私が軍隊にいたときにこういうことがあった。ある日、私のいた隊の一〇〇人余りの人間が集められて、「誕生日の順に整列せよ」と指示された。一月一日から十二月三一日までだ。どうしてそういうことをさせられたのかはもう思い出せないのだが、その結果が興味深いものだったということは覚えている。なんと驚いたことに、私と同じ誕生日の人が二人もいたのだ。しかも生まれ年は、一九二七年、二八年、二九年と並んでいた。

なんとなく、「神の思《おぼ》し召《め》し」という気がして、私たちはその後の数カ月、ともにビールをくみ交わし、生と死、運命などについてあれこれと語り合った。一人には占星術師の恋人がいて、彼女が「目に見えない力が三人を引き合わせた」などと言ったものだから、私たちはますます、この出来事を神聖視するようになった。占星術師の彼女は、この三人の絆が続く限り、目に見えない力は三人を幸運へと導いてくれるだろう、とも言った。

まあ、確かにその通りだったのかもしれないが、よく考えてみると、あの状況で、同じ誕生日の人間が三人揃う、というのは特に驚くようなことでもないとわかる――これはむしろ、かなりありふれたことなのだ。第一、生まれ年が続いていることは、そもそもこの状況では当たり前のことである。軍隊に所属する約一〇〇人は全員が若者だったからだ。しかも十八歳より下はおらず、二五歳より上もほとんどいなかった。ほとんどが一九二六年から一九三〇年の間に生まれていたわけだ。

生まれ年のほうはそれでいいとして、では誕生日のほうはどうか。これは、いわゆる「バースデー・パラドックス」の典型的な例だろう。確率の法則を学ぶときによく出てくる理論だが、これに戸惑ってしまう人は多い。なぜなら、人が大勢集まったときに同じ誕生日の人が見つかる確率は、直感や常識で推測するよりもはるかに高いからだ。この理論によれば、二三人が集まると、一対一を超える確率で、その中に同じ誕生日のペアが少なくとも一組は見つかるという。五〇人集まれば、この確率は三〇対一以上になり、一〇〇人集まると三〇〇〇対一にまで跳ね上がる。

私の隊には一〇〇人を超える人間がいたから、逆に、同じ誕生日のペアが一組もないほうが驚きだったということになる。実際、あとでわかったのだが、私たち三人以外に、誕生日の同じペアが三組いたのだ——これは、確率の法則で予測される通りの結果である。三人一致する確率は、二人一致よりは下がるが、それでも「ものすごく低い」というほどではない。一〇〇人の集団があった場合、そのうちの三人の誕生日が一致する確率は約三分の一なのである。

誰かに幸運や不運が立て続けに起きれば、普通の人はそれに注目するだろう。しかし、ランダム理論を知ると、それもさして注目に値しないとわかる。

たとえば、一定の期間、賭けごとなどで勝ち続けたり負け続けたりする状況は、誰でもときおりは体験する。触るものすべてが黄金に変わるように感じる日があるかと思えば、すべてがほこりや灰に変わってしまうような日もある。ブリッジやポーカーなどのカードゲームをやる人なら、よく知っているはずだ。次から次へと素晴らしい手が来る夜もあれば、こんなことなら映画にでも行けばよかったと思うような夜もある。

なぜこんなことが起きるのか、皆、その理由を知りたいと思うだろう。金を賭けない、もしくは賭けても少額のブリッジやポーカーならば、ツキが続こうが続くまいがたいして影響はないので誰も気にしない。だが、大金を賭けるギャンブルや投資、あるいはビジネス上の意思決定なら、その後の人生を左右するくらいの影響があるのだから、ツキが連続すれば重要な意味を持つ。

◇ツキの連続性

では、ツキの連続はいったいどういう理由で起きるのか。

この場合も、ランダム理論による説明はとても分別くさく、無味乾燥で、愛想のないものになる。「ツキが続くことがあるって？　そんなの当然だよ。物事が偶然に起きていれば、ときどき似たようなことが続いて起きることがあっても不思議じゃない。たとえば、砂浜だって、完全に平らということはあり得ない。風や波がランダムに影響することで、丘のように盛り上がるところもあれば、谷のようにくぼむところも出てくる」――こんな感じだ。

どの程度のツキの連続が、いったいどのくらいの頻度で起きるのか、それを数学的に予測することも可能だ。コイン投げを何度も繰り返せば、裏が出る確率は、いずれ約五〇パーセントに落ち着いていく。確率の法則からすれば、繰り返せば繰り返すほど、限りなく五〇パーセントに近づいていく、と予測できるだろう。これは長期的な結果の予測である。

ただし、ここで注意すべきなのは、表裏が完全に交互に出るわけではない、ということだ。表の次は裏、裏の次は表とは限らない。ときどきは必ず、何度か表が続いたり、裏が続いたりする。

ウォレン・ウィーヴァーは「コインを一〇二四回投げれば、おそらく一度は、裏が八回連続で出る現象が起きると予測できる」と言っている。絶対に確実ではないが、起きる可能性が高い、ということだ。統計学で言えるのは、起きない可能性より起きる可能性が高いということだけである。言い換えれば、「起きるほうに賭けていたらおそらく勝てる」ということになる。同様に、コインを一〇二四回投げれば、七回連続の裏は二度、六回連続裏は四度、五回連続裏は八度起きると予測できる。

これはコインに限らず、ともかく「ランダムな二者択一」になっているものなら、すべてに当てはまる法則である。

たとえばルーレットがそうだ。ルーレットには、何十通りもの賭け方があるが、そのうちの三つは、コイン投げとまったく同じ「二者択一」になっている。赤か黒、奇数か偶数、あるいは、小さい数字（1から18）か大きい数字（19から36）かを選ぶ、という賭け方だ。要するに五分五分の賭けである。一ドルを賭けて勝ったら、新たに一ドルを受け取れる。つまり、金が倍に増える。

ルーレットのプレーヤーには、次々にいろいろな賭け方をする人もいるが、よく見られるのは、一晩中、同じ賭け方を続けるというプレーヤーである。何らかの理由により――だいたいは「なんとなく予感がする」とか「神のお告げがあった」とか、そういうものだ――執拗に同じように賭け続けるのだ。たとえば、ずっと偶数にばかり賭ける人もいる。そういう賭け方をするということは、明らかに「自分がそこにいる間（そして金が続く間）に、偶数が連続して出ることがあるのでは」と期待していることになる。

確率の法則では、偶数が連続することはあり得ることになっているし、実際にそれはある（そして、奇数が連続することも、赤が連続することも同じようにあり得る）。モンテカルロでは一度、偶数が二八回連続で出たことがあったという。仮に、一ドルから賭け始めて、受け取った金を毎回すべて偶数に賭け続けていたとしたら、毎回額が二倍になるので、二八回続けて当たれば、およそ一億三四〇〇万ドルにまで増えることになる。賭け金の額には制限があるので、単純にこの通りにはいかないが、想像するだけで楽しい。

しかし、二九回目も同じように賭け続けたら、それで最初の一ドルも含めすべてを失ってしまうことになる。これは想像すると泣きたくなるが、ランダム理論の欠点はここにあるのだ。ランダム理論は、「どんな出来事が起こり得るか」を教えてくれても、「それがいつ起きるか」は教えてくれない。

確率の法則では、二八回連続で偶数が出る現象は、ルーレットを二億六八〇〇万回くらい回せば、一回は起きると予測できる。これを知っていれば、少しは助けになるが、限界はある。結局、いつそれに賭ければいいかはまったくわからないのだ。二八回連続がいつ起きるかは、誰にもわからない。ルーレットを十分長い期間にわたって回し続ければ、いつかどこかでそういうことが起きるのは確実なのだが、今年ラスベガスで起きるのか、今から一〇〇年後に完成するかもしれないカジノで起きるのか、それはまったくわからない。しかも、仮に偶数の連続がどこかの時点で始まり、四回、五回、六回と続いたとしても、いつ止まってしまうかは誰にもわからない。二八回連続の途中だから金を全部賭け続けたほうがいいのか、それとも、六回目で止まってしまうから勝った分を確保して、ここでやめにしたほうがいいのか。

いつ賭け始め、いつやめるべきか。ツキはいつまで続くのか。ランダム理論は、その問いには一切答えてくれない。その問いの前には、完全に役立たずの理論であることを認めざるを得ない。

ランダム理論を知っていても、運を自分の思い通りにできるわけではない――ゲームにおける運だろうが、より真剣なビジネス（ビジネスも、見方によっては規模の大きなゲームと考えることができる）における運だろうが、ランダム理論を知っていたところで、対処のしようがないのだ。

この理論でわかるのは、ある結果が得られる見込みがどのくらいあるか、だけだ。それで終わり。「運についての本を書く」ということをマーティン・ガードナーに話したら、彼は「やめたほうがいい」と忠告してくれた。運には「実体というものがない」から、というのだ。ランダム理論だけを基に考えれば、確かにその通りである。「運」と呼ばれているものはすべて、ただ「起きるべきことが起きた」というだけ、ということになるからだ。人がそれを「運」と呼ぶだけで、本当に

「運」というものがどこかに存在しているわけではない。だが、それがわかっても何も言えないし、何もできることはない。

◇ギャンブルとランダム理論

日頃、運を相手に生き、運の本質のようなものに触れているプロのギャンブラーたちは、そういう理由で、ランダム理論には何かが欠けている、と感じるようだ。そして、運に対処するのにランダム理論よりましな手段がある、と考えている人も多い。彼らにとって、運は、実体のないものではなく、確かにそこに存在し、実感できるものだ。ランダム理論では、ただ偶然起きたにすぎない出来事を世の中の人が勝手に「運」と呼んでいるだけ、ということになるが、プロのギャンブラーたちはそう思わない。彼らにとって、「運」とは、偶然の出来事とは別に存在するものなのだ。

メジャー・A・リドルも、そう考えるギャンブラーの一人だ。ラスベガスのデューンズクラブの社長で、数年前に『**ウィークエンド・ギャンブラーズ・ハンドブック**』という非常に興味深いテキストを書いた。その中でリドルは、「ギャンブルに関わる要素のなかで、運ほどきちんと語られることの少ないものもないでしょう。しかしギャンブルにおいては、運についての理解が不可欠です。運を理解すれば、まず、結果が自分にとって不利なものになるのを防ぐことができます」と述べている。

実は、リドルはランダム理論にも精通している。ハンドブックの中でもさまざまな確率計算をしているが、ランダム理論の専門家から見ても、その計算にまったく誤りは見つけられないそうだ。だが、彼はランダム理論を超えることをハンドブックの中で語っている。運を、確率からは離れた、別の存在として捉えているのだ。運は、「統計の数字を超えて私たちを助けてくれる（または逆に災いをもたらす）何か」である、と彼は見ている。

たとえば、何かベンチャーを始めようと思う人は、その前に「運試し」をすべきだ、と彼は言う。ギャンブルをしてみてもいいし、または個人的に何か意味のあることで、自分のちょっとした賭けが当たるかを試すのもいい。もしカジノに行ったとしたら、最初は小さく賭けてみて、その日の運がどの程度かを確認する。それで、今日は運が良さそうだとわかれば、大きな賭けに出るのだ。

ランダム理論では、こんなのはまったくのナンセンスである。はじめに少しの間、幸運が続いたとしても、それは運がその後も続くことを意味しないからだ。幸運が続いているときであろうが、そうでないときであろうが、次の賭けで勝てる見込みは、常にまったく同じである。つまり、運試しには何の意味もないことになる。

ところが、リドルにとってはそうではない。そして、ほかのギャンブラーや投機家など、運に賭けることを生業《なりわい》としている人たちの多くにとっても、そうではない。リドルによれば、運とは「何らかの方法（具体的にどんな方法かは彼も知らない）で、ある人が成功する可能性を、一定期間、高くしたり低くしたりする神秘的な力」である。なかには、この力がどうはたらくかを自分は知っている、と豪語する人もいるが、リドルは謙虚に、その点に関しては何の意見も言っていない。彼が言っているのは、しばらく幸運が続くときには、それを少し前に察知できる、ということと、限られた範囲だが、運を自分の都合の良いように利用できる、ということだけだ。

リドルは、一人の新聞記者のことを例に挙げている。その記者は、ポケットに二〇ドルだけ入れてデューンズクラブにやってきた。

彼が最初に何度か小さな賭けをして勝ったので、リドルは「お、ついてるな」と思った。勝ったということは、その夜はついているということを示す兆しであり、彼はギャンブラーが言うところの「ホット（熱い）」な状態だったわけだ。そこでリドルは彼に、賭けを大きくしていくよう助言した。記者はその後も、「ホット」な状態のままで勝ち続けた。幸運が続くタイミングをうまく捉え、それを利用することができた、ということになる。

ただ、ここでまた一つ新たな疑問が生じる。それは、「幸運続きがいつ終わるのか」ということだ。記者がこのまま賭け金を大きくしていくと、どこかで突然運気が下がった場合、一気にすべてを失う危険性があるのではないだろうか。リドルは、この記者の場合、運気が下がっているのを察知できたので、賭けをやめるよう促したのだという。記者は渋ったが、結局言う通りにした。そこでやめられる人はなかなかいないのだが、やめることができたのも、その夜、彼が本当についていたことの証明だ、とリドルは言う。賭けをやめたあと、記者は大酒を飲み、やがて立ち去った。

翌朝、酔いの醒めた記者がふらふらと朝食に出てきた。リドルは、昨夜の儲け、二万一二六五ドルを彼に手渡した。

こういう出来事が起こり得ること、意外に頻繁に起きることは、ランダム理論でも予測できる。しかし、幸運がしばらく続くことを前もって察知したり、その始まりと終わりを見極めてうまく利用したり、といったことは、ランダム理論では不可能とされている。

この記者の話は単に、彼にとって都合の良い出来事が偶然立て続けに起きただけ、と解釈される。立て続けに起きた「原因」はどこにも存在しない。何かの作用によって、その夜だけ、彼に都合の良いことが起こりやすくなったということもあり得ないし、ほかの誰かではなく彼にだけ都合の良いことが起こりやすくなったということもあり得ない。そういう結論になる。

特定の誰かが「ホット」になるなどというのは、ランダム理論では、バカげた発想ということになるだろう。誰かがホットになるということは、つまり、その誰かに一時的に普通より幸運が訪れやすくなっていることを意味する。ランダム理論では、そういう「幸運が訪れやすくなる」という現象自体、存在しないと考えるのだ。

ハリー・ウォールデンは、長年ギャンブルにのめり込んでいるが、その間、ほぼ負け続けている。彼は五五歳で結婚歴はなく、ずっと一人暮らしだが、特に気にはしていないという。小柄で痩せていて、鼻が大きく、笑った顔には愛嬌がある。バスやタクシー、トラックなどの運転手をしていた

こともあれば、靴のセールスマンをしていたこともあるが、目下のところ失業中である。だが、それは彼にとっては良いことだった。仕事がなく時間があれば、ヨンカーズやアクエダクトといったニューヨーク周辺の競馬場に頻繁に通えるからだ。

ハリーの人生は、世間的に見れば、とても成功しているとは言い難かった。面白いのは、彼は自らそう言いながら、まったく気に病んでいないということだ。そういう人は珍しい。あれこれと話をしてくれるが、その態度はあくまで明るく、また多少荒っぽいけれど、優しさを感じるものだった。金を持ったときには本当に気前が良いし、持っていないときにも愚痴を言ったりはしない。

運などとは無関係に生きている人、と言ってもいいかもしれない。運が自分のところにやってきては去っていくのを多少興味を持って見るけれど、自ら進んで深く関わろうとはしない、というふうにも見える。もちろん、本当は気にしているのかもしれないが、少なくとも、傍目《はため》にはあまり気にしていないように見えるのだ。

彼はどうも、人生に起きる出来事のほとんどを「単なる偶然」と思っているようだ。彼から見れば、どれにも意味や目的などはない。すべてが偶然に、無秩序に起きているだけだから、それをひとまとめにしてある結論を導き出そうとか、何か意見を述べようとか、そんな気持ちはないらしい。ただ肩をすくめ、あきらめてしまうだけだ。あとは、少し金を持ったときにギャンブルにつぎ込み、自分の身をすべて委ねてしまう。

「ギャンブルは勝つときもあるし、負けるときもあります」。彼は楽しそうに言った。

「今まで生きてきて、バカなことも結構やりました。刑務所にも何度か入りました。一回は、ノミ屋に払う金がなくて盗みをやったんです。それから、酔って暴れて捕まったっていうのが何回か。もう酒はやめましたけどね。三年前、医者に言われたんです。『ハリー、どちらか選ぶんだな。今すぐ酒をやめるか。それとも今年中に死ぬか』ってね。だからきっぱりやめたんです。で、私にも親戚っていうのがいるんですけど、こう言うんですよ。『どうして競馬はやめないんだ』って。『お前、酒はやめられたんだろう。じゃあ、ギャンブルだってやめられるはずだろう』。そう言われました。だけどね、なんでやめなくちゃいけないのか、私にはその理由がわからない。言ってやりましたよ。『バカ言うな。競馬やったって死ぬわけじゃなかろう。俺はまだこうやって生きてるんだ、違うか？』ってね。そうでしょう。私はこう思うんですよ。誰にだって自分の楽しみを持つ権利はあるって。他人の害にならない楽しみを持つのは自由でしょう。それにいつか大穴が当たるかもしれない。まあ、当たったって、たいして金持ちになるわけじゃないですけどね」

私はハリーに聞いてみた。そもそも競馬が好きになった理由は、やはり金持ちになれそうだと期待したからか、と。すると彼は笑って言った。

「期待ですって？　いや、私は『期待』なんてことは一言も言ってませんよ。私は、大穴が当たる『かもしれない』、そういうことは『あり得る』と言ったんです。それだけです。そんなことが起きれば、そりゃ素晴らしいですけどね。私がもし、いいことが起きるのを期待して、ただぶらぶらしているだけの人間だったら、今頃は頭がおかしくなっていたかもしれません。期待は人を殺しますよ。言っている意味、わかりますか？　私はただ、出た結果を受け入れるだけです」

「運のいい日もありますよ。たとえば、こんなこともあった。二、三週間前です。その日も競馬場にいました。ずっと負け続けて、ほとんど一文なしになってしまった。本当ですよ。豆の缶詰を買う金すらないくらいだった。第一五レースを前に、残りはたったの二ドル。そのとき、ジョッキーの交代があったんです。それを見て、ひょっとすると勝つかもしれないと思って、その馬に賭けることにしました。穴狙いですよ。何しろポケットには二ドルしかないですからね。で、結局勝てたんです。金がもらえる。たいした額じゃないですけど、まあいくらかにはなる。それで、金を受け取りにいこうと歩いていたときなんですが、ふと下を見たら、そこに何が落ちてたと思います？　私と同じ馬に賭けた二枚の当たり馬券。どちらも一〇ドル買ってました。誰かが間違って捨てたんですね。これなら結構な額になる。ポケットに八〇〇ドル持って外に出ましたよ。その夜、運は私のものだった」

「でも、そんなときばかりじゃないんです。そこそこ儲けるときもあるけど、これは本当に大儲けした、ってことは一度もない。だから、だいたいいつも金欠です。勝ったと思ったら、写真判定でダメになったこともあった。惜しかった。まあ、惜しかったっていうのは私からはそう見えるだけで、それで勝って大金を儲けたヤツもいるわけです。実際、そのときは、そういう人間がすぐそばにいました。ときには、誰かが幸運をつかむのを私が助けることもあるんですよ」

「あれはヨンカーズでした。最終レースで、オッズは五〇倍でした。問題の馬はシュガー・ヒル・ミリーって名前です。絶対に忘れません。この馬が『来てくれた』と思ったんですが、写真判定になった。一〇分くらい待たされて、結果を見たら負けでした。もう少しというところで、六〇〇〇ドルをつかみそこなった。楽しい夜になるかと思ったのに、ほとんど一文なしで家に帰ることになってしまった」

「だけどね、この話には続きがあるんです。帰る途中、コーヒーでも飲もうかと馴染みの店に寄ったんですが、そこに、知り合いの夫婦がいた。だいたいいつも一日中競馬場にいるんですけど、大金をすってしまって、こりゃ今日はダメだっていうことで、途中で引き上げたんですね。本当に落ち込んだ様子でした。もう今日は何をやったってうまくいかないんだ、という感じで。旦那のほうは、私が入ってくるのを見て言いました。『ハリー、最終レース見たか？　どれが勝った？』。私は言いました。『聞くなよ。がっくりきてるんだから。確か七番だったと思うよ』。それを聞いて、奴は飛び上がりましたね。「何だって！　そりゃ俺が賭けた馬じゃないか！」。そう叫ぶと、奥さんの腕をつかんで、急いで競馬場に戻っていった。テーブルにイングリッシュマフィンを残したまま。それで五〇〇〇ドル儲かった。負けるに決まってると思い込んでいたのに。私がちょうどいいところにやってきたからよかったようなものの、そうでなきゃ、馬券をそのまま捨てるところだったんですよ」

ハリーには、運に関して何か持論のようなものはあるのだろうか。聞いてみると「何もない」と言う。

「そんなの意味ないですよ。運のことなんて、考えたってわかるわけないしね。たとえば、男が一人いるとしましょう。こいつは正直な、いい奴だ。年取ったばあさんを養ってるし、税金だってちゃんと払ってるし、募金もする。誰かがドアをノックして『募金お願いします』と言えば、必ず二ドルや三ドルは寄付する。で、もう一人男がいるとします。赤ん坊の靴を盗んで、それを売り飛ばすような奴です。二人が競馬をやったら、どっちが勝ちますか？　いい奴も悪い奴も同じくらい勝つし、同じくらい負けるでしょう。これ、どうしてだかわかりますか。運が何なのか、わかるんなら、こっちが教えてほしいですよ」

ハリーは、ほんのしばらく不機嫌になった。しかし、すぐに元気を取り戻した。

「どうでもいいですけどね。今日は負けても、明日は勝つかもしれない。いつだって明日がある。そうでしょう？」

第二章
超能力

The Psychic Theories

ロバート・ブライヤー博士は、自分はルーレットで必ず勝てる方法を知っている、と言った。私の目をまっすぐに見据えて、そう言ったのだ。

「必ず勝てる」とはまた、大胆な言葉だ。私は、その言葉が文字通りの意味なのか、博士に確かめてみた。するとやはり、文字通り「必ず勝てる」方法なのだ、とはっきり言いきった。博士は、ほかの研究者たちとともに、ラスベガスやキュラソーなど、各地のカジノで繰り返し実験をしたのだが、その場を去るときには必ず、来たときよりも金が増えていたという。

妙な話だ。マーティン・ガードナーも言っていたことだが、「胴元かプレーヤーのどちらかがイカサマをしない限り、ルーレットで必ず勝つということはあり得ない」はずだからだ。もちろん、カジノを運営する側は客を呼びたいので、「必勝法がある」というような噂が流れても、それを否定したりはしない。

必勝法と呼ばれるものは、この何世紀もの間にいくつも考え出されてきた。私は、ガードナーらの協力も得て、そうした必勝法の一つひとつについて調べてきたが、その結果、どれも効果はないという確証を得た。だが、一見もっともらしく魅力的な必勝法が多いのも事実だ。だからこそ、長い間、生き残ってきたのだろう。なかには、「決して大きくは負けないようにする」という類の作戦もある。それはそれで良いような気もするが、大きく負ける心配がない分、大きく勝てる可能性もなくなってしまう。結局は、普通にプレーをするのと、勝てる確率に変わりはないのだ。どんな必勝法を使おうと、「運が良ければ勝てる」という基本の部分は、一切変わることがない。

にもかかわらず、ブライヤー博士は、そうではない作戦があり得ると言うのだ。博士は、ニューヨークにあるロングアイランド大学CWポスト校の哲学教授だ。痩せていて、癖毛で、まだ三〇代前半の明るくエネルギッシュな男性である。

彼が人生の大半において興味を惹かれてきたのは「超心理学」だ。霊や超能力といった、いわゆる「超常現象」を研究する学問である。他人の心を読む「テレパシー」、未来のことを知る「予知能力」、念じるだけで物質を動かしたり変化させたりする「念力」。このように、真偽は疑わしいが、科学的に完全否定されてはいない、そんな人間の能力が研究の対象となる。博士の言うルーレットの「必勝法」の基礎となるのは、このなかの「予知能力」である。

◇必勝法の検証——予知能力

ここではまず「必勝法」が具体的にどんなものなのか、また、それが有効であるという確たる根拠はあるのか、ということを見ていこう。

「一つ確かなのは、未来を完璧に予測できれば、ルーレットには必ず勝てるということです」とブライヤー博士は言う。

「たとえば、赤なのか黒なのかが事前にわかるのなら、賭け金を倍々に増やしていくことができ、いつ行ってもすぐに、カジノが認める上限まで儲けることができるでしょう。ただ、未来を予言できるという人は少なからずいますが、一度も外すことなく完璧に予言できる人は、今までのところ一人も見つかっていません。それは、超心理学を研究する者にとって、何よりもどかしいことです。同じ人でも、超能力がよくはたらく日と、はたらかない日があったりする。カードにしてもルーレットにしても、長期的に見れば、「予知能力者」の予知的中率は、普通の人の当てずっぽうの予測より一〇パーセント程度高くなります。しかし、一定期間、予測がまったく当たらないということもよく起きるのです。これがどういうことを意味するか、考えてみてください。もし、彼らに手伝ってもらって、一カ月間、まったく休みなしにルーレットをプレーし続けられるなら、最終的に確かにプラスにはなるでしょう。でも、そんなことは実際には不可能です。予知が全然当たらないこともあるのだから、大金を用意しておかなくてはならないし。第一、死ぬほど退屈してしまうでしょうね」

このことが、博士が必勝法を編み出すうえで特に大きな問題になったという。では、いったいどうやってこの問題を克服したのか。博士の必勝法は、詳しく言うと次のようなものである。

まず、博士は一人の女子学生に協力を要請した。私との話の中で、女子学生の本名は明らかにされず、ただH・Bとだけ呼ばれていた。この学生は以前の実験で、博士を含め誰もが注目するような能力を発揮していたという。

博士は彼女に、ルーレットで赤が出るか黒が出るかの予知をしてもらったのだ。

H・Bは、〝ある特定のカジノで、将来の特定の日時に、五〇回ルーレットを回したとき、その結果がどうなるか〟を予知した。そして、同じことを何日かにわたって繰り返した。いずれも、同じ日時に五〇回ルーレットを回したときにどういう結果になるか、の予知である。

次に博士は、一回目から五〇回目のそれぞれについて、赤という予知が多かったか、黒という予知が多かったかを逐一調べていった。たとえば一回目に関していえば、黒の予知のほうが赤の予知より多かった。そこで、一回目は「黒」であろう、と結論づけた。こういう方法をとれば、少しでも予知の信頼性を高めることができる、と博士は考えていたのだ。

そして、博士は指定の日に、友人のウォルター・ティミンスキーとともに、指定のカジノに出向いた。ティミンスキーは自身が熱心なギャンブラーであり、また、ギャンブルに関する書籍や新聞などを発行する「ルージュ・エノワール」という会社の社長でもあった。

H・Bの予知結果を手に、ブライヤー博士とティミンスキーは、指定の五〇回のうちの何回かは金を賭けずにルーレットの動きだけを見続けた。すると予知の的中率は、単なる偶然の一致ではない、とみなしてよいくらいのレベルに達しているようだった。この結果を受け、ギャンブル好きの二人は、途中からH・Bの予知に従って金を賭け始め、最後の五〇回目までプレーを続けた。最初のうちは少額だったが、だんだん額を大きくしていった。

その場を去るときには、二人とも来たときより金持ちになっていたという。ただし、具体的な額がどのくらいかは教えてくれなかった。

仮に超能力の実在が証明できたとしたら、運について説明するのには大きな助けになるだろう。しかし、超能力の研究者たちは、科学の世界では微妙な立場に置かれている。超能力を熱心に信じる人たちは、その研究を科学の正式な一分野と認めてほしいと考えている（この章では、とりあえず、科学の一分野として扱うことにする）。しかし、ほかの分野の科学者の多くは、超能力の研究を正統な科学だとは認めたがらない。今のところは、よくて「準科学」くらいの扱いだろう。しかも、その地位はあくまで暫定的なものだ。

物理学者や生物学者などのなかには、少数ながら、超能力は実在すると考え、だからこそ超心理学は研究に値する学問だと考えている人もいる。しかし一方で、研究自体の価値は認めていても、超能力の存在自体には懐疑的、という人も多い。そして、超心理学など学問のふりをした「オカルト」だと批判したり、まったく価値のないインチキだと断定する人はもっと多い。

問題は、超心理学で扱う「力」というものが、何かで計測することも、言葉で明確に表現することもできない――少なくとも今のところはできていない――得体の知れない「力」である、ということだ。さらに良くないのが、もしこの力が存在すると仮定したとしても、それが具体的にどう作用するのか、想像することさえ難しい、ということだ。

先に述べたH・Bが、ニューヨークにいて座ったまま「来月、ラスベガスやキュラソーのカジノでルーレットの結果がどうなるか」を本当に予知できるのだとしても、それがどうして可能なのか。彼女の頭に、その情報がどうやって入ってきているというのか。どんな種類のエネルギーが、どうやって、どんな道筋を通って伝達されているのか。超心理学者たちはその答えを見つけようと努力してきたわけだが、これまでのところは「あまりに荒唐無稽」な答えしか出てきていない。

ブライヤー博士は『ソーシャルポリシー』という新聞の記事で、「超心理学で扱っているのは、現代物理学の枠組みの中では説明不可能な現象なのだと思う」と悲しげに述べている。

超能力は本当に存在するのかもしれないが、現代の科学にはそれを説明するすべがない。少なくとも、今の西洋の人間が知っている科学には。東洋の科学や哲学には、少しは超能力を受け入れる余地があるのかもしれない。しかし西洋の科学では、まず「実験の再現性（やろうと思えば誰でも同じ実験ができるということ）」が不可欠とされる。また、どんな現象が観察された場合であれ、それについての論理的、合理的な説明が求められる。超能力に関しては、そのどちらも難しい。信じている人にとっても、疑っている人にとっても、それが実に大きな問題なのだ。いっそのこと超能力については、誰も何も考えないようにすれば、それが一番幸せなのでは、とさえ思えてしまう。

だが、そういうことにはなりそうにない。少なくとも私たち（今、地球上にいるすべての人）が生きている間に、超能力の存在が科学の世界で完全に認められる日が来るとは思えない。超能力が実在するか否か、という論争は、まだしばらくは続くと考えておいたほうが無難だ。超心理学の研究者たちは、今後も次々に「証拠」をあげて超能力の実在を証明しようとするだろうし、ほかの科学者は、それを次々に否定していくだろう。

◇超能力の魅力と研究

「超能力のせい」という説明が可能であれば、何かと便利なのは確かだ。仮にもし、超能力の実在が完璧に証明されたとすれば、「なぜ運の良い人と悪い人がいるのか」という謎の解明に大きく近づくことになる。「とても運の良い人」というのは、実は強い超能力の持ち主なのでは、と考えることができるからだ。

ほんのときおりでも、そしてぼんやりとでも人の心を読むことができれば、ポーカーをするときや中古車を買うとき、またビジネスや恋愛においても、圧倒的に有利になるはずである。これは、運がとても良くなる、ということだ。少しでも、はっきりとでなくても未来が予知できれば、ラスベガスや株式市場で勝てる確率は大幅に向上する。仕事を探す場合でも、宝くじを買う場合でも、多くのなかからどれを選べばいいか、事前にわかれば失敗をすることがない。

また、わずかでも念力が使えれば、その効用は計り知れないだろう。サイコロが振られるとき、カードがシャッフルされるときに、念力を使って動きを変えればいいのだ。常時ではなくても、完全に自分の思い通りではなくても、それができれば、有利になることは間違いない。宝くじの抽せんが行われるときに、自分の当せん番号の書かれた紙が引かれやすいよう箱の中で上に移動させる、ということもできる。車にひかれそうになったときも、念力で車を動かし、自分に当たらないようにすればいい。こんなことはいくらでも思いつく。

そんな空想にふけるのも楽しいことだが、ここで大事なのは、そう簡単に懐疑的な態度を捨てないことだ。多くの科学者が指摘していることだが、超能力の研究において一つ大きな問題となるのは、「超能力」というものがあまりに魅力的である、ということだ。できることなら、誰もが超能力を持ちたい。その願望は、ほかのすべての人と同じように、超心理学者たちの心の中にも間違いなく存在する。

超能力が存在するのでは、と思わせる証拠は確かに数多く存在する。ジョゼフ・バンクス・ラインやバーナード・ライスといった超能力研究者は、非常に知性的な人たちであり、彼らの提出する証拠も一見、信頼できそうに見える。しかし、すぐに信じ込んでしまわず、注意深く検証しなくてはならない。彼らのいう「証拠」とは、どのような研究によって得られたものなのか、それをよく知っておく必要があるだろう。

超能力の研究には実は、はやり廃《すた》りがある。超能力には大きく分けて「テレパシー」「予知能力」「念力」の三つがあるが、研究の主な対象となる能力は、時代とともに次々に変わってきた。三つすべてについて研究する人もいるが、一つか二つを選ぶ人が多いのだ。

たとえば、テレパシーを研究する人のなかには、ほかの二つに比べて比較的信じやすいから、という理由でテレパシーを選んだ人もいる。能力がはたらく原理について比較的仮説が立てやすいから、ということも理由として大きいようだ。テレパシーも確かに不思議だが、「人の心を読む」能力は「未来を予知する」能力に比べれば不思議さの度合いが弱いとも言える。

またテレパシーは、既知の物理法則をさほど大きく逸脱していないようでもある。心は、脳が生み出すものである。脳の中では神経細胞が忙しくはたらき、信号が常にやりとりされている。脳の活動によって、何らかのエネルギーが生じている可能性がないとは言えない。そのエネルギーが頭の外へ漏れ出すか、あるいは、外の世界に何か影響を与えるかしていることもあり得る。超能力者の脳は、それを感知するのかもしれない。こういう考え方から、一時期、超能力のなかでも主としてテレパシーが研究された時代があった。

しかし現在、この分野で主流になっているのは、予知能力の研究である。だいたい、一九六〇年代の初頭あたりからはそうなってきている。ジーン・ディクソンなど、予知能力者として有名になる人間も現れた。彼女は、二人のケネディの暗殺など、アメリカに起こる大きな事件を予言したとして、超能力研究者はもちろん一般大衆の関心も集めた。

ここで少し、予知能力の研究について触れておこう。ここで書くことのなかには、ほかの二つの能力の研究について当てはまることも多いと思う。


予知能力など超能力を研究する団体は、アメリカだけでなく世界各国に多数存在する。不思議なのは、世界で最も「唯物論的」であるはずの国、ロシアに、特に有名な（そして、いろいろな意味で奇妙な）研究団体が最も多いということだ。

アメリカで最も有名で信頼もされている団体が、「アメリカ心霊研究協会（ＡＳＰＲ）」である。この団体の刊行物を見ると、ジークムント・フロイトをはじめ、古今の有名な思想家がメンバーとして多数名を連ねているのがわかる。拠点はニューヨーク、セントラルパークのそばの古い建物にあるが、その石造りの褐色の建物は、研究内容にふさわしく不気味な雰囲気を漂わせている。

ＡＳＰＲの研究の中心人物がカーリス・オシス博士である。痩せて背が高く、いかにも学者らしい口調で話し、ラトビア生まれで、英語には強いアクセントがある。博士はあらゆる種類の超能力研究に関心を持っていたが、特に強く関心を寄せていたのが予知能力だった。

「私は宝くじの当せん者に興味を惹かれました」。彼は私にそう話してくれた。

「最近いくつか研究が行われましたが、どうも予知能力が何らかの役割を果たしたケースが多いらしい、という結果が得られています。たとえば、ある人が、宝くじのことなどまったく考えず、普通に歩いていたときに、突然『今から店に行って、宝くじを買わなくては。絶対に当たるはずだ』という予感に襲われた。買ってみたら本当に当たった、という話が実にたくさんあるのです」

確かに博士は、そういう不思議な話をたくさん知っていた。そのうちの一つがロバート・ブロンソンの話だ。ブロンソンは数年前、二三歳のときに「自分は宝くじに当たる」という強い予感を覚えた。当たると思ったのは、メリーランド州のクリスマス特別宝くじである。それで、妻子を抱えてぎりぎりの生活だったにもかかわらず、何枚か購入した。くじを手に帰ってきたのを見て妻は怒ったが、「それでも心は奇妙に落ち着いていた」と彼はのちに取材に来た記者に話している。

買ったくじのなかには一枚、番号が「7並び」になったものがあった。7は自分のラッキーナンバーだと思っていた彼は、その一枚こそが当たりくじだと信じて疑わなかった。実際、その一枚は最初の抽せんを通過した。通過者には賞金五〇〇ドルが贈られ、ボルティモアのホールで行われる最終抽せんへの参加資格が与えられた。

最終抽せんの日、当せん者の名前が発表される前にブロンソンは立ち上がった。まるで、すでに自分の名前が呼ばれたかのように。会場にいた人たちは、無言で彼を見つめた。そして、当せん者の名前が呼ばれた。当せんしたのは、本当にブロンソンだった。賞金は一〇〇万ドルである。

オシス博士は、こういう話を聞くと非常に嬉しいらしい。そのほかには、一人で何度も宝くじに当たっている人の話もあった。とても偶然とは思えないほど頻繁に当たる人も結構いるという。

「そういう人たちは、強い予知能力を持っているのではないかと思います」と博士は言う。

「その能力を意識的に使っているにしろ、そうでないにしろ、皆が『幸運』と呼んでいるものの根本にあるのは、それでしょう」

この説は確かに魅力的だ。当せんしたのが一度だけなら、それはウォレン・ウィーヴァーの言う通り、「単なる偶然」ということで納得できる。しかし、繰り返し当たるというのは、普通の人間にはとてもあり得ないので、どうしても「何か理由があるのでは」と考えたくなる。

たとえば、ランディ・ポートナーの話がそうだ。彼はニューヨーク州ローム在住で二一歳。一八歳のときから州営の宝くじを買い始めたが、現在にいたるまで実に一九回当せんしている。

当たった賞金の多くは、二五ドルとか一〇〇ドルくらいで、比較的安い。しかし、五万ドルということも一度あったし、ほかにも何度か、とても「小遣い程度」とは言えない金額が当たっている。おかげでポートナーは、その年齢の若者にしてはかなり裕福で楽な暮らしをしている。本当はもっと金持ちになれたかもしれないのだが、残念なことに、州営の宝くじは現在中断している。

「どうしてそんなに当たるのか、自分でもわかりません」。ポートナーは私にそう話した。

「ただ普通に買っているだけなんです。なのに、ほかの人より当たってしまう。知り合いには、一〇セントすら当たったことがない人がいるっていうのに……。買い始めたのは、高校を出て、店で働き出してからですね。店は雑貨店で、宝くじも売ってるんです。お金に少しゆとりがあって、

『今ついてるかもしれない』と感じたときは、いつも店でくじを買ってました。おかしな話ですけど、ついてるって感じるときがあるんですよ。逆に、今はついてないぞ、と感じるときもある。くじを買ってもきっと外れるだろう、って感じるんです。この店には、当たりくじは一枚もないぞって。店のどこかに当たりくじが置いてある、と感じたときには、何枚か選んで買います。そういうときは、だいたい少しは当たります。おかしな話だっていうのはわかっています。さっきも言いましたけど、自分でもよくわからないんです。いつも外れてばかりいる人によく聞かれます。どうして俺は当たらないんだって。聞かれて何が言えますか？　わかるわけがないですよ」

ランディ・ポートナーは、自分に予知能力があるか、ということに関しては懐疑的なようだった。だが、同じような人をたくさん見てきたオシス博士の見解は違っている。

「一度も当たらない人がいるのに、彼のように頻繁に当たる人がいる理由をどう説明します？　それが単なる偶然だなんて、私にはとても思えません」

オシス博士は、「九死に一生を得た」という話にも強い関心を示しており、それにも予知能力が関わっているのではないかと考えている。そういうケースに関しては、実は、ある種の「文書資料」が多く存在する。なかにはバカバカしいものも、たくさん含まれているが……。

「資料」が増え始めたのは、一九一二年、豪華客船「タイタニック号」の沈没事故が起きたときからだろう。一五〇〇人が命を落としたあの大惨事である。事故のあとは、何カ月にもわたって、「あのとき、私はタイタニックに乗るはずだったのだが、何らかの理由で乗らなかった」という類の話が、新聞や雑誌にいくつも紹介された。記事の見出しは、だいたいが「○○が私の命を救った」というものになっていた。「○○」の部分には、「夢」、「嫌な予感」、「ちょっとした事件」、「占い師」、「教会で見た幻」「子供の訴え」、「犬」といった言葉が入る。

それ以来記者たちは、何か大事故が起きたら、この手の話をどこかから探してきて、ひどいときは捏造して記事にするものだと思い込むようになったらしい。問題は、どの話も事故の「前」ではなく「後」に語られたものである、ということだ。皆、事前に事故を予見し、避けることができたというのだが、十分に説得力のある話はほとんどない。

「大惨事を予知した」という話を、長年にわたり熱心に収集している人もいる。ルイザ・ライン博士もその一人だ。先に触れたジョゼフ・バンクス・ライン博士の妻である。無数にある予知話のうちには、ほんのわずかかもしれないが本物が混じっているに違いない、と彼女は信じていた。本当に、大惨事が起きることを事前に予見し、それを避けることができた人がいた、ということだ。

博士は、著書『Hidden Channel of the Mind（心の中の隠れた経路）』に、ある女性のことを書いている。その人はある夜、不思議な夢を見て目覚めたという。住んでいたのは古い家で、もうかなり傷んでいたのだが、夢の中では大嵐が吹き荒れ、家は激しく揺れていた。そのせいで、古くて重いシャンデリアが天井から外れ、下のベビーベッドに寝ていた赤ん坊の上に落ちてしまった。……恐ろしい夢から目覚め、外を見ると、嵐など起きていない。穏やかな夜だった。それでも、彼女はともかく赤ん坊のところまで行き、ベビーベッドをシャンデリアの下から移動させた。

ここで話が終わってしまっては、誰も満足しないだろう。あとに続く話があることを皆、期待するはずだ。そう、もうおわかりだろうが、その晩は、あとになって本当に嵐が起きたのだ。古い家は大きく揺れ、シャンデリアは落ちた。

ルイザ・ライン博士は関係者にも話を聞き、慎重に検討したうえで、この話が本当であると確信したらしい。証拠となるような資料は乏しく、そもそもそういう資料がつくれるような話でもないが、ともかく博士はこの話を信じたのだ。

だが、この種の話を聞いたときには、どうしても考えてしまうことがある。

それは、「本当に予知だったのか」、そして「ほかの説明はできないのか」ということだ。「予知能力である」という以外の説得力のある説明は、本当に不可能なのだろうか。

人間にはこういう話を信じたがる傾向がある、ということにも注意しておくべきだろう。そんなことがあればいい、あってほしい、と強く望むあまり、批判能力が低下してしまうのだ。私自身もやはり、この話が本当であってほしいと思うが、それは以下の二つの理由からだ。

一つは、そうでないと話がとてもつまらなくなるから。単に「嵐でシャンデリアが落ちました。その直前、偶然にベビーベッドを動かしていたので助かりました」というだけでは、なんとなくすっきりしない。ただ、ちょっと「恐ろしい」と思うくらいで、あとはどう反応していいかもわからない。

そして二つ目の理由は、もし本当なら希望が持てるということだ。ひょっとすると、自分にもそういう未知の能力があって、いつか無意識にでも使うことができるかもしれない、そう思いたいのだ。こういう話を聞くと、自分も自覚している以上に「不運を避けたい、幸運に恵まれたい」という気持ちを強く持っていることに気がつく。

先のオシス博士は、この種の話をあまり疑うことなく本当だと信じていたが、それでも、証拠が十分でないという点については認めていた。本当だと完全に証明することは、ほぼ不可能と言ってもいい。ただ博士の話によれば、超心理学者のなかには、一見とても賢明と思える方法でそれを証明しようと考えている人もいるということだった。統計学の手法で、非常に客観的なようでもあり、確かに信憑性のある証拠を得ることもできそうだった――ただし、実行できればの話だが。

博士は、この方法について次のように述べている。

「我々の考えている通り、意識的、あるいは無意識に超能力を使える人が多数いるのだとすれば、彼らは飛行機の墜落などを事前に察知して、乗らないようにするでしょう。しかし、それを証明することなどできるのでしょうか。たとえば、はっきりと数字で示すことなどできるのでしょうか。実はできるのです。最初にすべきことは、航空会社に行くことです。そして、飛行機の座席を予約していたがキャンセルした人、あるいは当日、空港に来なかった人がどのくらいいたか、記録を調べることです。もし超能力者が多数いるのなら、これから墜落する飛行機には、予約したにもかかわらず乗らない人が多数現れるはずです。その数は、平均すれば、墜落しない飛行機に比べて多くなるでしょう」

実に素晴らしい。ただ、残念なことに、この調査はまだ一度も実行できていない。航空会社に連絡を取ってもすべて断られたのだという。この調査によってイメージが悪化するのを恐れたのだろう。

第三章
シンクロニシティ理論

The Synchronicity Theory

すでに述べた通り、「単なる偶然」と言えば、「運」に関わるあらゆる出来事の説明ができる。ただ見方によっては、それだと何も説明したことにならない。そこで第一章では「ランダム理論」、第二章では「超能力」という観点からの説明を試みた。この第三章では、運について、さらにまた別の「科学的な」観点から見てみることにしよう。

この三つ目の観点をどう呼ぶかは、人によってさまざまだ。それを支持する人の間でもいろいろと呼び方は分かれている。「シンクロニシティ」と呼ぶ人もいれば、「シリアリティ」と呼ぶ人もいる。また、「クラスタリング効果」などと呼ぶ人もいる。混乱を避けるため、ここでは「シンクロニシティ」で統一することにする。

「シンクロニシティ」の研究は、ランダム理論などに比べれば、（穏やかな言い方をしても）科学の世界であまり「市民権を得ている」とは言えない。また、ある意味で、超能力の研究に比べてもそうかもしれない。まっとうな科学者のなかで、「運はシンクロニシティの理論で説明できる」と認める人はむしろ少ないだろう。シンクロニシティを「オカルト」や「神秘主義」などのカテゴリーに入れたがる科学者は多いはずである。

「これは科学ではない」という言葉は科学者にとっては悪口だが、面白いことに、神秘主義やオカルトの信奉者にとっては必ずしもそうではなく、むしろほめたことになる場合もある。私は、今のところ科学ともオカルトとも思っていないが、ここではひとまず、「科学」に含めて話を進めようと思う。

シンクロニシティ理論自体は、基本的には西洋科学的、実証主義的なものであり、シンクロニシティを信奉する人たちは、できる限り神秘主義的な説明を避け、物理や数学など「正統」とされる科学を利用した説明をしようとする。

では、シンクロニシティとはどういうものなのか、詳しく見ていくことにしよう。

最初に、ＦＢＩ長官だったクラレンス・ケリーが私に聞かせてくれた話を紹介する。とても不思議な話だ。ワシントンＤＣにあるＦＢＩ本部、特にその鑑識課では有名な話らしい。鑑識課には、

一億六〇〇〇万もの指紋が保管されている。なぜ、FBIがそれほどの時間と労力をかけて指紋の採取と保管をするのかは、次の話を聞けばわかると思う。

私は長官とあれこれ、FBIを今後どうしていきたいか、今懸念していることは何か、といった話をしているときに、何気なく指紋について尋ねた。ケリーは寛大で温厚な人物で、年齢は六〇代半ば。二重顎の四角い顔には明るい笑顔が浮かんでいる。私が指紋について質問をすると、長官は「じゃあ今から面白い話を聞かせますよ」とでも言いたげな嬉しそうな顔をして、椅子の背にもたれ、煙草に火をつけて「ウィル・ウェストはご存じですか」と言った。

「いいえ」

その答えを聞くと、ケリーはますます嬉しそうな顔になって、続きを話した。

「犯罪捜査が一種の科学になったのは、一九世紀初め頃のことです」と彼は歴史をひもとき始める。「個人をいかに確実に特定するか、それは、警察と法医学者が一世紀にわたって取り組んできた問題でした。たとえば、ある犯罪を捜査していて、『現場でジョー・スミスを見た』という証人が現れたとします。その証人の言うことが本当に正しいのか、どうやって判断しますか？　ある警官が『スミスなら知っています。そいつにはいくつも前科があって、逮捕も何度かしています』と言ったとしましょう。にもかかわらず、当のスミスを捕まえてみたら、『自分は一度も逮捕などされたことはない』と言い張る。何度か警察署にも来たことがあるはずなのに、ここに来るのは初めてだと言う。そんなとき、誰の言うことが本当なのか、どうやって確認すればいいのでしょうか」

一九世紀の法医学者たちは、「一人ひとり必ず違っていて、しかも一生変わることがない特徴」があれば捜査に役立つはずだと考え、それを探し求めた。

「この顔には見覚えがある」と誰かが言っただけでは不十分だ。似た顔はあまりに多いからである。また、ときには、二人の人物の顔や服装だけではなく、声や名前などあらゆる特徴が一致する、ということもある。そういう場合、誰もが同一人物と思ってしまうが、実はそうでないこともあるのだ。そんなとき、警察はどうすることもできなかった。それで、一人ひとり絶対に違っていて、それさえ比較すれば人物の特定ができる、そういう特徴をずっと探し求めていたのだ。

故意に一致させることはできず、偶然に一致する可能性もない、そんな特徴が果たして人間にあるのか。フランスの人類学者、アルフォンス・ベルティヨンがその問いに答えたのは、一八七九年のことだった。のちに「ベルティヨン・システム」と呼ばれることになる彼の方法は、頭部や耳、指など、身体のいくつかの部分の寸法を測るというものだった。

十九世紀末までの間に、ベルティヨン自身と数千人の警察官の手によって、何万という人を対象に計測が行われた。その結果、これこそが長く求められてきた「一人ひとり必ず違っている特徴」だと思われた。計測された範囲では、双子の兄弟姉妹も含めて、誰一人として寸法が完全に一致する人間がいなかったからだ。さらにベルティヨンは、式を使って計測結果を一つにまとめる方法を考案した。この式は、対象者が大人になって以降はずっと変わらずに使うことができる。

しかし、一九〇三年のある出来事がきっかけとなって、ベルティヨン・システムは隅に追いやられ、代わりに指紋による個人識別が広く使われるようになる。ウィル・ウェストの登場だ。

ウェストは重罪を犯し、カンザス州のレベンワース連邦刑務所に送られた。自らの犯罪歴について尋ねられたウェストは、「過去には一度も罪を犯したことがない」と主張した。初犯なら再犯よりも扱いは寛大になり、仮釈放も早くなるのだ。しかし、刑務所の記録担当官は、彼の顔に確かに見覚えがあった。

そこで、ウェストの身体計測を行うことにした。ベルティヨン・システムによる個人の特定をしようと考えたのだ。計測が終わると、その結果を過去の犯罪者のものと比べ、同一人物がいないか探した。すると、測定結果が完全に一致する人物が見つかった。記録担当官は喜んで該当資料を引き出し、内容をよく見た。名前は「ウィリアム・ウェスト」となっている。

「前科はないって言ったよな？」担当官が詰問する。

「お前は嘘つきだ。前科があるだけじゃない。お前は、この刑務所に入っていただろう」

「ここには一回も来たことないですよ」。ウェストは否定した。

「もしそれが本当なら、身体のどの部分を測っても寸法が同じで、しかも名前まで同じ人間が二人いるってことになる。そんなこと、起きるとしても何億年に一回だろう」

「だからそれが起きたんですよ！」ウェストは叫んだ。

そう、本当にそういうことが起きていたのだ。

ウェストの話をよく聞き、さらに詳しく調査をしてみると、信じられないような偶然の一致が見つかった。レベンワース連邦刑務所にもう一人のウェストがいたのだ。こちらのウェストは終身刑で長く服役しており、半ば忘れられていた。二人のウェストを見比べてみると、顔や背格好が驚くほど似ていた。双子の兄弟と言ってもいいくらいだった。二人を正面と横から撮った写真を見て、区別がつく人はまずいないだろう。

当時、同刑務所には、個人特定の手段として指紋の採用を促進しようと動いている人物がいた。彼はこの一件を絶好の機会と見て、二人の指紋を採取すると、指紋はまったく似ていなかった。

以後、犯罪者特定の手段としては、指紋を利用することが主流になっていく。これまでのところ、指紋には偶然の一致は見つかっていない。ただし、あくまで「これまでのところ」としか言えない。偶然の一致がないことに、科学的な根拠はないのだ。来年か、百年後かはわからないが、いつ、同じ指紋を持った人間が二人発見されてもおかしくない（先に述べた確率の法則からすれば、あらゆることは起こり得るし、起こり得ることは必ずいつか起こる）。しかし、ＦＢＩの知る限り、世界のどこでもまだ、それは起きていない。

◇プレーヤーのツキとカジノの思惑

ここでまた、ギャンブルの例を挙げよう。これもやはり、とても信じられない幸運が続けて訪れた、という類の例だ。時代はウィル・ウェストよりもさらにさかのぼる。

「モンテカルロでカジノをつぶした男」の話である。

「ゲイ・ナインティーズ（古き良き九〇年代）」とも呼ばれた一八九〇年代のアメリカで、まさにこの「モンテカルロでカジノをつぶした男」というタイトルの歌が流行したことがあった。その歌は一九二〇年代、三〇年代になってもときおり歌われていた。その頃になると、ほとんどの人が単なる歌として聴いていただろう。レビューや寸劇にでも出てくる歌かな、というくらいの認識だったに違いない。しかし、その歌はもともとニュースを伝えるためのものであり、歌詞の内容もフィクションではなく、事実に基づいたものだった。モンテカルロでカジノをつぶした男は、実際に存在したのだ。しかも一回ではなく、なんと三回も。

念のために言っておくが、この場合の「つぶした」は決して文字通りの意味ではない。物理的につぶしたわけではなく、経済的な意味でつぶしたということである。しかもこれは、もともと、どこかのカジノの経営者が客寄せのために考えた趣向から出た言葉だ。

「つぶす」と言っても、本当に破産させるわけではない。〝あるテーブルに割り当てられた賞金を、一人のプレーヤーがすべて獲得してしまうこと〟をそう呼んだのだ。当時、テーブルに割り当てられる賞金の額は普通一〇万フランで、誰かが一〇万フラン獲得するとテーブルは閉鎖され、その夜は営業しない。また、見てすぐにわかるよう、テーブルに黒い布をかけるのが習わしだった。黒い布は「カジノがつぶされた」しるし、というわけだ。

翌日になれば、もちろんテーブルは再び通常通り営業され、黒い布をかけたテーブルには、たくさんのプレーヤーが押し寄せる。昨晩の「ツキ」、カジノにとっての「不運」が続くかどうかに関心が集まるからである。抜け目ない経営者は、それをちゃんと知っているわけだ。

その日やってきたのは、チャールズ・ウェルズという名前の、背の低い太ったイギリス人男性だった。生い立ちなどはよくわかっていないが、一八九一年に数百フランの金を手にモンテカルロに来た頃は、発明家で投機家でもあったらしい。

彼はルーレットをプレーした。賭けたのは赤と黒である。五分五分の勝負をしたということだ。プレーの仕方は、何度か続けて黒に賭けたあと、赤に何度か続けて賭け、しばらく休んだあと、またどちらかに続けて賭ける、という具合だった。彼はついていた。何度賭けても、ほとんど勝つのだ。はじめは少し注目しているという程度だったディーラーも、やがて驚きの目で見るようになった。ツキは一晩中続いた。

彼は、ほかのプレーヤーがするような「工夫」を、見たところ何もしていないようだった。どういう順序で賭けるかをノートにメモしている、というようなこともないし、自分なりの賭ける「パターン」みたいなものもないようだった。ただ、でたらめに賭けているようなのに、不気味なほど的中してしまうのである。まるで、いつからいつまで黒が続き、いつからいつまで赤が続くか、あらかじめ知っているかのように。

するとほかのプレーヤーたちも、次第に彼の周りに集まり始めた。彼がどう賭けたかを必死になってノートにメモし、そこに隠れたパターンがないかを読み取ろうとした。しかし、どうやってもそんなものは見つからない。試しに彼とまったく同じ順序で賭けてみた者も何人かいたが、誰一人として成功しなかった。

カジノは皆そうだが、モンテカルロのそのカジノもやはり、受け付ける賭け金の額に上限を設けていた。次々に的中し、そのたびに所持金が倍々になっていけば、あっという間に上限に到達してしまう。そのせいで、賞金を稼ぐペースは少し落ちたが、たいした影響はなかった。そして、夜が終わる前に、テーブルは閉鎖に追い込まれたのだ。

二日後、彼はまたやってきて、同じテーブルについた。だが、このときは五分五分の勝負はせず、複数の数字に同時に賭けるというやり方をした。このやり方だと、赤か黒、奇数か偶数、大きい数字か小さい数字か、というやり方に比べ、はるかに的中率は下がる。しかし、当然、的中したときに得られる賞金は、それに伴って大きくなる。今度も彼の周囲には大勢の人が集まり、やがて驚きのあまり静まりかえった。テーブルは再び閉鎖されたのだ。

数カ月後、謎の男ウェルズはまたやってきた。今度はさらに的中率の低い勝負に出た。一度に一つの数字だけに賭ける、というやり方をしたのだ。

モンテカルロのルーレットには当時、1から36までの数字に加え、「ハウスナンバー」として「0」があった（現代のアメリカのルーレットの場合、ハウスナンバーは「0」と「00」の二つ）。つまり、この賭け方をした場合、的中率は三七分の一ということになる。そして、的中すれば、賭け金が戻ってくると同時に、その三五倍の賞金が受け取れる。ハイリスク・ハイリターンのゲームである。強靭な神経の持ち主か、金があり余っている人、あるいはひどく酔っている人しか、こんな賭け方はしない。

ウェルズが賭けたのは「5」で、そのまま賭け金を動かさなかった。そして、なんと「5」が五回連続で出たのだ。

テーブルはまた閉鎖になった。ウェルズは九万八〇〇〇フランを手にして姿を消し、以来モンテカルロに現れることはなかった。その後の彼については、「怪しげな投機に手を出して、儲けた金をあっという間に失った」とか、「厄介な訴訟に巻き込まれて苦労した」、「破産して最後は刑務所で亡くなった」といった、少々がっかりするような悲しい話も伝えられている。

しかし、のちの人生がそのように惨めなものだったとしても、モンテカルロで驚異的な、人々の記憶に残る大勝利をあげたことは紛れもない事実である。


ウィル・ウェストとチャールズ・ウェルズの話には、何通りもの説明を加えることが可能だろう。非常に冷静で簡潔な説明もできるし、反対に長々とした説明もできる。

ランダム理論では、「単なる偶然で起きたこと」、「遅かれ早かれ、誰かの身に起きるはずのことだった。だから驚くにはあたらない」という説明がなされることになる。神秘主義者ならば、「星のめぐりが……」、「ラッキーナンバーが……」といった説明をするかもしれない。超能力の研究者は、ウィル・ウェストの件については何も言わないだろうが、チャールズ・ウェルズの件については、予知能力か念力で説明を試みるに違いない。

超能力による説明は、実際にロバート・ブライヤー博士によってなされている（もちろん、それに疑問を呈する人は多い）。博士はまず、ルーレットで同じ数字が五回連続で出る確率は極めて低いことを指摘している。偶然に起こり得ることは確かだが、それよりは、チャールズ・ウェルズ自身がこの出来事を自ら起こしたと考えたほうが納得がいく、というのだ。非常に「ついていた」モンテカルロでの三日間、実はウェルズは一時的に心的エネルギーが極端に高まった状態にあったのだ、と博士は言う。

そしてもう一つ、この章のテーマである「シンクロニシティ」の理論では、どういう説明になるのだろうか。

◇シンクロニシティと宇宙的な力

シンクロニシティ理論だと、ここに挙げた例について、ほかとはまったく違った説明をすることになる。ウィル・ウェストの件も、チャールズ・ウェルズの件も、「宇宙の持つ、ある神秘的な特性、法則によって引き起こされたもの」と考えるのだ。それが具体的にどのようなものかは、ほとんどわかっていないが、ともかく両件とも、その未知の特性、法則に従った単なる「自然現象」にすぎない、というのである。

ここでいう「特性」は、「似たもの同士を集める力」と呼んでもいいかもしれない。似ているもの、関係のあるものを、空間的、時間的に近づけ、一つにまとめようとする力だ。この力は、類似性のある複数の出来事を同じように進行させる、つまり「同期（シンクロナイズ）」させる。そして、秩序だったパターンをつくり出す。また、偶然の一致を生み出す、と言うこともできるだろう。

宇宙にこういう法則や特性があるとすれば、現在、私たちが理解している通常のランダム理論には欠陥がある、ということになる。マーティン・ガードナーなどに言わせれば、見た目がそっくりで名前もそっくりだからと言って、ウィル・ウェストとウィリアム・ウェストが時間的、空間的に近づいたこと、二人が同時に同じ刑務所にいたのは単なる偶然でしかない。しかし、シンクロニシティ理論では、そこに単なる偶然以上のものを見出す。チャールズ・ウェルズの場合も同じである。彼に幸運が続けて訪れる可能性は、単なる偶然よりも高かった、と考えるのだ。

幸運な出来事がいくつか続いて起きた場合、シンクロニシティ理論は「類似性のある出来事は一つにまとまる性質がある」と説明する。何らかの宇宙的な力がはたらいて、出来事の起き方に一定の秩序、パターンが生じる、というのだ。この「宇宙的な力」が、「5」に五回連続賭けてすべて的中させるといった奇跡的な勝ち方に（少なくともある程度は）関係している、ということになる。

運を説明する理論のなかでも、シンクロニシティ理論は、最も「もどかしい」ものでもある。なぜなら、そこで前提となっている「力」は、目にも見えないし、どのように、また何を媒介として作用するのかもほとんどわからないからだ。この理論を唱える人たちでさえ、それを説明することは少ないし、説明を試みようとすらしない人も多い。はじめからあきらめてしまっているようでもある。

彼らは、「その力がはたらいていることは確かです。しかし、その力は人間の理解を超えています。少なくとも今の科学で理解することは無理です」などと言う。この宇宙には、私たちに理解できないことがほかにもたくさんある、とも言っている。たとえば、空間が裏返るとされるブラックホールの存在がそうだし、原子より小さい素粒子が時間をさかのぼっている、といった話もそうだ。ほかにも、私たちの日常的な感覚からはかけ離れていて、悪夢のように理解しがたい現象というのは数多くある。

シンクロニシティ理論でいう「似たもの同士を集める力」もいつかは解明されるかもしれないが、現在のところは完全な謎でしかない。しかし、たとえ説明はできなくても、それが存在するという事実は謙虚に認めなくてはならない、というのである。

この種の理論を最初に唱えた（そしてやはり説明は回避した）のは、おそらく、一七世紀後半から一八世紀初めに生きたフランスの数学者、ピエール・レモン・ド・モンモールだと思われる。モンモールは、同じくフランスの数学者だったピエール・ド・フェルマーやブレーズ・パスカルなどに比べると、現在の知名度は高くない。また、同時代を生き、友人でもあったアイザック・ニュートンと比べれば無名に近いだろう。彼は、フェルマーやパスカルが手を出さなかった確率計算を研究し、大きく発展させた人物である。不運にも、四一歳の若さで亡くなってしまい、残念ながら、論文やノートの多くはフランス革命の争乱のなかで散逸してしまっている。

半ば忘れられていたモンモールの業績に、近年になって再び光を当てようと試みたのが、ロンドン大学教授で数学者のフローレンス・デヴィッド博士である。博士は、確率論、ゲーム理論、神とギャンブルの関係などについて歴史的な調査を行い、大きな成果を上げているが、なかでも、モンモールの短く、数奇な人生の調査にはかなり力を入れている。ただ不思議なのは、モンモールの発想に大きな影響を与えたと思われる要素に、博士があまり関心を示していないことだ。その要素とは、数学という実証主義的な学問と、神秘主義的な宗教との間の対立、あるいは両者の関係である。

モンモールは非常に信仰心の厚い人物であり、一時、ノートルダム修道士だったこともある。また、自らの愛する数学に対し、神がどのように影響を与えているか、ということも追究し続けた。彼が特に興味を惹かれ、困惑もしたのが、「偶然の一致」というものの存在だった。たとえば、ある人に幸運や不運が立て続けに訪れたりすることに戸惑っていたのだ。単なる偶然でそういうことが起きるとは考えにくい。数学、確率論でそれを説明するのは難しい、とモンモールは考えた。彼は考えぬいた挙げ句、ついには説明をあきらめ、次のように書いている。

「正確に言えば、偶然に起きていることなど何もないのではないか。少し学べばわかることだが、自然界ではすべてが一様に、滞りなく動いている。それこそ、創造主の知恵、卓見の表れなのだろう。したがって、『偶然』というものについて考えるときにも、それが、必ず宇宙の根本原理に合致したものである、ということを忘れてはならない。すべては常に、一定の法則に従うはずなのだ。偶然に何かが起きているように見えるときにも、やはり、我々の目からは隠されている何らかの法則に従っているに違いない。その法則の定義が明確になってはじめて、『人の一生は偶然に支配されるゲームである』などという言い方が可能になる」

その早すぎる死の直前、モンモールは、数学者たちの考える確率の法則には、わずかながら欠陥があるのでは、という考えに取り憑かれていた。確率の法則を応用すれば、紙の上では非常に見事に答えが出せるのだが、その答えはどうも、一般の人間の日常的な感覚からは受け入れがたいものになってしまう。一見、論理的には筋が通っているように見える法則だが、実はまったくの誤りなのではないか、と考えたのである。

さらにモンモールは、「そもそも我々の持つ『論理』というもの自体に、根本的な欠陥があるのではないか」と疑いの目を向けた。「論理」とは結局、人間のつくり出したものである——論理を構成する法則は、地上の世界での利用にはどうにか堪えるようだが、宇宙全体に適用しようとすると、実はほとんど役に立たないものかもしれない。

数学者のクルト・ゲーデルも指摘している通り、仮に論理というものに何か欠陥があるとしても、人間にはそれが何であるのかわからない。もし、人間の持つ論理が根本的に誤っているのだとしたら、その誤った論理をどう使っても、何が誤っているのかを突き止めることはおそらく不可能ということになるのだ。つまり、人間の物事を見る目、人間の思考は、この誤りに永遠にとらわれたままで抜け出すことができない。そのため、運についての見方、考え方も、結局は誤っているのではないだろうか。

◇シリアリティ——偶然の一致

従来の確率論ではうまく説明できないような偶然の一致、幸運・不運の連続といった現象に初めて名前を与えたのは、オーストリアの生物学者パウル・カメラーだろう。カメラーはそれを「シリアリティ（seriality）」と呼び、二〇世紀初めの四半世紀の間に、シリアリティに関する自らの考えをまとめた著書を続けて発表している。

彼は「偶然の一致」というものに、ただならぬ関心を寄せていた。ほとんど取り憑かれている、と言ってもいいくらいだった。二〇歳から四〇歳までの間に自身に起こったシリアリティの例を、日誌に記録していたほどである。

カメラーは、偶然を意味のあるものと捉えた。彼にとって、その一致は「たまたまそうなっただけ」ではなく、「似たもの、似たことを一つにまとめようとする未知なる力の存在」を暗示する出来事だった。しかし、カメラーに同意する科学者は少なく、彼の主張に耳を傾ける者も少なかった。カメラー自身が思うほど重要な話とはみなされなかったのだ。突飛すぎる話と一蹴されることも多かったし、彼の記録していた出来事自体、つくり話が多いのではないかと疑われることもあった。本当はどうだったのか、それがわかる証拠はどこにもない。

一九二六年にカメラーは拳銃自殺をしている。話の捏造を疑われるなどのスキャンダルに絶望したためと思われる。非常に辛い話だ。

「シンクロニシティ」という言葉を編み出したのは、スイスの心理学者カール・ユングである。ユングの考えはパウル・カメラーにかなり近いものだった。今日・ユングは専《もっぱ》ら心理療法への貢献によってその名を知られている。しかしユング自身は、シンクロニシティ理論についての考察も、自分にとって重要な仕事と考えており、やはり偶然の一致の例を数多く記録していた。特に気に入っていたのが、スカラベに関する話だ（ユングはこの話を繰り返し長々と聞かせて、友人をよく退屈させていたという）。

ある日、彼のところに一人の女性患者がやってきて、自分の見た夢の話をした。目覚めたあとも、どうも嫌な気分なのだという。その夢には、スカラベが出てきた。スカラベは、古代エジプト人が神聖視したアフリカの美しい甲虫（「スカラベ」はもともと、この虫の名）をかたどった装飾品だ。話を聞いていると、窓を軽く叩く音が聞こえた。見ると、そこにいたのは、スカラベにそっくりの大きなコガネムシであった。ヨーロッパに生息するもののなかでは、最もスカラベに近い虫である。

こういう出来事をユングは「シンクロニシティ」と呼んだ。人間が体験する出来事は、ある未知の法則、未知の秩序に従って起きている、とユングは考えた。また重要なのは、この秩序がいわゆる「因果律」とは違う——私たちが普段慣れ親しんでいるような、「原因があって結果がある」というような仕組みにはなっていないということだ。

この女性患者の場合も、スカラベの夢の話をしたことが「原因」になり、コガネムシがその「結果」として窓までやってきたというわけではない。逆に、コガネムシがそばを飛び回っていたから、患者が夢のことを考えた（あるいは、それが原因となって彼女が前夜にコガネムシの夢を見た）というわけでもない。二つの出来事は、因果律を超越した何らかの力によって、同時に起こされたのである。

ユングはこのことを深く追究して、ついには「因果律に基づかない秩序」に関する一つの理論を考え出した。物理学者であるウォルフガング・パウリの協力も仰いで、この理論についての本も書いている。「宇宙には、私たちの理解を超えた原理があるかもしれない」という点に関しては、パウリも同意見だったのだ。その頃から、パウリを含む物理学者たちは皆、「人間の通常の論理で考えればあり得ないとしか思えないような原理であっても、頭から否定はしない」という姿勢をとるようになっていた。

ただし、ユングの唱えるシンクロニシティの理論、偶然の一致が生まれる原理を、パウリが認めていたわけではないようだ。ユングの考えは、心理学とSF的な物理学、そして近代風に形を変えた神秘主義とを混ぜ合わせてつくった、単なる珍説と言えるかもしれない。私もその一人だが、ユングが結局何を言いたかったのか、理解しようとした人は多くても、本当に理解できた人はほとんどいないと思われる。

最も熱心にユングの言うことを理解しようとしたのは、おそらくアーサー・ケストラーだろう。ケストラーは実に変わった人物である。一九〇五年にブダペストで生まれたが、人生の最初の三分の一は、常に死と隣り合わせのような、危うい生き方をずっと続けていた。

政治ジャーナリストとしてヨーロッパ中をめぐったあとドイツ共産党に入るが、まもなく飛び出した。第二次世界大戦中はフランスの捕虜収容所に入れられたが、釈放されてからはイギリス軍に参加した。のちに小説家に転じ、**『真昼の暗黒』（岩波書店）**などを出版。その他、母語でない英語で多数の著書を出し、高い評価を得た。その後は小説を書かなくなり、一九七〇年頃からは、心霊現象やシンクロニシティ理論に強い関心を示すようになる。

ケストラーは、近年のシンクロニシティ信奉者のなかでも、最も重要な存在と言える。また、シンクロニシティという概念を有名にするうえで、最も大きな役割を果たしたことも疑いない。**『偶然の本質』（筑摩書房）**や、その後のアリスター・ハーディ、ロバート・ハーヴィーとの共著**『The Challenge of Chance（偶然の挑戦）』**といった著書で、彼はシンクロニシティ理論が人々を惹きつける理由を説明し、この説明は成功を収めた。ある人に幸運が立て続けに訪れる、といった不思議な現象に関して、「単なる偶然」以上の説明を求める人は多かったからだ。彼の説明は、こうした人々にとって、非常に魅力的なものだった。

一方、「シンクロニシティ理論は十分に科学の研究対象になるべきものである」との主張について、ケストラーはその正しさを証明すべく努力したが、あまり受け入れられなかった。シンクロニシティを量子論や原子物理学と結びつけて語る彼の文章は確かにとても面白いが、結局のところ、そうした「正統派」の科学との関連は曖昧にしか示されていない。すでに正統科学の地位にあった量子物理学などと同じページで論じることで、シンクロニシティ理論の持つ「胡散臭さ」を払拭しようと狙ったのだろうが、それは成功したとは言えなかった。

科学と認められなかったとはいえ、ケストラーの考えが人を惹きつけることは間違いない。彼は問いかける。

「もし運が単なる偶然なのだとしたら、何の理由もないのに無秩序からひとりでに秩序が生じていることになる。それにしては、私たちがそうした現象に出合うことがあまりに多すぎるのではないだろうか」

◇図書館の天使

ケストラーは、いわゆる「図書館の天使」について触れている。調べものをしているときに幸運をもたらしてくれる天使である。

調べたいことがあるが、それがどの本に書いてあるかはっきりわからない、という状態で図書館に行ったとき、天使は現れる。だいたいの見当をつけて探し回っても、目当ての本にはなかなか出合えるものではない。何時間も、場合によっては何日もがむなしく過ぎてしまう。だが、半ばあきらめて書棚の前をぶらぶら歩き、目についた本を適当に抜き出すと、それがまさに求めている本だった、ということはよくあることだ。「図書館の天使」が現れたのである。

では、なぜこんなことが起きたのか。ケストラーは、「何らかの力の作用によって、関連する二つのことが同時に起きたのだ」と説明する。二つのこととは、「資料が必要になる」ということと、「必要な資料を手に取る」ということである。この力は、機械的な因果律を超越している。二つのうちどちらかが原因で、どちらかがその結果、というのではない。

ケストラーは、少々変わった興味深い実験も紹介している。イギリスの科学者たちが行ったヒヨコの実験である。彼らは、ヒヨコを飼育するための保温ランプに独自の工夫を凝らし、オン・オフが完全にランダムになるようにした。オン・オフのタイミングは人間が決めるのではなく、自動的に決まるのだ。確率の法則によれば、基本的にコイン投げと同じことが起きるはずだった。ときには、オンがしばらく続いたり、オフがしばらく続いたりすることもあるだろうが、長い時間が経過すれば、オンの合計時間とオフの合計時間はほぼ同じになるに違いない。実際、その予測通りになることも確かめられた。ところが、この明かりの下に、何羽かのヒヨコの入った箱を置くと、パターンに変化が起きたのだ。

ランプがオフになると、ヒヨコたちは、いかにも辛そうにピーピーと鳴く。温度が下がって寒くなるため、ランプをつけてほしいと訴えるのである。だが、ヒヨコたちがいつ暖をとれるかは、完全に運まかせのはずだ。運良く、ランプがオンになるのを待つしかない。ところが、ヒヨコが下にいるときは、何度試しても、オンの時間のほうがオフの時間より長くなった。つまり、ヒヨコたちには、絶え間なく幸運が訪れ続けたということになる。

実験を行った科学者たちは、単なる偶然を超える何かがこの結果に影響を及ぼしたに違いない、と結論づけた。では、その「何か」とはいったい何なのだろうか。超能力の研究者なら「念力だ」と言うかもしれない。科学者たちのヒヨコを思いやる優しい気持ち、あるいは実験結果を非凡なものにしたいという気持ちが作用してオンの時間を長くした、という説明もあり得るだろう。だが、ケストラーと彼の研究者仲間は、「ある未知の力によって生じた秩序により、ヒヨコに恩恵がもたらされた」という解釈をした。

シンクロニシティ理論の提唱者が主張するのは、世の中の出来事は一見するとでたらめに無秩序に起きているようだが、実はそうではない、ということだ。そこには目に見えない〝パターン〟がある。私たちの理解を超えた力が静かにはたらいて、秩序を与えているのである。もし、運について理解したいと思うのであれば、このパターンがどういうもので、どう作用するのかを理解しなくてはならない。

◇目に見えないパターン

リンダ・Ｗは四六歳で、ウエートレスをしている。スマートで美しい女性だが、歩いたり座ったたりする様子はどこか物憂げだ。私はニューヨーク市内のある部屋で彼女と話をした。アルコホーリクス・アノニマス（AA　アルコール依存症問題の解決を目的とした相互援助組織）が用意してくれた部屋だ。天気の良い日で、部屋には明るい光が差し込んでいた。私たちは、そこでプラスチックのカップに入ったコーヒーを飲んだ。

「『パターン』について調べてらっしゃるんですって？」彼女はそう尋ねた。

「それなら、私を訪ねてこられて正解だと思います。私の人生は、確かに同じパターンの繰り返しですから。子供の頃から、そのパターンは私にしつこくつきまとっています。きっと死ぬまで続くでしょう。すべてはアルコールのせいだ、ということです。アルコールは私にとっては悪魔ですよ。『ああ、これで一息つける』と思ったとき、『何かいいことが始まりそうだ』と感じたとき、必ず悪いことが起きてすべてをぶち壊すんです。その悪いことには、必ずアルコールが関わっています。どうしても逃れられません」

リンダはオハイオ州クリーブランドで生まれた。彼女の父親はアルコール依存症だった。ただ、その父も中年になるまでの間は、ある会社の重役になるなど、仕事ではかなりの成功を収めていた。リンダは、いずれ大学に進学し、経営学を学ぶつもりだった。

「でも、高校二年生のときに、父がアルコール依存症になってしまったんです。大事な会議にも、泥酔状態で出席するような始末で。会社もついには忍耐の限界に達して、父を解雇しました。それ以降、私の知る限り、職には就いていません。解雇されたすぐあとに、家族を捨てて行方をくらましてしまったんです。一度も連絡はなく、どこでどうしているのかもわからず、結局は、カリフォルニアの安宿で亡くなっているのが見つかりました」

もはや家には大学に行く金などなかったので、彼女は進路を切り替えた。高校最後の一年間はタイピングと速記を学び、卒業後は秘書の仕事をいくつか経験した。

「仕事は好きではありませんでした。退屈で、給料も安かったですし。でも、その後、ようやく本当にいい仕事に就けるときが来たんです。やっぱり秘書ですけど、シカゴの小さな広告代理店の社長秘書でした。給料がいいのも魅力でしたが、何より嬉しかったのは、ずっと秘書をしなくてもいいということでした。十分に勉強をして経験も積んだら、別の仕事に変わってもいいと約束してくれたんです」

ある夜、彼女は遅くまで会社に残っていた。そこへ、近所のパブで少し酒を飲んだ社長が戻ってきた。酔って迫ってきた社長を、彼女は平手で叩いてしまう。

「翌朝出勤すると、すべてが終わったことがわかりました。社長は怒ってもいたし、恥ずかしかったのでしょう。私が奥さんに告げ口をすると思ったのかもしれません。『もう一緒に仕事をしていくことはできないから、君には出ていってもらいたいと思う』と言ったのです。とても会社にいられる状態じゃありませんよね。どうすることもできず、私は辞めました」

その会社を辞めた彼女は、また新たに秘書の仕事を見つけて働き出したが、そこで会ったラルフというセールスマンと恋に落ち、結婚した。

「その頃には、私もお酒を飲み始めていました——そんなにたくさんではありませんでしたが。でも、週末のパーティーなんかでは、ひどく酔ってしまうことがありました。酔っぱらったときの高揚感が好きでした。当時はわかっていなかったんですが、アルコール依存症の最初の兆候だったんですね。でも、充実した人生を送っていたり、周囲にいい人がいたりすれば、依存症は悪化せずに済むことも多いんです。私はラルフに会ったおかげで、ひとまずは悪くならずに済みました。結婚生活は素晴らしいものでした。夫は結婚の数週間後、大きな会社でのセールスの仕事を得て、どんどん昇進していきました。私たちはニューヨークに引っ越し、やがて私の妊娠がわかったので、その月に郊外に家を買いました。生まれたのは女の子でした。エリザベスと名づけ、ベスと呼んでいました。私の人生で一番幸せだった頃です」

だが、ラルフは出張から車で帰宅する途中に死んでしまった。対向車が急に反対側のレーンに飛び込んできて、ラルフの車と正面衝突したのだ。対向車の運転手は酒に酔っていた。

リンダは小さなアパートに引っ越し、バーのホステスとして働き始めた。

「ベスがいましたから、そういう夜の仕事が良かったんです。幸いチップをたくさんもらえたので、ベスと私が暮らしていけるくらいのお金は十分に稼げました。でも、私はお酒に溺れてしまいました。体調の悪いときが多くなり、毎晩のように遅刻し、無断欠勤までするようになってしまいました。そしてクビになったんです。AAのミーティングに参加したんですが、お酒をやめようとしてもすぐに挫折して、また飲み始め、また参加して、挫折して、を繰り返しました——ありきたりな話ですけど。ついには底の底まで落ちて、一晩中酔っぱらっていて、朝目覚めると知らないホテルに知らない男性と一緒にいる、という暮らし。恐怖にかられた私は、今度こそ本気でＡＡの活動に取り組み、何とかお酒をやめることができました」

彼女は何年か喫茶店のウエートレスとして働き、その後はホテルのダイニングルームでの仕事を見つけた。そこでは、喫茶店よりもチップを多くもらえた。離職率の高い仕事なので、二年続けただけでもベテランになった。経営者からの評価も高く、このままいけば、おそらくもっと重要なホテルの仕事もまかせてもらえるだろう、と思えた。だが、そこでまた、アルコールが彼女の人生を狂わせた。

ダイニングルームの出口は狭い石の階段に通じていた。その階段から地下のショッピングモールに行けるのだ。ある夜、彼女がその階段を下り始めると、酔った男が後ろから近づいてきた。

「本当にひどい酔い方で、ぶつぶつ独り言を言っていました。後ろからどんどん近づいてきて、息の臭いもわかるほどの距離になりました。それでもまだ近づいてくるのです。私は思いました。『こんなに速くちゃ、きっと止まれない！』」

その男は階段を下りてきたというより、落ちてきたのだ。真っ直ぐ彼女に向かって。体重はきっと彼女の二倍はあっただろう。とても支えきれなかった。二人は一緒に階段を落ちた。しかも、彼女はほとんど男の下敷きになったような状態だった。

「何秒間かは気を失っていたのだと思います。床に叩きつけられたときのことは覚えていませんから。気づくと、彼はいなくなっていて、女の人がこちらに走ってくるところでした。私を助け起こそうとしてくれたのですが、そのとき、自分に大変なことが起きているとわかりました。片方の脚がまったく動かないのです」

脚は二か所で骨折していた。そのうちの一方は、骨髄にスチールの棒を挿入するという特殊な処置が必要なものだった。

「松葉杖なしで何とか歩けるようになるまでに、六カ月もかかりました。その後はしばらく失業していましたが、座ってできる仕事を見つけて働き始めました。デパートの請求書をつくる仕事です。それが数年前のことで、今は喫茶店のウエートレスに戻っています」

リンダは沈んだ表情でコーヒーをすすり、それから微笑んだ。

「私は自分を憐れむようなタイプではありません。誰にとっても生きていくのは大変でしょう。でも、このアルコールのことから……、私はいつ解放されるんでしょうか？」

「何か役に立つようなことが言えるといいんですが」

私はそう答え、運について自分が知っていることを話した。

彼女はなかでも、シンクロニシティの理論には興味を惹かれたようだった。良い運や悪い運が続けて訪れることはあるが、その連続はいつ止まってもおかしくない。だから、あなたに訪れる不運の連続もすでに止まっているかもしれない、と私は言った。それを聞いて、彼女は少し勇気づけられたように見えた。

別れ際、私は「幸運を祈りますよ」と声をかけた。ほかにどう言っていいのか、まったくわからなかったのだ。

第 3 部

Part 3

運とは何か——神秘的な見解

第一章
数字

Numbers

ウィリアム・バーバーはペンシルベニア州に住む男性で、生年月日は一九一一年四月七日だ。だが、彼の生年月日がいつだろうと、それを誰が気に留めるだろう。もちろん本人にとっては重要だろうが、どの日に生まれたからと言って、それだけでは誰も注目しないし、その人を特別な目で見ることはない。誕生日は誰にでも必ず一つあるからだ。

一九一一年には、世界中で約五〇〇〇万人の赤ん坊が生まれた。その約三六五分の一、つまりおよそ一三万七〇〇〇人がウィリアム・バーバーと同じ生年月日、ということになる。誕生日の日付に「4」と「7」と「11」が含まれる人が、それだけいるということだ。そして、一八一一年四月七日や一七一一年四月七日に生まれた人にも同じことが言える。一世紀の間に一度は必ず「一一年」はめぐってくる。その意味でも、バーバーの誕生日はまったく特別ではない。

だが、バーバーが愛好する「数秘術」にかかると、状況が変わってしまう。

◇数秘術――数字がもたらす運

数秘術とは、生年月日などの数字によって運勢を占ったり、運気を変えたりする占術のことである。バーバーは、数秘術のほかにも、野球、アメリカンフットボール、株式市場にも強い関心を持ち、熱心に研究をしている。そして彼は、元来はまったく関係のない複数の分野の知識を組み合わせ、株式相場の動きを予測する独自の方法を編み出した。一九六〇年以降に限って言えば、予測が外れたことはなく、おかげでバーバーは金持ちになることができた。

本書では、これと同じような話をすでにいくつか紹介してきた。どの話についても、私の考えることは同じである。私の「現実的」な頭、いかにも西洋人的な実証主義的な思考に染まっている頭では、どうしても、この種の話をそのまま真に受けることはできない。数秘術で株価の動きが予測できると言うが、なぜそんなことが可能なのか。ウォール街で最も賢明なアナリストでも、未来の株価を確実に予測することなど不可能だというのに。ナンセンスだ。

しかし、バーバーの一見「不合理な」予測法は、確かに一九六〇年代はずっと有効だったし、七〇年代に入ってからもそこそこ有効であり続けている。なぜだろう。いったいどういうことなのか。数字には本当に、何か幸運を呼ぶような秘密の力があるのだろうか。

愛好者は数秘術を「科学」とみなすことが多いようだ。しかし、その根底にある「数字と、人間の一生に起きる出来事の間には神秘的なつながりがある」という発想を見る限り、とても科学の名にふさわしいとは言えない。

要するに、縁起の良い数字は幸運をもたらし、縁起の悪い数字は不幸をもたらす、ということらしいが、私にはとても筋が通っているとは思えない。だが、誰もがそう思うわけではないらしい。なぜ、数字に強い関心を持つ人がいるのか、数字に不思議な力、未来を予言する力が宿ると考える人がいるのか、それを推測するのは実はさほど難しいことではない。

現代に生きる人間は、哀れなことに、いつも冷たい数字のスープに浸かっているようなものだ。嫌でも日々、大量の数字と闘わねばならず、数字によって苦境に立たされることも多い。電話番号、社会保障番号なども数字だし、国債や個人の負債も数字である。ほかにも数字はいたるところにある。なかには忘れたい数字もあるが、それは許されない。

何かの勝ち負けが数字で決まることもよくある。たとえばギャンブルには、当然のことながら、必ず数字が関わっている。宝くじ、ルーレット、競馬、サイコロ賭博、カードゲームなどがそうだ。こうしたギャンブルでは、勝てる見込みがどのくらいあるか、勝つとどのくらい儲かるか、といったことを示すのに数字が使われる。また数字そのものが、ゲームを構成する重要な要素、ゲームの「道具」になっていることも多い。

私たちがこれだけ数字漬けになっていて、数字から逃れられない生活をしていることを考えれば、数字と現実の出来事の間に何らかの関係を見出す人、数字の偶然の一致に注目する人、さらには「シンクロニシティ」を信じる人などがたくさん現れても、特に驚くことではないのだろう。ウィリアム・バーバーもそんな人間の一人である。

ウィリアム・バーバーは六〇代半ばで、髪はすでに白くなっている。大柄で、とても陽気な人である。面白いのは、彼の職業が「会計士」ということだ。つまり、「神秘的」という言葉から最もかけ離れた方法で数字を扱い、日々の糧を得ているのである。もっとも、これも別段不思議なことではないのかもしれない。会計士になったのも、数秘術にのめり込んだのも、結局、彼が数字というものに魅せられているからなのだろう。どちらか一方だけでは満足できないほどに。

「学校時代は数学が得意でしたね」と彼は私に話した。

「それは別に、ほかの生徒より特別頭が良かったからではなく、ちょっとした要領、コツを学ぶ労を厭わなかったからです。数は私の趣味のようなものでした。そして一五歳の頃、どうも私の人生には、ある数字が繰り返し現れていることに気づきました。思いがけない出来事が起きたり、思いがけない幸運が訪れたり、良いことがいくつも重なったり。そんなときには、必ずと言っていいほどその数字が関わっていたのです。その数字とは私の誕生日の数字、つまり4と7と11です。これが実に素晴らしい数字なんです！」

私は、ニューヨークの喫茶店でバーバーと話した。彼は紅茶を飲み、葉巻を吸っていた。赤ら顔でよく笑い、驚くほど澄んだ青い目をしていた。彼にとって、その数字の話をするのはとても楽しいらしい。三つの数字が（彼にとって）どう特別なのかを、逐一ていねいに説明してくれた。まず彼が指摘したのは、最初の二つ、4と7を足すと、もう一つの数字、11になるということだ。それがなぜそんなに大切なのか、私にはわからなかった。ただ、何らかの秩序、神秘的な関係がそこにある、というだけで嬉しいのだということはわかった。

さらに、4と7と11という三つの数字を足すと22になり、2と2を足すと、三つの数字の一つである4になる。4と7と11を掛け合わせると308になり、3と0と8を足すと、また11になる。三つの数字をそれぞれ二乗して掛け合わせると9万4864になり、9、4、8、6、4を足し合わせると31になる。そして、3と1を足すと、また4になる……。

わかってもらえただろうか。要するに、ウィリアム・バーバーにとって、この三つの数字は驚くべきものなのだ。ここに書いたような特性は、取り立てて有用には見えないが、数秘術の信奉者にとっては非常に重要なものである。その重要さは、言葉で明確に説明できる類のものではない。

私は、彼の株式相場の予測法について尋ねてみた。

「私がその方法を発見したのは一九六四年で、それから一九六〇年にまでさかのぼって当たっているかを確かめてみました。すると、どの年にもうまく当てはまることがわかりました。今のところ、一九七五年まではずっと予測通りです。私の予測法は、翌年の相場が全体として上がるか下がるかがわかる、というものです。これが面白いほど当たるんですよ！」

確かにそうなのだ。少なくとも一九六〇年からはずっと当たり続けている。私は懐疑的な態度で、慎重に確かめてみた。どうやら、一九五〇年代には予測通りにならない年が何度かあったようだが、それ以降は一度もない。この一五年ほどの間に株取引をした人なら誰でも、利益を得る確率をかなり上げることができたということだ。

バーバーの予測法は、次のような三つのステップから成っている。

ステップ1　その年の西暦年数の下一桁を取り出す。一九七四年なら「4」である。

ステップ2　年初に行われるローズボウル（有名なアメリカンフットボールの試合）の結果を確かめる。たとえ自分は覚えていなくても、近所や職場を探せばスコアを覚えている人が必ず見つかる。もし勝者のスコアが30点以上なら、その年の西暦年数の下一桁に「1」を加える。たとえば一九七四年は、オハイオ州立大学が南カリフォルニア大学に42対21で勝った。この場合は、4に1を加える。答えは「5」ということだ。

ステップ3　その年のメジャーリーグの公式戦で、ノーヒットノーランが何度達成されたかを確認する。ローズボウルの結果を覚えていた人に聞けば、たぶん、これもすぐに教えてくれるだろう。この数字を、ステップ2までに得られた数字に加える。一九七四年には、ノーヒットノーランが二度達成されているので、2を5に加える。答えは「7」である。

そして、ステップ3で得られた数字が4か7か11なら、翌年の株式相場は「上がる」。それ以外の数字なら「下がる」という予測を立てるらしい。

◇数秘術と株式相場

すでに述べた通り、私は本当にこれが正しいかを確かめた。相場が上がったか下がったかの基準としては、「スタンダード・アンド・プアーズ500種指数」を使い、スポーツの結果については、『ワールド年鑑』と『リーダーズダイジェスト年鑑』で調べた。すると、バーバーの言う通りになっていることがわかったのだ。

「そんなバカな」と言う人は多いだろう。しかし、考えてみてほしい。ブローカーや金融アナリスト、ウォール街の「ご意見番」のような人たちの相場予測は、これと同じくらいバカげているかもしれないのだ。

株価というのは、本質的に、不合理な要因によって上下するものである。にもかかわらず、それを合理的な手段によって予測しようというのは、あまりに「おめでたい」考えなのではないだろうか。仮にバーバーのやり方が間違っているとしても、それは、ほかの人たちのやり方が正しいと言える理由にはならない。市場の動きを合理的に予測する方法など存在しない。市場を動かすのは、理性ではなく感情だからだ。運を良くする以外、確実に勝てる方法はないのである。

どんなゲームにおいても、「運の要素」があるのなら、それを無視したり否定したりするのは誤りだ。特に、運の要素が大きい場合にはなおさらである。どうもウォール街のプロたちには、運の要素を無視したがる傾向が強いようだ。

確かに、理性的に慎重に考えれば遠い未来も予測できる、と思ったほうが安心はできる。「自分たちには未来が見えている」という幻想を抱いているほうが、気分はいいだろう。

彼らの予測は一見、確実で、信頼できるもののように思えるが、残念ながら実際にはまったくそうではない。言ってしまえば、それは単なる「当てずっぽう」に近いもので、ルーレットで次にどんな数字が出るかを予測するのと、信頼度の点ではさほど変わらない。

市場で大きな成功を収めるのは、市場が少なくとも部分的には「運次第のゲーム」であり、純粋な「理性のゲーム」ではない、と認識している人間である。賢明で論理的な推論ができれば、市場の今後の動きを読むことに少しは役立つだろう。しかし、それは「予測」と呼べるほどのものではない。長期的な予測に関しては、ウォール街のプロたちが果たして、私やバーバーより少しでもましなことができるのか、疑わしいところだ。

バーバーの相場予測が、これまでずっと当たり続けているのは事実である。彼は、一九六八年にはすべての株を売却した。予測法で得られた数字が「13」だったので、翌一九六九年には相場が下がると読んだためだ。そして、確かにその通りになった。一九六九年に得られた数字は「15」だったので、翌一九七〇年もやはり相場は下がると予測した。これもその通りになった。一九七〇年には、計算の結果が「4」になったので、翌七一年には相場が上がると予測し、バーバーは年初に株を少し買った。すると、年の終わりには少し金持ちになっていた。

バーバーの予測法をほめたたえているばかりでもいけない。ここで大事なことは、すべてを曇りのない目で見ること、懐疑的な態度を捨てないことである。

バーバーは自らの予測法を有効だと思っているが、それは、自分のラッキーナンバーと、彼が「予測した」と主張している出来事（相場の上下）の間に何らかの神秘的な結びつきがあると信じているからだ。そして実際に一五年連続で予測を的中させているという事実が、予測法の有効性を示す証拠となっている。

しかし、見方を変えれば、「たまたま運が良かった」だけ、運の良い状態が異常に長く続いているだけ、と考えることも可能なのだ（少なくとも私にとって、そう考えることは難しくない）。ルーレットで一五回連続勝つ、というのと何も変わらないとも言える。ある人にとって都合の良いことが一五回連続で起きるというのは、まったくあり得ないことではない。ただ、そう頻繁には起きないというだけだ。一五回連続で当たったからと言って、一六回目も当たるという保証はどこにもない。来年や再来年には、バーバーの予測法よりも、ウォール街の「合理的な」予測のほうが当たるかもしれない。そして、どちらも実は「たまたま」かもしれないのである。

それについて、バーバー自身はこう言っている。

「もちろん、この予測法で外れるときもあるでしょう。外れても私は驚きません。完璧だとは思っていませんから。ただ、少しでも予測が当たる確率を上げたいだけです——当てずっぽうに予測するより少しでもましならいいな、と考えているだけですよ。もし、私がルーレットをするとしたら、やっぱり4か7か11に賭けますね。いつでも、その数が来ると思っているわけじゃありません。でたらめに賭けるより、ほんの少しでも当たる確率が上がればいいと思うだけですね」

「ルーレットをしたことはありますか?」

「ありませんね。あれはどうも私には退屈なゲームに思えます」

◇ラッキーナンバーと不吉な数字

本格的な調査をしたわけではないが、パーティーなどで聞いて回った限りでは、男女に関係なく四人中三人くらいは、自分の「ラッキーナンバー」というのを持っているようだ。「あなたのラッキーナンバーは?」と尋ねると、真顔で教えてくれる人は多い(本書の冒頭で紹介したエリック・リークのラッキーナンバーが10だったことを覚えている読者も多いだろう)。これが熱心なギャンブラーになると、ラッキーナンバーの保有率はずっと高くなる——思い切って一〇〇人中九九人と言ってしまってもいいくらいである。

たとえギャンブルはしなくても、「この数字は自分にとって縁起がいいのかもしれない」などと思ったことのある人は多いだろう。その数字が一つでなく、複数ある人も多い。

たとえ自分のことを、現実的で理性的な人間、迷信など信じない人間と思っていても、いつもどこかでなんとなく気にしている数字はあるものだ。読者のなかにも、「何か良いことがあるときには、この数字が関わっていることが多いな」などと思ったことがある人は、大勢いるのではないだろうか。

ラッキーナンバーとは反対に、「不吉な数字」というのもある。たとえば、迷信の類は鼻で笑うような人でも、「13」という数字にはあからさまに嫌な顔をする人が少なくない。「13」という数字を嫌うのは、ロシアを含め西欧諸国全体に見られる現象である（不吉な数字は国によって違う。たとえば、日本では「4」が嫌われるらしい）。

アメリカでは、この傾向が特に強い。これはある意味、不思議なことである。なぜなら、建国当時の13の州から出発して、この国は大きな発展を遂げたのだ。13がラッキーナンバーになってもいいくらいである。また、アメリカ人の周囲にあふれている一ドル紙幣は、実は「13」だらけなのである。一ドル紙幣の緑色の側にはピラミッドが印刷されているが、このピラミッドは石を13段積み上げたものになっている。また、鷲の前の盾には13本のストライプと13個の星が描かれ、しかもその鷲は尾羽が13本で、一方のかぎ爪で13本の矢を、もう一方のかぎ爪で13枚の葉のついたオリーブの枝をつかんでいる。

では、一ドル紙幣は不吉なのだろうか。もちろん一〇ドル紙幣ほど「めでたく」はないだろうが、アメリカ人で一ドル紙幣を渡されて嫌がる人は――たとえ、それが13枚だったとしても――まずいないに違いない。

それでも、アメリカ人は「13」をできる限り避けようとする。夕食会を開くとき、招く側は客が13人にならないよう、バカバカしいほどの努力をする。13階のないビルも多いし、13号室のないホテルも多い（日本では、「4」を避けるために同じようなことをするようだ）。何か決めるときや始めるとき、たとえば新しい会社を興すときなどには、その日が「13日の金曜日」にならないよう細心の注意を払う。

過去には、この「13恐怖症」をあざ笑い、「13は無害なだけでなく、愛すべき数字でもある」ことを証明しようとする人も数多くいた。そうした勇気ある人の一人がラルフ・ブランカである。一九四〇年代から五〇年代にかけて活躍したブルックリン・ドジャースのピッチャーだ。迷信深いチームメートが皆、13を恐れるなか、彼はあえて背番号「13」を希望した。

職人タイプの選手で、いつも安定した堅実なピッチングを見せ、一九五一年には、チームをニューヨーク・ジャイアンツとのプレーオフに導いた。最終戦、試合終了の数秒前まで、ドジャースの優勝は間違いないと思われた。しかし、そのあと悲劇が起きる――あまりに突然の、とんでもない悲劇だったことから、オールドファンの間ではいまだに語り草になっているほどだ。皆、その出来事に畏《おそ》れを抱いているのだ。

試合はドジャースがリードしたまま九回裏に入り、その回の途中からマウンドにはブランカが送られた。塁上にはランナーが二人いたが、すでにツーアウトだった。そこにジャイアンツ最後のバッター、ボビー・トムソンが打席に入る。ブランカの仕事は、あと一人をアウトにすることだけだった。もはや、この試合の勝利も優勝も彼のものだった。「勝負あった」と見た観衆の多くは、早くも帰りかけていたし、テレビやラジオを消してしまった人は何百万人もいただろう。ドジャースの勝利に賭けていた人は、受け取った金の使い道を考え始めていたかもしれない。

しかし、ブランカはたった一球で、すべてを失ってしまった。ボビー・トムソンがスリーランホームランを放ち、ジャイアンツが逆転で優勝したのだ。のちにブランカは「ボールが手から離れる前に嫌な予感がした」と話している。

それからというもの、ドジャースでは、本拠地がブルックリンからロサンゼルスに移ってからも、誰一人として背番号「13」をつけていない。

これほど多くの人が、「13」というたった一つの数字を一斉に「不吉」とみなす、というのも不思議なことだ。逆に、同じくらい大勢の人に共通して「縁起がいい」と思われている数字はない。その理由はいまだによくわからないが、ラッキーナンバーに関しては、皆が一斉に「これ」と決めるのではなく、一人ひとりが自分のラッキーナンバーを持ちたがる傾向があるようだ。

ラッキーナンバーを適当に決める人も多い。「なぜその数字に幸運をもたらす力があると思うのか」と尋ねてみると、ただ肩をすくめて微笑み、何も言わない。子供の頃や学生時代に縁があって愛着がある、というくらいの理由で、ラッキーナンバーを決めることもあるようだ。たとえば、毎日が楽しかった頃、よく着ていたシャツにその番号がプリントされていた、という理由だったりする。また、以前に自宅があった場所の番地、いつも一緒に遊んでいた友人グループの人数、そういう数字がラッキーナンバーになりやすいようだ。

かと思えば、ウィリアム・バーバーのように、じっくり考え、何らかの論理的根拠に基づいてラッキーナンバーを選ぶ人もいる。彼らは、ある数字がほかの数字より良いという理由を、ともかく言葉で説明することができる（理由が非常に複雑な場合もある）。その理由に真に説得力があるとは言えないが、非常に他人の印象に残る説明をする人もいる。

ウィリアム・バーバーは、足したり掛けたりした計算結果に一定の秩序が見られ、それを楽しいと感じた、という理由で三つの数字をラッキーナンバーと決めた。三つの数字の関係は整然としていて、それが心地良かった。三つをひと揃いのものと感じられたのだ。

私自身のラッキーナンバーは、「6」と「28」である。この二つを選んだのには立派な理由がある。第一に、この二つは私の誕生日、6月28日を表す。そして、１００未満の整数のなかで、「完全数」はこの二つしかない。完全数とは、「その数以外の約数（1を含む）の和が元の数になるような自然数」のことである。6の約数は1、2、3で、これを足すと6になる。また、28の約数は1、2、4、7、14で、これを足すと28になる。完全数は非常に稀にしか存在しない。1から１０

0万までの間に、せいぜい二〇個くらいだ。そう言えば、なぜ私が完全数に強く惹かれるのか、わかってもらえるだろうと思う。

では、二つの数字は私に何か恩恵を与えてくれたのだろうか。たぶん、さほどではない。一度、クルーズ船の中でルーレットをしたとき、二五セントのチップを6と28に賭け続けてみたことがある。どちらかが的中すれば、賭け金の三五倍の賞金がもらえるはずだった。つまり、八ドル七五セントの賞金を受け取って、なおかつ元の二五セントも返ってくるということだ。ただし、アメリカのルーレットの場合、二つの数字に賭けてどちらかが的中する確率は一九分の一である。

私は二〇回プレーして、結局、どちらの数字も一度も出なかった。私は一〇ドル失い、そこでやめることにした。ところが、その次に出たのが6だったのだ。すっかり頭に来た私は、カジノをあとにして酒を飲みにいった。一緒にルーレットをしていた人が、あとで私を探して、さらに憂鬱になることをわざわざ教えてくれた。私がプレーをやめて、その場を離れたすぐあと、だいたい一〇回くらいの間に28が二回出たというのだ。

この出来事で私が学んだことは何か？　それは、何かの数字をラッキーナンバーと決めて大切にするのは楽しいけれど、あまりそれに期待しすぎてはいけないということだ。ラッキーナンバーはただ持っているだけにして、あとはひたすら幸運を祈るしかない。

カリフォルニア州に住むナンシー・バーマンは元数学教師で、今はすでに退職している。彼女は毎年、二週間くらいラスベガスに行き、だいたいいつでも、来たときよりも所持金を増やして帰るという。彼女のお気に入りはブラックジャックだ。ブラックジャックには、運だけでなく、腕の要素もある。また、純粋に運だけのゲームであるルーレットも気に入っている。自分にずっと幸運が続いているのは、一つには、神秘的な力を持つ一一桁の数字のおかげだと彼女は言う。その数字を彼女は「偉大なパリンドローム」と呼んでいる。

ここから先の何段落かは、数学に興味のない人、数学の嫌いな人には苦痛かもしれないので、読み飛ばしてもらってもかまわない。

「パリンドローム」とは、前半と後半がちょうど鏡に映したように対称になっている数字、または言葉のことである（訳注　日本語でいえば回文）。たとえば言葉の場合は、〝A man, a plan, a canal, Panama.〟のようなものを指す（訳注　日本語なら「たけやぶやけた」など）。数字の場合は、「10101」などがパリンドロームと呼ばれる。

パリンドロームのなかには、とても美しい（数字が好きな人でないと、とてもそうは思えないだろうが……）ものがある。たとえば、連続する数字を順に二乗したときにできるパリンドロームなどはそうだ。

0から10までの数字を順に二乗し、得られた計算結果の下一桁を並べてみよう。すると、

「0149656941O」という数字ができる。美しく、神秘的な数字ではないだろうか。同じようなパリンドロームは、10から20まで、あるいは20から30まで……という具合に、いくらでもつくることができる。

連続する数字を順に三乗した場合や五乗した場合にも、面白い繰り返しパターンができるのだが、それはパリンドロームとは違う。ナンシー・バーマンの「偉大なパリンドローム」は、0から10の連続する数字を順に四乗し、その結果の下一桁を並べてつくる。そうすると、「01616561610」という美しい繰り返しパターンを持った数字ができ上がるのだ。

これ以上は、指数を大きくしても何も新しいことは起きない。すでに見たパリンドロームやその他の繰り返しパターンが再び見られるだけだ。そのため、バーマンは四乗のパリンドロームを「最上のもの」であると考え、「偉大なパリンドローム」と呼んでいるのだ。しかも、このパリンドロームは見た目にも美しく、覚えやすい。

しかし、この数字、現実の世界で何か役に立つのだろうか。

ナンシーは、偉大なパリンドロームを構成する四つの数字、つまり0、1、5、6の間には、神秘的な調和、強く惹きつけ合う力があると考えている。たとえば、ルーレットで四つの数字のうちのどれかが出ると、しばらくの間は、ほかの三つが出る確率が急に上がるのだという。

「私はまず、自分はプレーせずに、しばらくルーレットをただ見ています。そして、四つの数字のうちのどれかが出るまで待つのです。もしどれかが出たら、すぐにほかの三つの数字に賭けます。

三つのうちの少なくともどれか一つは、短い時間のうちに出ます。ただのでたらめで数字が決まっているのだとしたら、まずあり得ないくらいの短い間に」

確かにそれは不思議である。ナンシー・バーマンは白髪の背の高い女性で、頭の回転が速く、真っ直ぐに人の目を見て話す。握手をする力は、普通の男性よりも強いくらいだ。どこから見ても知的な人で、怪しげな雰囲気などはかけらもないし、胡散臭いことにだまされそうにも見えない。「偉大なパリンドローム」といった類の話が、自分の本来の人間性とは根本的に相容れないものであるということは、本人も認めていた。

「私はとても現実的な人間です」。彼女はちょっと困ったような顔をして言った。

「自分の目で見ていないことは信じないというたちです。特にお金が関わっている場合は。新聞の星占いも見ませんし、お守りを持ち歩いたりもしません。だから、こんな『数秘術』みたいなことを言うなんて正直、ちょっと恥ずかしいんですよ。もし、今お話ししたことに対して『それはおかしいんじゃないか』と言われたら、言い返す気にはなれません。自分が正しいと言い張ったりするつもりはないんです。でも……」

でも、何だというのだろうか。たぶん彼女が言いたいのは、「ラッキーナンバーがあれば、それで少し安心できること、救いになることもある」ということではないだろうか。あまりに行動の選択肢が多く、どれを選ぶにしても十分な論理的根拠がない、そんな困った状況に置かれたとき、ラッキーナンバーがあれば、自分の行動を決める助けになるのは確かだ。

ルーレットをプレーするというのは、まさにそういう状況である。的中する確率を上げるための合理的な方法というのは、どこにもない。持ち金が減るのを少しでも遅らせる工夫くらいはできるが、それ以外、何ら合理的な選択肢はないのである。

数字に「良い」、「悪い」はまったくない。こういう「どれを選んでもいい、どれを選んでも同じ」という状況、どれを選ぶにしても合理的な基準がない、という状況に直面すれば、ただ呆然と立ちつくし、何も選べなくなってしまう人もいるだろう。

それがルーレットならまだいい。決められなければ、賭けなければいいだけのことだ。しかし、人生にはそうはいかない場面もある。判断するための十分なデータがないのに、あるいはまったくデータがないのに、とにかくどれかに決めなくてはならないこともあるのだ。ただ呆然として決断を下せずにいたら、大きな問題が起きてしまう。選ぶだけの十分な根拠はどこにもないが、とにかくどれかに決めなくては、余計に困ったことになる――そういった場面だ。

たとえば、車で慣れない道を走っているとしよう。道が二股に分かれている場所まで来たけれど、どっちに行ってていいかまったくわからない。そういうときは、合理的な根拠などなくても、とにかく早く決断を下さなくてはならない。道の真ん中で車を停め、ただ呆然と座っているなどということはできない。命の危険さえあるだろう。そこで何でもいいから、決断を下すきっかけになるものがあれば助かる。そう、何でもいい。ラッキーナンバーでもいいのだ。

ナンシー・バーマンは、そういう意味で「偉大なパリンドローム」を価値あるものと考えている。

「四つの数字に本当に何か特別な力があるのか、私にはわかりません」と彼女は言う。「でも、こういうものの助けがなければ、私はルーレットで遊ぶことなどできないでしょう。きっと、どこに賭けていいか、まったく決められないでしょうね。私があれこれ数字をいじってラッキーナンバーを決めているのをバカげていると感じる人は多いと思います。でも、このラッキーナンバーがあるおかげでゲームを楽しめるんです。時間を無駄にしている気もしますが、楽しめているのは確かです。そして、何より楽しいのは、勝つことが多いということです。これには自分でも驚いています」

彼女はそう言うと、微笑んで一言つけ足した。

「でも、もちろん、私の言うことを信じてほしいとは言いません」

信じるべきなのかどうかはわからない。彼女がラスベガスで勝っているといっても、ほとんどはブラックジャックでの話だろうとは思う。ブラックジャックは、運だけのゲームではなく、頭を使い、合理的な判断を下すことで、勝つ確率が明らかに高くなるゲームだ。反対にルーレットの場合は、すでに書いた通り「あらゆることは起こり得るし、起こり得ることは必ずいつか起こる」。長く幸運が続くことも、ことによれば、死ぬまで幸運が続くこともあり得なくはない。

バーマンが「偉大なパリンドローム」を使ってルーレットに勝っているのは「何か神秘的な力がはたらいているせいだ」などと言っても、信じない人は多いだろう。ただ、そういう人であっても、そうして勝ち続けることが偶然に起き得る、ということだけは少なくとも信じられる。0、1、5、

6という四つの数字が、偶然にも、ナンシー・バーマンがルーレットをプレーするときにだけよく出る、ということはあり得るのだ。

何を信じるか、彼女の話をどう解釈するか、それは人によって違うだろう。しかし、合理的な理由がないときの数字の選択について、彼女の話したことが理に適っているということだけは、おそらく誰も否定できないだろう。

生まれつき運が良いように見える人の多くは、実は、このように十分な根拠が見つからないときに決断を下す能力に長けている。その点に関しては面白い話がいろいろとあるので、あとで詳しく書くことにする。

ニュージャージー州在住で元バーテンダーのハロルド・マースは六九歳。人当たりはいいが、口数の多い人ではない。バーテンダーにはそういう人が多いが、たいていのことは自分の胸にしまっておくタイプのようだった。

運についてどう思っているかも、人に話すことはめったにないのだろう。普通、まったく無名だった人に急に幸運が舞い込んだりすれば、この何年かの間に自分の身に起きたことをあれこれと考え、それを人に話したくなったりするものだが、彼にはそういうことはないらしい。むしろ無名な人間として平穏な暮らしを続けたかった、という思いが強いようだ。

一九七三年一月四日、マースはニュージャージー州の宝くじに当たり、五万ドルの賞金を獲得した。そして一九七六年三月四日、彼は再び当せんし、今度は二五万ドルを獲得した。

一九七六年の宝くじでは、最終抽せん会での彼の抽せん番号が「4」だったことが、特に数字マニアの間で注目を集めた。彼が宝くじに当たった日が、どちらも「4日」だったからだ。これだけ「4」が並ぶのはすごいと感じたようだ。

なかには勢いあまって、この出来事にまつわるさまざまな数字とマースとの関連を詳しく調べる人までいた。

たとえば二つの当せん日を構成する数字、1、4、7、3と3、4、7、6をそれぞれ掛け合わせると、そこに興味深い秩序が見つかる。1×4×7×3を計算すると答えは84になり、3×4×7×6を計算すると答えは504になる。84は504の約数であり、また、どちらも下一桁は4であり、ともに4で割り切れる。さらに、84と504を掛け合わせた場合も、84を二乗した場合も、504を二乗した場合も、それで得られた数字の各桁を足し合わせていくと18になる。これだけ整然とした結果になるのは、一種の「シンクロニシティ」に違いない、という主張もなされた。

私はハロルド・マース本人に尋ねてみた。

「マースさん、あなたに関係する数についていろいろと言う人がいますけど、どう思っていますか。たとえば、あなたが『4』や『18』に不思議と縁があるとか、そういうことはあると思いますか？」

「いえ、そんなことはないですね。私が興味を持っている数は『3』だけです」

「そうなんですか。また、どうして『3』に？」

「雷が同じ場所に三回落ちることってあるのかな、と思っていつも見ているものですから」

第二章
運命と神

Destiny and God

世の中には神を信じる人もいれば、信じない人もいる。どうすべきか態度を決めかねている人もいる。また、神を信じる人であっても、その信じ方は一様ではない。神とはどういうもので、地上の人間とどう関わっているのか――これについては、何百何千という意見が存在する。ただ、神を信じる人の「運」についての考え方は、だいたい次の二種類だと考えていいだろう。

その一つは、「我々を創造したのは神であり、神は我々人間全般の幸福に関心を持つ。しかし、一人ひとりの人生の細かい部分にまで立ち入ろうとはしない」という考え方だ。神は人間全般を愛してはいるけれど、あなたや私の人生がどうなるかにまでは関心を持たない、というのである。この考え方だと、我々は皆、自力で自分の人生に立ち向かわねばならないことになる。運を良くするのも悪くするのも自分次第。自分の道、自分の運命は自分が決めるもの、ということだ。神は手助けもしなければ、邪魔をすることもない。

もう一つは「神は一人ひとりの人間の人生に関心を持つ」という考え方である。おそらく神を信じる人の大半が、こちらの考え方だろう。神は、何らかの目的を持って、我々一人ひとりを地上に送り込んだ。そして、その目的が達せられるよう、一人ひとりの人生を逐一操作している、というのだ。

神はどの人についても、誕生した時点で「地上でどんなことをさせるか」を決めている。その人の運命がどうなるかは、あらかじめ決まっているということだ。人生に何が起ころうと、それはすべて神が最初に計画した通りである。つまり「運の良し悪し」は、神の意志、計画で決まる。神の御心のまま、ということだ。運について語るときは、この考え方に基づいて話す人が、実は一番多いかもしれない。

神と人間の関係については、これまでに無数の人々が語っているので、ここで私が改めて語るつもりはない。何しろ、このテーマで書かれた本は百万冊にも上ると言われているのだ。そのなかでも突出した存在が聖書である。「運は神の意志である」ということが、聖書の中で多くの言葉を費やして語られるわけではない。ただ聖書をよく読んでいれば、要するにそういうことが書かれているとわかる。人間に起きることは、良いことであれ悪いことであれ、愛情に満ちた全能の神の手によって引き起こされたもの、と言っているのだ。同じことを語ろうとした人は今まで無数にいたが、聖書よりもうまく語られたことはない。

自分に信じられないような幸運が起こったとき、不思議な出来事が続いたとき、人は合理的な説明を求めようとする。ある人は超能力に根拠を求め、またある人はシンクロニシティ理論を信じるだろう。同様に「神の意志」にそれを求める人がいても、まったく不思議ではない。もともと、信仰にあつい人ならなおさらだし、逆に、不思議な出来事が「神を信じる」きっかけとなった人も多いだろう。

私は「運は神の意志である」と信じている人にもたくさん会い、インタビューしてきた。しかし、残念ながら説得力のある説明は得られず、わざわざ「神」を持ち出さなくてもよいものがほとんどだった。よって、ここでは、エピソードは割愛することにする。

第三章
占星術と予知夢

Charms, Signs, and Portents

父はよく私に、「原因と結果の話」を聞かせてくれた。こんな話だ。

毎日、ちょうど正午になると、にぎやかな街角に一人の男がやってくる。手に旗とラッパを持って。男は旗を振り、ラッパを何度か短く吹き鳴らすと、不思議な呪文を唱えて去っていく。何週間もその様子を見ていた警官は、ある日、ついに好奇心を抑えられなくなった。

「いったい何をしているんですか?」。警官がそう尋ねると、男は「キリンを追い払っているんですよ」と答えた。警官が「キリンなんてどこにもいないじゃないですか」と聞くと、男は誇らしげにこう言った。「そうです。私が追い払ったんです」

父の話は、何年も経つ間に登場人物が変わったり、少々下品な部分が加わったりもしたが、話の要点はいつも同じだった。父は、迷信というものがいかにバカバカしく意味のないものであるか、ということが言いたかったのだ。神秘的、オカルト的な話、幸運に導かれたとか、運に見放されたという類の話は、父にとってすべて「くだらない迷信」だった。

父はスイスの銀行家であり、西欧やアメリカの現実主義的な文化、産業社会に肩まで浸かって生きているような人だった。だから、「同じ時期に二つのことが起きた」というだけで、すぐに両者の間につながりがあるとは考えない。「一方が原因で、もう一方が結果だ」などとは考えないのだ。そう考えるのは、物理の法則に基づく十分な証拠がある場合だけである。

たとえば「星占いが当たった」という話を誰かがすると、必ず父は、このキリンの話を持ち出す。「今週は全部占い通りになっている」などと言ってもダメだ。それは証拠にはならない。ラッキーナンバーも同様。「きっとうまくいくと思ってた。だって今日は六日だから」というのは、父には通じない。タロットカードや茶葉占いもそう。黒ネコが前を横切ると不吉、塩をこぼしたり、鏡を割ってしまったら不吉というが、父は信じない。ウサギの足をお守りにするのも同じことだ。とにかく、運を予見できる、あるいは運に影響を与えるといわれるものすべてについて、父は同じ態度だったのだ。

キリンの話が何を言わんとしているかは、誰にでもすぐにわかってもらえると思う。同時期に起きたことがらについて、すぐ、その間に原因と結果の関係があると考えるのは間違いだということだ。確かに、二つのことが同時に、あるいはわずかな時間差で起きたとしたら、一方がもう一方の原因になっていることもあり得る。しかし、いつもそうとは限らない。たとえば、先週、黒ネコが自分の前を横切るのを見て、今週、脚の骨を折ったからといって、ネコを責めるのは筋違いだろう。

だが、こう言ってもなかなか認めない人もいる。断言はしなくとも、「そうとは言い切れないのではないか、誰にもそれはわからないのではないか」と思っている人は少なからずいるのだ。原因と結果の関係が目に見えないからといって、単純に否定してはいけないというわけだ。

占星術をはじめ、オカルト的なもの、神秘的なものを信じるすべての人たちの支えとなっているのが、この考え方である。いかに怪しげな根拠であっても、「正しさを証明できないからといって、それだけで間違いとは言えない」というのが彼らの主張である。今の社会はあまりにも殺伐としていて、あまりにも物質優先、実利優先ではないか。物差しや秤で計ることもできず、コンピュータで解析することもできない、そういうものの入り込む余地がなさすぎるのではないか、と言う人もいる。「西洋の実証主義的な科学で説明できないからといって、それだけでは、否定する理由にならない」――そういう言い方もされる。

よく引用されるのが、ハムレットの「ホレイショよ、この天と地の間には、おまえの哲学が夢見る以上のものがあるのだ」という台詞だ。ハムレットが幽霊と長い会話を交わし、そのことを友人のホレイショに話したときの台詞である。迷信的なものについて議論になったときの武器として、さんざん使われきた台詞だが、引用する人はたいてい、その後のホレイショの台詞には触れない。

ホレイショは実は、必ずしもハムレットの言うことに同意してはいないのだ。ハムレットの言葉を聞いても神秘主義的な考えに傾くことなく、むしろハムレットの頭がおかしくなったのではと心配している。

起こった出来事を自分なりに解釈をする権利は、ハムレットにもホレイショにも同様に与えられている。私の父にも、父に異議を唱えた人にも、そして私にもまったく同じ権利がある。

何かの出来事についてオカルト的、神秘主義的な解釈をした場合、確かなのは、それがわかりやすく、人の興味を惹く解釈になりやすい、ということだ。信じる信じないに関係なく、少なくとも、誰が聞いても「面白い」解釈になりやすいということは言える。

自分の身にこれから何が起きるのかを知りたい、自分の運を思い通りに操作したい、という願望は誰でも持っている。もし神秘主義的な解釈が正しいのなら、その願望はかなうということになる。少なくとも希望は感じられるだろう。ラッキーナンバーなど、何か神秘的なものに頼って少しでも運が良くなるのなら、そのほうが嬉しいのは誰でも同じである。

この章では、その神秘的なものの代表として、「占星術」と「予知夢」に焦点を当ててみたいと思う。

占星術は、太陽、月、惑星、恒星などの動き、位置、または位置関係が、人間界に起こる出来事に影響する、という考えに基づく占術である。「星が目で見えるということは、その星の放つ光、

エネルギーが確かにあなたに届いているということです」と占星術師のジョセフ・グッダヴァージは言う。

「エネルギーがあなたに届けば、それはあなたに何らかの影響を与えるはずです。では、具体的にはどういう影響でしょう。それはわかりません。たとえば重力なら、どう影響するのかを正確に知ることができますが、それと同じようにはいかないのです。しかし、影響を観察し、記録することはできます。占星術師が数千年にもわたってやってきたことは、まさにそれです。つまり、占星術は一種の経験科学だということになります。観察することで、星の状況と、地上の人間の生活の間にどういう相関関係があるかを調べるのです。相関関係に一定のパターン、法則がないかを確かめるわけです」

当然、そういう占星術師たちの態度には、「自分に都合の良い証拠だけを選び出してうまく利用しているのでは」という批判もあり得る。たとえば、占星術では、「同じ『かに座』生まれの人は、共通する特徴を多く持っている」などと言う。それを証明するのに、彼らは、確かに「かに座らしい」特徴を持った人の例を何人もあげる。それが証拠、というわけだ。しかし、仮に「かに座生まれだが、かに座らしくない人」や「さそり座生まれだが、かに座のような人」がいたとしても、証拠に加えることはない。占星術に懐疑的な人は、そこを指摘するのである。

グッダヴァージはそれに対し、そんな指摘をする人は占星術に対する理解が浅いか、あるいはまったく理解していないかだ、と反論する。かに座生まれの人であっても、その人間性や歩んでいる人生が、かに座の典型とはかなり違っていることはあり得る。だが、よく調べてみると、実はそれで「当然」ということも多いのだ（あくまで「占星術師にとって当然」だが）。占星術では、何座生まれかだけではなく、月や惑星の位置なども大切な要素になるという。生まれた日時、生まれた場所から月や惑星がどう見えたかも大事ということだ。「かに座なのに、かに座らしくない」という人は、たまたま、そうした別の要素の影響が強いのかもしれない。

もう一人、これも有名な占星術師であるマドレーヌ・モネにも尋ねてみたところ「ご自分で確かめてみてはいかがですか」という簡単な答えが返ってきた。「何も一生をかける必要はありませんよ。ちょっと試してみるだけでいいんです。それでわかりますよ。本当に当たるって」

そして、私は実際にそれを試す機会を得ることになった。

◇占星術の検証

ある日、新聞に面白い広告が出ていた。「一生幸運占星術」という商品の広告で、「これであなたにも幸運が訪れます」という文字が躍っている。

オハイオ州カントンを本拠とするＩＡＡ（国際占星術協会）という団体が独自につくったもので、占星術の本のようだった。ＩＡＡを率いる占星術師はキャリー・フランクスという女性で、彼女は「レディラック（Lady Luck＝幸運の女神）」という異名を持っている（少なくとも広告にはそう書いてあった）。価格は一〇ドルだ。

私の妻ドロシーは、この「一生幸運占星術」を買ってみることにした。自分の生まれた場所、生まれた日時などを知らせて小切手を送ると、レディラックから三〇ページほどの冊子が送られてきた。妻は、せいぜい「自分は何歳のときに運気が上がるのか」くらいのことを知りたいと思って申し込んだのだが、冊子に書かれていたのはそれ以上のことだった。運気の上がる日、時刻、ラッキーナンバー、行くべき場所など、実に多様なことが書かれている複雑な内容だったのだ。

その中に、私はある重要な情報を目に留めた。ドロシーの人生で、特に運の良い時期が近づいてきているというのだ。その時期とは、一九七六年の春の終わりから夏の初めにかけてだった。

「おおっ、きっと金持ちになれるぞ！」。私はそう言って、妻に州の宝くじを何枚か買うよう勧めた。だが、結局五セントも当たらなかった。

その後も「最高に幸運」と書かれていた期間中、特別良いことは何も起きなかった。それどころか、とても良くないことが起きて、不愉快な思いをしたこともあった。よりによって、その期間の中でも運気がピークに達するとされた日のことだ。

妻はこの時期、中退してしまった大学にまた通っていた。やはり卒業しておきたいとの思いからだ。最高に幸運だというその日、妻は、数学の期末試験を受ける予定だった。数学は妻にとって最も苦手な科目で不安だった。解答に使える時間は二時間しかないというのに、渡された問題はなんと一六ページにも及んでいた。完全にパニックに陥ってしまった。早くしなくては……と焦るあまり、彼女は普段なら楽に解ける問題でいくつもミスをしてしまう。しかも、八ページ目まで来たとき、彼女は自分がとんでもない運命のいたずらに翻弄されたことを知るのだ。実はそれが最終ページだった。つまり、誤って二つの問題が一つに綴じられたものが配られていたというわけだ。

私はこの話を何人かの占星術愛好家に話したのだが、叱られてしまった。レディラックの占いに勝手な解釈を加えて、誤った期待をしたのがいけないという。レディラックは確かに、その期間は幸運に恵まれると言っている。しかし、その幸運の内容には言及していない。宝くじに当たって大金が入るとか、大学の試験がうまくできるとか、そういうことを約束したわけではないのだ。「そのうちにわかりますよ」。愛好家たちは言った。「その運気上昇期間が終わるまでには、何らかの形で必ず幸運な出来事が起きるはずです。きっとあなたが思ってもみなかったような形で」

彼らは正しかった。確かに素晴らしい出来事が起きた。それも二つ続けて。どちらも、なくしたお金が戻ってきたという話だ。一つ目の出来事は、数学の試験の数日後だった。ドロシーは大学にいて、建物の外の階段に座って友人を待っていた。

友人が時間に遅れてなかなか現れなかったので、彼女は本を読み始めた。風の強い午後だった。木の葉や、紙、ほこりなどがたくさん舞っていた。本に没頭していた彼女には、まったく気にならなかったのだが、突然何かが顔に当たり、張りついた。手で振り払おうとしたが、なかなかとれない。ようやくのことではがして見てみると、それは二〇ドル紙幣だった。

気づくと周囲は紙幣の吹雪だった。二〇ドル札もあれば、一〇ドル札も一ドル札もある。それが大量に風に舞っていて、地面に落ちるものもあれば、建物の壁に張りついたり、茂みの中に入ったりしているものもある。ドロシーは立ち上がって、紙幣を集め始めた。手を伸ばし、追いかけ、ときには足で踏んだりしながら懸命に集めた。そうしながらも、彼女は周囲を見回し、この「リッチな」吹雪の起きた原因は何なのかを知ろうとした。しかし、そばには誰の姿も見えない。

しばらくすると吹雪はやみ、目につくところに紙幣はなくなった。両手にたくさんの紙幣を抱えて立ったまま、ドロシーは次に何をすべきかを考えた。そのとき、学生らしき若い女性が一人、建物の中から出てきた。とてもあわてた様子だ。階段の下で呆然としているドロシーの姿を見た彼女は、目を大きく見開いた。

「それ、あなたのお金ですか？」。そう尋ねる声は震えていた。今にも泣き出しそうだ。

ドロシーは「いいえ、違います。風に吹かれて飛んできたのを見つけただけです」と答えた。するとその女性は「よかった！」と叫び、ほっとして力が抜けたのか、階段に座り込んでしまった。それは彼女のお金ではなく、クラスで催すパーティーのチケットを売った代金として集めたものだった。パーティーの運営管理をしている事務所に届けにいくところだったのだ。彼女はお金をジーンズのポケットに入れて歩いていたのだが、何分か前に事務所に着いて確かめたら、ポケットから半分以上のお金がなくなっていて真っ青になった。

「私にはとても弁償なんてできないので、どうしようかと思って」。女性はそう言った。

「少しでも多く拾っていてくださると助かるんですけど……」

「いくらなくなったんですか？」

「一二二ドルです」

二人は、ドロシーの手にあったお金を数えた。すると、その額はちょうど一二二ドルだった。なくなった紙幣はすべて戻ってきたわけだ。

つまり、めったにないような幸運な出来事が確かに起きたのだ。ただし、ドロシーはそれを「他人にもたらす」側に回ったというわけだ。でも、それはドロシーにとっても嬉しい出来事には違いなかった。その女性の笑顔を見られて幸せな気分になれたのだから、大きな価値があったと言える。

二つ目の出来事は、一つ目を鏡に映したようなものだ。

ある日の午後、私たち家族は、道路沿いのアイスクリームショップに立ち寄った。夏の暑い日、大手のチェーン店は混み合っていた。老若男女さまざまな客がいて、きっと正直さの度合いもさまざまだっただろう。ドロシーはそのとき、ハンドバッグに入れていた財布をうっかり落としてしまった。財布には、現金が九〇ドルほどと、彼女の運転免許証やクレジットカード、その他、大事なものがいくつか入っていた。

ドロシーが財布を落としたことに気づいたのは、あくる日のことだ。アイスクリームショップに行ってみると、店長がごく当たり前のように、平然と財布を渡してくれた。中身もまったくそのままで、何もなくなっていなかった。

どうやら驚くべきことが次々に起こっていたらしい。財布に触れた人は何人もいただろう。その誰もが、財布ごと持ち去ってしまうこともできたし、中身を抜き取ってしまうことも自由にできたのに、誰一人それをしなかった。

財布が落ちているのを見つけたのは、一人の少年だったそうだ。少年はそれを母親に渡し、母親はカウンターの向こうにいた店員の女の子に渡した。女の子は財布を棚に置いた。それを誰かが別の場所に移し、さらに別の誰かが店長に渡した。その間、誰も一ドルも盗らなかったのだ。

ドロシーはあまりに嬉しかったので、アイスクリームショップの店員たちにシャンパンをごちそうした。私は、レディラックにもシャンパンを贈るべきだろうか、と考えた。はじめに彼女の予言に対して辛辣な評価をした謝罪の意味もこめて。しばらくは「いい考えだ」と思っていたのだが、やがて「キリンの話」をする父の穏やかな声が、どこからともなく聞こえてきた。

◇実体がなく検証不可能な予知夢

夢には未来のことを知らせる「前兆」のようなものが含まれている、と考える人は多い。その前兆を正しく捉えることができれば、未来をある程度、自分の思い通りにできるという。夢のおかげで宝くじが当たった、競馬で勝ち馬を当てた、という人もいる。ビジネス上の意思決定（どの会社と取引すればいいか、など）の助けとなる夢、なくした物やいなくなった人を見つけるのに役立つ夢、沈む船や落ちる飛行機に「乗ってはいけない」と知らせてくれる夢などもあるという。

夢について語る人は、それこそいたるところにいる。カルト教団の怪しげな刊行物から、精神分析医の論文まで、実にさまざまなところに夢の話が出てくる。困るのは、そういう話の大半が無意味なだけでなくとても退屈である、ということだ。「他人の夢の話ほど面白くないものはない」というが、まったくその通りだと思う。

さらに何より問題なのは、夢というものには実体がなく、正確に捉えるのが難しいということだ。誰かから夢の話を聞いたとしても、その話はもしかするとまったくの嘘かもしれない。しかし、それを確かめることは不可能なのだ。

「私は溺れ死ぬ夢を見たのでタイタニックに乗るのをやめた」という人がいても、その通りの夢を本当に見たのか確かめるすべはない。夢は、間違いなくそれを見たとわかるような証拠を残すわけではないからだ。見た人間の言葉をそのまま受け取るしかない――ただし、「自分は夢で未来を知った」と得意げに話す人がいても、その言葉を簡単に信用するのは賢明ではないだろう。

そういう「予知夢」の話を聞くとき、私は、予知が当たったことを証明したいと必死になる人や、立場上、証明する必要に迫られている人は避けるようにしている。しかし、ニュージャージー州ヒルズデールのチャールズ・ケルナーは、そういう人ではなかった。

ケルナーは元板金工で、今はバーテンダーとして働いている。年齢は五〇代半ばで、のんきで陽気な男だ。彼は、スポーツ好きやギャンブル好きが集まるバーで働くことが気に入っていた。運にまつわる話を聞くのが好きだったからだ。自分では迷信の類は何も信じていないのだが、他人が信じる分にはそれを否定しようとはしない。また、自分の身に、運に関して何か神秘的なことが起こったときには、よく覚えておいて話の種にする。ただし、自分の話を人に信じてもらいたいという気持ちはない。いつもにこやかに明るく話し、話を聞いている側はつい笑わされるが、「ひょっとして彼は自分自身のことを笑っているのかもしれない」という印象を受けることもある。

彼は夢についても面白く語ってくれた。

「私の運にはどうも『サイクル』があるみたいです」と彼は言う。

「運の良いときもあれば、悪いときもある。でも、サイクルになっているのは運だけじゃないですね。物事はだいたいサイクルになっている。迷信みたいだけれど、そんな気がします。夢といえば、競馬とかギャンブルの好きな人間がよく言いますね。どの馬に賭ければいいか夢が教えてくれた、とか。私は、夢なんて気にしたことないですね。何かの役に立つなどと思ったことがない……」

「ただ、去年なんですが、一カ月間だけそうじゃないことがありました。そのときだけ、突然、夢を気にするようになったんです。そういうことは前にはなかったし、あとにもないです。そのときだけ特別でした。夢のおかげで、普段働いているよりたくさん稼げましたからね。妻なんて『あんたはずっと寝てるほうがいいんじゃない』って言ったくらいです」

最初は幽霊屋敷の夢だった。夢というのはだいたい筋の通らないものだが、その夢も例外ではなかった。夢の中でチャールズ・ケルナーは幽霊屋敷を買い、それを何人かの友人に自慢げに見せていた。友人たちは家が気に入らないようで、みんな口を揃えて「こんな家を買うなんてバカだ」と言っていた。彼は、自分が幽霊屋敷を怖がっていないことを証明したいと思った。夢のことなので理由はよくわからないのだが、ともかく玄関から出て、その家の番地を大きな声で言えれば、自分がまったく怖がっていないことを証明できると考えた。番地は三桁の数字で「283」だった。家の前に立ったケルナーは勇気を出して、その番号を大声で叫び、通りを歩いていった。

目が覚めても、数字は頭に残っていた。思い出せる限り、その数字は彼にとって何か意味のあるものではなかった。単に、眠っている頭が適当に三つの数字を組み合わせただけ、としか思えなかった。ところが、その数字が一日中頭から離れない。いつも買っているニュージャージー州の宝くじを買いにいったときも、それは続いていた。

その宝くじは一枚五〇セントで、買うときに自分で数字を選べるものだ。選ぶのは三桁の数字。もちろん、その数字が当せん番号と完全に一致するのが良いのだが、部分的に一致するだけでも賞金はもらえる。順序も含めて三つの数字が完全に一致した人が一等だ。ケルナーは、そのとき「283」を選んだ。

「夢に出てきたからって、それが当たるとは思っていませんでした」と彼は言う。「迷信とかそういうのは信じてませんからね。でも、こういう宝くじなんかでは、どの数に賭けようと結局同じことですから。どうせ同じなら、ちょっとでも自分にとって意味のある番号に賭けるほうが面白いかなと思って。まあ、意味っていってもバカげてますけど」

その宝くじの当せん番号は「283」だった。ケルナーは州から五〇〇ドルの賞金を受け取った。

何日かして、今度は母親の夢を見た。鮮明な夢だった。母親はもう何年も前に亡くなっている。翌日、また宝くじを買いにいったとき、彼はふと「母の住んでいた家の番地に賭けるのも面白いかもしれない」と思った。番地は「539」だった。そして、当せん番号も「539」だったのだ。

そういうことが何度か続いた。とにかく夢に関係する三桁の番号を選ぶと、それがまさに当せん番号だったのである。

「このままだと州は破産だなと思いましたよ！」

しかし、不思議な夢を見る能力は、それを身につけたときと同じように突然消えてしまった。それ以降、ケルナーは、自分にとって何か役に立つような夢を一度も見ていない。

「何であれ、いつかは終わりますよね」。彼は明るく言った。

「あれからあとは、夢で見た通りにやってもうまくいかなくなりました。何カ月か前、自分が以前に働いていたことのあるビルの夢を見ました。そのビルでも三桁の数字を見て、目が覚めても覚えていたので、その数字に賭けてみたんです。でも、外れでした。五〇セント無駄になりました。数字の覚え間違いかもしれないとも思いましたけど、ちゃんと覚えていても、そのときはやっぱり外れたんじゃないですかね。あの数字は確か……」

ケルナーはそこで黙り込み、しばらく困ったような顔をしてから、こう言った。

「思い出したところで仕方ないですね。夢に出てくる数字にどんな意味があるのか、やっぱり私にはわからないです」

第 4 部

Part 4

運を良くする方法

運をめぐる不思議な旅

いよいよ核心へ

And now we come to the core of our quest

さて、「運」という不可思議なものに、これまでさまざまな角度から光を当て、考察してきたが、いよいよ、ここからが本書の「核心」部分である。いよいよ「運は自分で変えられるのか」、「変えられるとすればどうしたらよいのか」という問いに答えていく。

長い旅のクライマックスだ。

「運」については、これまでも見てきた通り、実にいろいろな意見があり、さまざまな説明がなされている。万人が賛成する意見というのはなく、どれも、ある人は賛成するけれど、ほかの人は賛成しないというものばかりだ。

「正統な科学」と認められているはずのランダム理論に基づく説明ですら、「単なる一つの意見」の域を出ない。ランダム理論の信奉者にとっては「唯一絶対の真理」であろうが、それにすべての人が納得しているわけではなく、納得させるすべも見つからない。その点では、どの意見もそう変わらない。誰も、自分と意見の違う人を説得することができないのだ。

本書では、数多い意見のなかでも代表的なものに触れてきたが、私はどれについても、「これは正しい」、「これは間違っている」というふうに断言はしなかった。どの意見についても、それを正しいと信じる人たちの考え方にできるだけ沿って、なるべく詳しく書くようにした。どの意見も、その信奉者の主張を聞くと、それなりの説得力を感じる。皆それぞれにいちおうの根拠があるのだ。

おそらく読者の意見も一人ひとり違うだろう。それが、この本を読んだからといって、大きく変わるとは限らない。また、どの意見が正しいかを決めたり、優劣をつけたりするのがこの本の目的ではない。自分の考えの正しさを以前よりも強く確信した人もいるだろうし、自分とは違う意見に目が開かれた、という人もいるだろう。それはどちらでもいいのだ。読者一人ひとりが運についてどう考え、何を信じてきたか、これからどう考え、何を信じていくか、ということは、この本の目的とは関係ないのである。読者が運についての見方を変える必要はまったくない。

この第四部で述べることとは、運に対する考え方に関係なく、誰にでも同じように役立つはずである。ランダム理論を信じる人であっても、超能力やシンクロニシティを信じる人であっても同じだ。特定の理論や考え方を基に導き出したことではなく、客観的な観察によってわかったことを書いているからだ。

私は過去二〇年にわたり、実に多くの人たちを見てきた（正確な数はもうわからなくなっているが、千人を超えていることは間違いない）。そして、全体的に見て、運の良い人と悪い人の行動や態度にどういう違いがあるかを突き止めたのだ。千人を超えていれば、標本の数としては統計学的に十分だろう。

私の観察が本当に正しいかは、精神科医やプロのギャンブラー、投資家といった人たちに話を聞いて確かめてもいる。つまり、普通の人よりも運について考える機会が多く、明らかに運について詳しいと思われる人たちだ。

もちろん、彼ら一人ひとりの見てきたことが、普遍的な真実というわけではない。彼らは、偏りのない標本を集めて本格的な調査をしたというわけではない。知っているのは、自分が見てきた「個人的なケース」についてだけだ。精神科医なら、自分の患者について知っているだけだし、ギャンブラーなら、自分が見てきた勝者、敗者について知っているだけだ。ただ、十分な数の人について同じことが言えるのなら、それは真実に近いと考えていいだろう。

この本の冒頭でも触れた通り、運の良い人には見られるが、運の悪い人にはほとんど（あるいはまったく）見られない、という特徴は主に五つ――**「社交性に富む」**、**「直感力がある」**、**「勇気がある」**、**「ラチェット効果をはたらかせる」**、**「悲観的推測に基づいて行動する」**だ。これが、運が良い人と悪い人の人生に大きな違いを生んでいる。

第四部では、この五つの特徴の一つひとつについて詳しく見ていくことにする。

第一章
運の良い人は社交性に富む

The Spiderweb Structure

クモは自ら糸を出して巣を張り、ハエなどの虫を捕まえる。当然、巣が大きいほど、餌となる虫が捕まる可能性は高まる。実は、これと同じことが運についても言えるのだ。例外はあるが、大きな幸運をつかむ人は、たくさんの人と触れ合い、友好的な関係を築いていることが多い。この章では、なぜそうなのか、また、その人間関係がどう運に影響するのかを見てみよう。

O・ウィリアム・バッタリアは、いわば「幸福の使者」のような人である。他人に幸運をもたらすことが彼の仕事であり、それが彼の喜びにもなっている。

彼が他人にもたらす幸運は、（稀に受け入れない人もいるかもしれないが）非常に大きなものであることが多い。ほぼ間違いなく、その人にとって残りの人生を変えてしまうほどの影響力を持つ。しかも、幸運はいつも、何の前触れもなく突然もたらされる。相手にとっては、まるで幸福の青い鳥が急にどこからともなく飛んできたという印象になるだろう。

幸運をもたらす相手は誰でもいいわけではなく、もちろん、選ばれる人も選ばれない人もいる。選ばれるだけの資格を十分に持ちながら、選ばれないという人も、なかにはいるだろう。では、どういう人が選ばれやすく、どういう人が選ばれにくいのか。「世の中に運の良い人と悪い人がいるのはなぜか」という問いに答えるヒントが、どうやらそのあたりに潜んでいそうだ。

ウィリアム・バッタリアは、人材の発掘を業務とする会社を経営している（わかりやすく言えば、「ヘッドハンター」だ）。彼の会社は、ニューヨークではかなり知られた存在だ。顧客はメーカーや銀行、広告代理店など多岐にわたり、その多くが大規模で、資金も潤沢な有名企業である。

バッタリアに依頼が来るのは、主に「管理職や経営幹部に欠員が生じたが、社内にそれを埋める人材がいない」というときである。依頼の際には、どの役職に就けるどういう人材が欲しいかが詳しく提示される。

たとえば、「営業部長になる人材で、目下、当社が販売面で抱えているいくつかの問題を解決できる人物が望ましい」、「年齢は四〇歳から五〇歳まで」、「少なくとも一〇年以上、営業部員を統括した経験を持ち、なおかつ素晴らしい業績を残している」、「全国各地をめぐり、小売店に一般消費者向け商品を販売した経験を持っている」、「英語以外にスペイン語も流暢に話せる」、「人間として魅力があり、大勢の前でうまく話す能力があればさらに良い」といった具合だ。

人材発掘を依頼する企業は、見方を変えれば、誰かに「めったにない出世のチャンス」を与えてくれていることになる。報酬として提示される額は、年三万五〇〇〇ドルから、多いときは一〇万ドルにもなる。すでにそのくらいの報酬を得ていて、現職の将来性に満足している人に声をかけてもあまり意味がない。声をかけるのなら、新たな仕事を「ステップアップ」と見てくれそうな人を相手にしなくてはならない。突然声をかけられたことを、自分の人生にとって重要な出来事と見てくれる人、大きな幸運の訪れと見てくれる人がいいわけだ。

「人探しを始めると、最初のうちはいつも、もどかしい思いをします」とバッタリアは言う。「きっと、何百人という候補者が全国のあちこちにいるだろう、でも、自分が実際に見つけられるのはそのうちのほんの一部でしかない、と思うからです。それは思い過ごしではなく、紛れもない事実なのです。存在はしていても、私の目に見えない人は探しようがありません」

人材探しはさまざまなルートを使って行われる。専門職の人が集まる団体の名簿を調べることもあるし、業界紙や専門誌にあたって、それに寄稿している人を探すこともある。ビジネスコンベンションやカンファレンス、セミナーなど、人の集まるイベントに足を運ぶこともある。電話や手紙も最大限に活用する。それで、全国のできるだけ多くの人に「こんな人、知りませんか」と尋ねて回るのだ。

◇運を招きやすい人たち

バッタリアが見つけ出し、候補者として顧客企業に紹介するのは、必ず、何らかの形でその存在が「見える」ようになっていた人である。なかには、意図的に自分を他人から「見えやすく」するよう努力している人もいる。自分のことを少しでも知ってもらうにはどうしたらいいか、それを常に考えて行動しているのだ。

まず、関係する団体やイベントには積極的に参加する。業界紙や専門誌への寄稿も頻繁に行う。講演など、大勢の前で話ができる機会をいつも探している。このように、自分の名前が少しでも多くの人の目に触れるよう、たえず努力をしているわけだ。ときに「行きすぎ」とも思えるほどの努力をするのは、誰かが——たとえば、ウィリアム・バッタリアのようなヘッドハンターが——自分を見出して、今よりも良い職に就くチャンスをくれるかもしれないと思っているからだ。

だが、実際にヘッドハンティングされる人のなかに、そんなふうに意識して行動する人がたくさんいるかというと、そうでもないらしい。「名前を売れば、ヘッドハンターに見つけてもらえるかもしれない」などと考えたことはない、という人が大多数を占めるという。多いのは、特に意識せず、自然に行動しているうちに、自分の存在が多くの人に知れわたっていた、という人だ。そういう生き方が、自分のスタイルになっている人たちである。

何よりも、彼らは性格が社交的だ。人間関係を広げる努力を惜しまない。知らない人にも積極的に話しかける。何かに参加すること、人に会うこと、挨拶を交わし合うことが好きなのだ。飛行機でたまたま横に座った人とも、すぐに話を始める。毎朝、新聞を買う売店の店員にも、必ず挨拶する。よく話をするので名前を覚えられる。何人子供がいて、休暇にどこに出かけるかといったことまで知られている。ヘッドハンターに見つけられやすいのは、そういう人たちだ。

ヘッドハンターが、求める人材に行き着くまでの経緯を詳しく分析してみると、単純に「知り合いの知り合い」をたどっていったら良い人が見つかった、というパターンが多いことがわかる。特に示唆的なのが、これから述べるキャサリン・アンドリュースのケースだ。

キャサリンは秘書としてキャリアをスタートさせたが、四〇歳を前にして、バッタリアにヘッドハンティングされ、突然、ある銀行の人事部長になった。この一度の転職で給料は倍になり、将来の可能性は大きく広がった。一見、まったくの偶然でたまたま幸運をつかんだようにも思える。しかし、背景を調べていくと、この幸運は実は多くの点で「彼女自身が招いたものである」ということがわかるのだ。

キャサリンの人生は、長い間彼女の隣にいたもう一人の人物の人生と比較すると、より興味深いものになる。キャサリンの高校時代の友人、イブリン・テイラーである。イブリンの人生は幸運だったとは言えない。地味で目立たない人生である。キャサリンがヘッドハンターとの昼食のときに名前を出さなければ、ずっとその存在は知られないままだっただろう。キャサリンは言った。

「どうして私ばかりこんな幸運に恵まれるのか、全然わからないんです。どうして私なのかしら。

別にほかの人でもいいと思うのに。たとえば友達のイブリンとか……」

彼女の疑問に答えるには、ずいぶんと時間をさかのぼらなくてはならない。キャサリンとイブリンはともに、デトロイトの郊外で育った。高校時代、二人は無二の親友になった。二人とも同じ短大に進学し、一緒に就職活動をした。一九五〇年代末のことで、女性の就労機会はまだ非常に限られており、結局、すぐに収入になる仕事は、せいぜい秘書くらいしか見つからなかった。二人はある保険会社に同時に入社し、どちらも経理部で働き始めた。

それから一年もしないうちに、二人の違いがキャリアに影響し始めた。二人の最大の違いは、人との接し方にあった。簡単に言えば、キャサリンのほうがイブリンよりもはるかに「人づき合いが良かった」のだ。

ランチタイムに会社のカフェテリアにいるときなども、キャサリンはそばにいる誰とでも気さくに言葉を交わす。大きな会社なので、顔見知りのほうがむしろ少ないのだが、たまたま列の後ろに並んだ人にも、偶然同じテーブルに座った人にも、彼女は話しかけるのである。キャサリンは知らない人と話すのが好きだった。どんな暮らしをし、どんなことを考えているのか、それを知るのが楽しかったのだ。いろいろな人と接することが、彼女にとっては楽しく、退屈な仕事をこなすなかでの救いにもなっていた。

一方のイブリンは、よほど魅力的な若い男性でもない限り、見知らぬ人に興味を持つことはなかった。キャサリンがカフェテリアのテーブルでいろいろな人と楽しげに話している間、隣にいるイブリンは、ほとんどものも言わず退屈そうにしていた。

カフェテリアでキャサリンと仲良くなった人のなかには、人事部に所属する年配の男性社員もいた。彼は昼食時にときおりキャサリンと話すうち、彼女について二つのことを知った。一つは、キャサリンが今の仕事に退屈しているということ。もう一つは、女性の就労機会の拡大という問題に関して彼女が独自のアイデアを持っていて、そのアイデアは現実をよく見据えた、地に足のついたもののようであること、だった。ある日、キャサリンと廊下ですれ違った彼は、ふと思いついて彼女を呼び止めた。

「今、人事部に新しい人を一人入れようという話になっているんだが」。彼は言った。

「もし興味があるなら、君が人事部に移れるよう、はたらきかけてみるよ。どうかな?」

異動しても仕事は主に秘書職だが、それとは別の変わった仕事もすることになる。当時、会社では、女性社員の離職率が高く、しかも離職者が増える一方であることが問題になっていた。そこで、各部の女性社員と面接をしようということになった。面接によって、皆がどんな不満を抱えているのか、どうすれば少しでも職場を魅力的なものにできるか探ろうと考えたのである。この面接官がキャサリンの仕事、というわけである。

キャサリンは申し出を受け入れ、異動することにした。相変わらず経理部で毎日、数字を相手に仕事をしているイブリンには、キャサリンに起きたことは単なる偶然としか思えなかった。それは、キャサリン本人にとっても同じであったろう。

「何しろ、ほとんど知らなかった人から突然言われたわけですからね」

何年も経った今、彼女はそう振り返る。確かに、運が良かったと言える。でも彼女は、自分の身を幸運の訪れる場所に置いていた、とも言えるのだ。

知り合った多くの人たちのなかで、誰が道を切り開くきっかけをつくってくれるのか、きっかけがいつ、どんな形で与えられるか、彼女にはまったくわからなかった。それでも無意識のうちに、クモのように糸を伸ばして大きく巣を張り、自身に何かが起きる確率を上げていたのだ。

それから二年経って、彼女はついに秘書の仕事から解放された（本人は「ようやくワナから逃れたような気分でした」と言っている）。面接の仕事に専念するようになったのだ。辞めていく社員と入社希望者、両方の面接を担当するようになった。そして何年か経つと、上の人間が何人かいなくなり、下の人間は自然に昇進した。キャサリンも人事部副部長になった。新人採用や社員の配属先決定といった重要な役割に加えて、彼女の場合、特に重要な職務とされたのが、女性社員の問題への対応である。女性社員の機会拡大を進めることが、彼女の主たる仕事になったのだ。

辞めていく女子社員との面接も続けるなかで、悲しいことに親友のイブリンとも面接した。イブリンは、ほかの会社に転職することになったのだ。給料は上がるが、仕事はやはり秘書だという。目立った幸運は、彼女の身には訪れなかった。一度結婚したが離婚し、その後も同じように秘書の仕事をすることになる。

キャサリンは一九六〇年代に二度ほど結婚目前までいったが、結局どちらも取りやめた。自分の仕事のことで、未来の夫といずれもめることになりそうだと思ったからだ。一方、仕事の面では、ずっと幸運に恵まれ続けた。そしてある日、知らない人から電話がかかってきた。

「もしもし。アンドリュースさんですか。私はウィリアム・バッタリアといいます……」

◇「クモの巣」的人脈の持つ力

ウィリアム・バッタリアは、どういう経緯でキャサリンにまでたどり着いたのだろうか。その話も実に興味深い。

話はまず、ある銀行が「新しい人事部長にふさわしい人材を探してほしい」と依頼してくるところから始まる。適切な人が見つかれば報酬もはずむという。その銀行では、以前、社員の処遇で女性を差別したとして告発を受け、痛手を負った苦い経験があった。

銀行が出した条件は、「すでに人事の仕事の経験を十分に積んでいること」、「現在、管理職の地位にあること」、そして何より「女性の権利について高度な知識があり、その知識を使いこなせること」であった。さらに、男性社員をくさらせることなく女性社員の要望に応えられるような能力、その能力があることを証明するような実績も欲しいとされた。

この依頼に応え、情報を求めて接触したなかに、ある女子大の教授がいた。労働問題関連の雑誌に、男女の雇用差別に関する記事を寄稿したことのある教授だ。求める人材について説明を受けた教授の口ぶりは悲観的だった。

「私の知り合いは、ほとんどが大学関係者ですからね。私みたいな人間は、問題についての知識は豊富でも、あなたのおっしゃるような最前線での実体験となると……」

そこで教授は一瞬黙り、突然こう言い出した。

「ちょっと待ってください。たまたま先週、私がここで話をした女性が一人います。ちょうど雇用差別の問題に関するセミナーを開催したんですが、企業から多くの方が出席されました。その女性はデトロイト近郊の会社に勤務されていて、女性の雇用に関する改革に取り組んでおられるということで、面白いお話が聞けました。お名前が思い出せるといいんですが……」

その女性の名前がキャサリン・アンドリュースだった、というわけだ。

彼女は勉強のため、その種のセミナーにも積極的に参加していた。またそのときも、いつもと同じように、そばにいた人全員と親しく話をした。教授にも、たまたまキャンパス内を同じ方向に歩いていたときに声をかけたのだ。キャサリンは教授に、自分が女性社員の離職率低減に取り組んでいること、そして半減に成功したことなどを話した。そのために、たとえば、「昼食をしながら非公式の面接をする」、「男性社員、女性社員それぞれとのミーティングを開いて、不満に思うことを話してもらう」などの対策を取ったことも話した。教授はその話に興味を惹かれ、また、キャサリンの話し方にも好印象を持ったという。

教授との出会いは、キャサリンにとっては一年に何百もあるうちの一つでしかない。さほど有名とは言えないこの教授との出会いが、彼女に驚くほど大きな幸運をもたらしてくれるとは、まったく予期していなかった。だが、もし彼女が、いつでもどこでも人に気さくに話しかける人間でなかったとしたら、この幸運が訪れることは決してなかっただろう。

人が思いがけない幸運を得るとすれば、それは、必ず他人の手によってもたらされることになる。その人が見知らぬ人なのか、ちょっとした知人、あるいは友人の友人なのかはわからない。いずれにしても、そういう幸運を得るうえで何が大事なのかは、キャサリン・アンドリュースの例を見れば明らかだろう。

友人、知人の輪が広いほど（つまりクモの巣が大きいほど）、幸運は訪れやすくなるのである。

運命の神様が、どんな幸運を自分のために用意してくれているのか、それを事前に知ることはできない。どういう人間関係を築けば、どういう幸運がやってくるのか、そんなことは一切わからないのだ。しかし、自分の名前を知っている人の数が増えれば、その数に比例して幸運の訪れる確率が上がることだけは確実である。

これはごく当たり前のことなのだが、そんなふうに考える人は決して多くない。幸運を手にした本人でさえ、気づいていないこともよくある。キャサリン・アンドリュースはその典型だ。

近くの人と次々に仲良くなってしまうという彼女の生き方は、意図的なものではない。これで自分に幸運が訪れやすくなるはず、と考えていたわけではないのだ。彼女はただ、仲良くすることが楽しかっただけである。仲良くすることそのものが目的だった。そうしてでき上がった人脈が、いくつかの大きな幸運をもたらしてくれたのだが、それがわかったのはあとになってからだ。第一部で紹介したカーク・ダグラスとチャーリー・ウィリアムズの話にも、同様のことが言えるだろう。二人とも、この「クモの巣」のような人脈の持つ力には気づいていなかった。

カーク・ダグラスに最初の大きな幸運が訪れて、無名だった彼が有名になり、輝かしいキャリアをスタートできたのは、やはり無名だった頃のローレン・バコールと友人になっていたおかげだ。彼女は、社交的な若い俳優の多くの友人の一人でしかなかった。ダグラスは多くの友人をつくることで、バコールを友人の一人にする確率を高めていたわけだ――そして、のちに彼女がつかんだ幸運を自分のものにすることができた。一方、哀れなチャーリー・ウィリアムズは、ずっと孤独で、ほとんど友人をつくることがなかった。他人から彼に幸運がもたらされる確率が、非常に低かったのは間違いない。

◇人の印象と本能にある相互扶助

ペンシルベニア州アレンタウンに住む精神科医、スティーブン・バレット博士は、運の良い人、悪い人の違いについて長年にわたり考察してきた。そのなかで彼が発見したのは、生まれつき運が良いように見える人は、人と仲良くなるコツを知っていて、人と仲良くなる機会が多いということである。また、そういう人は、まるで磁石のように他人を惹きつける力を持っている。他人から「友達になりたい」と思われやすいのだ。「さあ、こっちに来て私に話しかけてください。きっと仲良くなれます」と周囲に呼びかけるような空気を常にまとっている。

バレット博士の患者には、高校生、大学生の女の子も多くいた。そして博士が長年、理由がわからずに悩んできたのが、そういう若い女性のなかに、男性からまったくデートに誘われない子が少なからずいる、ということだった。これは、地域や人種を問わず、どこにでも起きている現象なのだが、理由がまともに説明されたことはいまだにない。

デートに誘われない子は、よく誘われている子に比べて特に内気というわけでもなく、容姿も十分に魅力的であったりする――「町で一番の美人」というケースもあるらしい。表面的には、偶然誘われないだけ、運が良くなかっただけ、というふうに見えることが多い（たまたま、その子にふさわしい男の子がそばにいないだけ、と思われていることもよくある）。つき合っている友達が良くない、母親が厳しすぎる、など、その子を取り巻く状況が原因のように見えることもある。

しかし、バレット博士によれば、よくよく調べてみると、本人の態度に根本的な原因がある場合がほとんどなのだという。まとっている空気が、男の子に対し、「怖い」あるいは「不愉快」と感じさせるようなものになっているのだ。博士は言う。

「こういう『空気』は、男の子だけでなく、女の子も遠ざけてしまいます。つまり、独りぼっちになってしまうのです――問題は、本人が望んでそうしているわけではない、ということです。なぜそうなっているのか本人にもわからず、私のところに来て泣きだしてしまう子もよくいます」

その人のまとう「空気」を形づくるものとは、いったい何なのだろうか。バレット博士によれば、人のまとう「空気」は何百もの要素から成るという。たとえば、顔の表情、相手との距離のとり方、声の調子、言葉の選び方、目の使い方、頭の動きなどである。

要素はあまりに多く、一つひとつ分析するのは困難だが、それが全体としてどのような効果を生むかは、誰の目にもはっきりわかる。

「私たちは皆、自分が目の前の相手に好かれているのか、嫌われているのか、本能的に察知する能力を持っているのです」。バレット博士はそう言う。

「私たちは、今接している相手が自分に対して友好的なのかどうか、態度が温かいのか冷たいのかを、すぐに察知します。まったく見知らぬ人であっても、その人が自分に時間を割きたいと思っているか否か、瞬時に知ることができるのです。自分は運が良いと感じている人――他人から幸運をもたらされることが多い人――はたいてい、人を招き入れるような、また人を心地良くさせるような態度を自然にとっているものです」

近年は、いわゆる「ボディランゲージ」についての研究も進み、人を惹きつけ、心地良くさせる態度が、どんな言葉や動きから成り立っているかもかなりわかってきている。しかし、ボディランゲージをいくら駆使しても、心とは裏腹に態度だけ「友好的」にすることは不可能である。顔がどれだけ笑っていようが、言葉がどれだけ優しかろうが、その態度が偽物であれば、人はそれをすぐに見抜いてしまう。自分がなぜ「これは偽物だ」と感じたかはわからないのだが、その感覚を疑うことはない。これは、すべてのセールスマンが最初に学ぶことでもある。

IBMの創始者、トーマス・ワトソン・シニアは、おそらく史上最高のセールスマンの一人だろう。彼は自分の体験から学んだことを新入社員たちに教えるとき、次のように語った。

「顧客を真に愛さなければ、商品は売れない」

この言葉は、新入社員のなかでも特に教養ある者たちには、あまりにも単純でバカげているように聞こえた。何度も同じことを言われ、うんざりして辞めてしまう者も少なくなかった――だが、実はそれこそがワトソンの狙いだった。

セールスマンとして成功する見込みのある者なら、ワトソンの言うことは、まったく議論の余地のない真実だと認めるだろう。見知らぬ人であっても真に愛することができなくては、とてもセールスマンは務まらない。小手先のテクニックなどではとてもごまかせない、というのがワトソンの考えだった。

小手先のテクニックが通じないのは、私たちが、自分のまとう空気を完全にはコントロールできないからである。「空気」を構成する要素のなかに、自分の意志ではどうすることもできないものがあるのだ。たとえば、「瞳孔の大きさ」などはその一つだろう。

シカゴ大学の教授で心理学者のエックハルト・ヘス博士は、この現象について何年も研究を続けている。瞳孔の大きさは、もちろん周囲の明るさによっても変わるが、それだけではないことを博士は発見した。

実は、見ているものが好きかどうかによっても、瞳孔が大きくなったり小さくなったりする。好きなものを見ると大きくなり、逆に好きではないものを見ると小さくなるのだ。ヘス博士の考えによると、私たちは無意識のうちに、この瞳孔の大きさを、好きかどうかを相手に伝える（または相手に好かれているかどうかを知る）非常に重要な信号として利用しているという。

言うまでもなく、目はコミュニケーションの最も大切な道具である。「温かい目」、「冷たい目」、「目が輝く」、「目が淀む」といった何気なく口にする言葉からも、そのことは見て取れるだろう。そして、私たちが他人の目について判断をするときの重要な手がかりになっているのが、瞳孔の大きさだというのだ。誰かと話しているとき、その人の瞳孔が小さければ、たとえどんな笑顔を見せてくれていても、自分はあまり好かれていないのだという印象を持ってしまう。

瞳孔を開く目薬もあるが、まさかそれを四六時中持って歩くわけにもいかない。それに、瞳孔だけを気にしても問題の解決にはならない。無意識に自分の気持ちを相手に伝えてしまう要素は、ほかにもいろいろあるからだ。

では、どうすれば、自分の態度を好意的なものに見せられるのだろうか。バレット博士はこうアドバイスする。

「態度だけを好意的に見せるのは難しいでしょう。それよりは、自分の相手に対する気持ちを本当に変えるほうが簡単だと思います。それは案外、難しくないはずです」

博士は、以前診察に訪れた二〇歳の女性の話をしてくれた。彼女は当時大学生で、長い間誰にもデートに誘われないことを悩み、落ち込んでいた。「綺麗な子でしたよ」と博士は言う。

「大学のアルバムで写真を見たら、『きっとこの子は誰よりもたくさんの男の子に誘われているに違いない』と思うような子です。しかし、実際にはそうではなく、彼女は寂しい思いをしていました。自分は皆の輪に入れない、そんな気分でいたのです」

博士は女性の話を聞き、彼女が人に対してどういう感情を抱いているのかを探った。もちろん誰でもそうなのだが、彼女の抱く感情は極めて複雑なものだった。誠実な精神科医であるバレット博士は、その感情を単純化して話そうとはしなかったが、まず重要だったのは、彼女が「拒絶を恐れていた」ということである。好きではない、必要ではない、と言われるのを恐れるあまり、見知らぬ人と接触するリスクを、あえて冒そうとしなかったのだ。そして、この拒絶を恐れる感情が、かえって拒絶を引き起こしてしまっていた。

彼女は、まるで「私に話しかけないで」と言っているかのような空気をまとっていたのだ。「嫌いだと言われるのが怖いから、人との接触はできるだけ避けたい。お互い接触しないようにしていれば、嫌いだと言われることも言うこともないので安心だ」――そういう気持ちが表に出てしまっていた。

バレット博士は、人間の持つ基本的な性質を彼女に教えた。人間は皆、「お互いに好きになろうとする、お互いに助け合おうとする」性質を本能的に持っている、ということだ。たとえ見知らぬ人でも、自分から思い切って話しかけてみれば、きっと、誰もが「人を好きになりたいし、人に好かれたい」と思っていることがわかるはずだ、博士はそうアドバイスした。

「その後、彼女の心の中にどんな変化が起きたのか、そこまではわかりません。でも、彼女のまとう空気にすぐに大きな変化が見られたのは確かです」

博士と話したあとの一週間だけで、彼女はいきなり四人の男の子に誘われたのだ。

ジョン・ケネス・ウードハム博士はニュージャージー州在住の心理学者である。博士は、自身が「孤独症候群」と名づけた症例の研究に力を入れていた。幸運の多くは他人からもたらされるものであること、したがって孤独を好む人に幸運はなかなか訪れないということについて、ウードハム博士も同じ意見を持っていた。

「幸運がもたらされるかどうかを別にしても、孤独でいると楽しくないのは、だいたい誰も同じです。『一匹狼』タイプの人は『孤独を愛する』とよく言いますが、正直に言って、私はそういう人に会ったことがありません。孤独を楽しめる人間などいないのではないか、と私は考えています。それで私は、一人でいることの多い人に、思い切って人に話しかけてみるようにと勧めているのです。相手は知ってる人でも知らない人でもいいと思います。できれば知らない人がいいでしょう。他人が怖い人、他人の拒絶が怖い人こそ、あえて他人との接触をはかるべきです。それが恐怖心を取り除く一番の治療法ですね。今、私は『治療』と言いましたが、これは大事なことです。精神科医は、よほどの自信がなければ、この言葉は使いませんから。他人に対して積極的に接触を試みれば、嬉しくなるような反応が返ってくることが多いはずです。接触を多く試みるほど、嬉しいことも増えるのです」

そして、嬉しいと感じれば感じるほど、おそらく瞳孔も大きくなる。幸運を捕まえるための「クモの巣」が小さすぎると自分で感じる人は、相手は誰でもいいし、話題も何でもいいので、ともかく見知らぬ人に積極的に話しかけるところから始めるといい、というわけだ。

◇簡単にできる最初のきっかけ

博士は一つ面白いことを教えてくれた。

見知らぬ人を笑顔にする一番簡単な方法は、些細なことでいいので、その人に何か助けを求めることだ、というのだ。たとえば、「今、何時ですか」と時間を尋ねる、というくらいでいい。時間を尋ねれば、ただ「何時です」という簡単な答えを返すだけではなく、つけ加えて何か言う人が多い。「一〇時一〇分くらいですね。今朝、ラジオの時報で合わせたばかりだから、たぶん合ってると思いますよ」という具合に。余分な情報をつけ加えることで、「あなたと話すのは楽しいですよ」と伝えているのである。どこかの店にいるとき、商品について店員に尋ねれば、それは店員を喜ばせることになる。飛行機でたまたま隣の席になった人に話しかけるとき、おそらくきっかけとして一番良いのは、目的地のホテルについてアドバイスを求めることだろう。

そうして人に積極的に話しかけ、助けを求めるうち、幸運を捕まえるクモの巣は徐々に大きくなっていく。見知らぬ人に話しかけても、その相手の大半は、いっとき楽しい思いをさせてくれるだけで、その後、自分の人生に関わることはおそらくないだろう。大部分は、もう連絡を取ることもないし、会うこともないのだ。しかし、ごく稀にだが、あとになって幸運をもたらしてくれる人がいるかもしれない。

ウードハム博士の患者に、ある孤独な中年男性がいた。妻はすでに亡くなり、子供たちは成長して彼のもとを去っていた。彼は自分の人生がまるで「失速」しているように感じていた。このままではもうすぐ完全に止まってしまう、そんな恐れもあった。

ウードハム博士の勧めもあり、彼は意識して、今までより人に積極的に話しかけるようになった。そのうちの一人は、いつも彼が煙草を買う文房具店の女店主だった。もう何年もその女性と顔を合わせていたのに――お店は彼が通勤する途上にあった――「おはよう」と「ありがとう」以上の言葉をかけたことがなかった。あとは買いたい煙草の名前を言うくらいだ。

ありきたりだが、彼はまず天気の話をしてみた。それで良い反応が返ってきたことに励まされ、徐々に会話を広げていった。お互いの名前もわかったし、二、三週間で、お互いの日々の生活についても詳しくわかるようになった。彼は、自分が古銭収集を趣味にしていることなども話した。

ある朝、彼が店に立ち寄ると、店主は彼が来るのを今か今かと待っているところだった。話を聞いてみると、近くに住む彼女の友人の女性が、ある問題を抱えて困っているのだという。その友人の父親は、古い家を遺して亡くなった。家の地下室には、ぼろぼろのタンスがあった。彼女が引き出しを開けてみると、箱が一つ見つかり、たくさんの硬貨らしきものが入っていた。古いヨーロッパの硬貨のようだ。彼女にはその価値もわからず、どうしていいかわからず途方に暮れていた。
「それで、あなたが古銭を集めているって聞いたのを思い出したのよ」と店主は言う。
「この街には鑑定してくれる人もいないし……。でも、あなたならどうにかしてくれるかも、と思ったの」

確かに彼にはどうにかすることができたし、実際にそうした。店主の友人は会ってみると、彼と同じくらいの年齢の魅力的な女性で、彼と同じように孤独に暮らしていることがわかった。今、二人は結婚して夫婦になっている。

しかも、そのヨーロッパの硬貨が非常に価値のあるものだということもわかった。

話はこれで終わりではない。幸運というのは、ときに驚くほど一度にまとめて訪れるものなのだ。男性はアメリカの古銭を専門に集めていたので、ヨーロッパの古銭を手元に持っておこうとは思わなかった。そこで、彼の新しい妻はその古銭を売却した。売ったお金で二人はミシガン州の北部に旅行した。二人ともその土地が好きだったからだ。湖畔の小さな家を借り、一カ月のハネムーンである。

その間、男性はミシガン州の宝くじを買い、二万五〇〇〇ドルもの賞金を獲得した。

第二章

運の良い人は直感力が強い

The Hunching Skill

確かな根拠はないが、なんとなくそう感じる、そうだと思う——私たちはこれを「直感」と呼ぶ。直感は誰にでもあるが、それを信じる人もいれば、信じない人もいる。また、直感の通りのことがあとで実際に起きる場合もあれば、そうでない場合もある。

もし、先のことを正確に直感できる力があるなら、その直感を信じ、直感に従って行動すれば、「運」を良くすることに大きな効果があるのは間違いない。そして「運が良い」といわれる人たちの多くは、どうやらかなりの割合でそうした「直感力」を持っているらしいのだ。

「直感力」などと言うと、少し神秘的で怪しげに聞こえるかもしれないが、実はそうでもない。直感力は合理的な説明のつく能力である。そして、ありがたいことに、直感力は訓練によって鍛えられるものである。そう言える確かな証拠があるのだ。

ホテル王、コンラッド・ヒルトンが大きな成功を収めたのは、少なくとも部分的には、彼の「直感力」のおかげだ。その直感力はあまりに鋭かったため、超能力のようにも見えた。彼は、自分自身に超能力はないし、周囲にも超能力者はいないと断言している。ただ、ときどき自分の力に自分で戸惑うことはある、と認めている。

「自分がなぜそう直感したか、そのときの状況をあとからよく考えれば、わかることは多い」とヒルトンは言う。

「その直感がどこから来たのか、だいたいはわかるものです。これはつまり、直感した理由を言葉で説明できるということでもあります――完全な説明ができるとは限りませんが、少なくとも説明を聞いた人は、さほど不思議には感じなくなるでしょう。ただし、ときには、自分でもまともな説明がつけられない場合もあります……」

たとえば、ヒルトンがシカゴの古いホテルを買収しようとしていたときの話。所有者はそのホテルを、秘密入札で売却するとしていた。入札の内容は所定の期日に公開され、最高値をつけた入札者がホテルを買収できる。ヒルトンは受付終了の数日前に一六万五〇〇〇ドルで入札したのだが、夜ベッドに入ると、どうも気持ちが落ち着かない。翌朝、目が覚めると、どうもこのままでは勝てないという強い予感がした。

「理由はわかりません。ただそう感じた、としか言えないんですよ」

のちに説明を求められて、ヒルトンは困った様子でそう答えている。結局、予感に従い、ヒルトンは改めて一八万ドルで入札する。

期日になって、彼の入札が最高額だとわかった。二番目の入札額は一七万九八〇〇ドルだった。


ドロレス・Nは、フィラデルフィアの銀行で働いている女性だ。二〇代後半で独身だが、本人は今、独身でいることをとても幸せに感じている。二年前、彼女はもう少しで結婚するところだった。本人はそのときのことを、まるで「恐ろしい事故に遭いそうだったところを間一髪で助かった」かのように話す。

「もし、あのとき結婚していたら、きっと今頃、悲惨な思いをしていたでしょう。私が断ったあと、相手の男性は別の女性と結婚したんですけど、今、彼は刑務所に入っているんです。結婚した女性は借金を抱えて赤ちゃんを育てなくてはならず、あまりの辛さについお酒を飲みすぎて、体調をひどく崩してしまいました。彼女には申し訳ないけれど、私は本当に神様のおかげだと感謝しているんです」

恋愛に関していつも運の良い人もいれば、反対にいつも運の悪い人もいる。ドロレスは自分が「運の良い」タイプだと思っている。そして、それは自分の「直感力」のおかげだと考えている。

「『女の勘』なんていう人もいますけど、それは少しおかしな言い方だと思います。だって、男性でも勘の鋭い人はいるし、女性で鈍い人もいますから。私の母も妹も、勘の鋭いほうではないと思います。私が結婚しそうになった男性のことを、彼女たちはすごく気に入っていたのですから。そして、かわいそうに彼と結婚してしまった女性もそうです。でも、私は突然、どこからともなく嫌な予感が襲ってきて……」

その男性、テッドは優しく、魅力的な人だった。ドロレスとは、彼女の銀行の同僚が開いたパーティーで出会った。広告代理店で働いているという話だった。ほんの短い間つき合っただけでテッドはドロレスに結婚を申し込み、ドロレスは承諾した。

二人は仕事が終わると毎晩のように会った。場所はだいたい、どちらかの職場近くのレストランだった。「結婚式の一週間前まで、私は彼に夢中でした」とドロレスは明かす。

「でも、ある夜、嫌な予感が襲ってきたんです。その予感がどこから来たのか、なぜそんな予感がしたのかは、いまだにわかりません。何でもない普通の夜でしたから。会話もごく普通の恋人同士のもので——他愛のないこともあれば、二人の将来のこととか、大事なことも話しました。私たちはワインを何杯か飲んで、それから彼はトイレに行きました。私の中に妙な感情が湧いてきたのはそのときです。何かがおかしい、どこかに嘘がある、と思ったんです」

彼女の理性は、その予感をバカげたものとみなした。ちゃんとした証拠もないのに何だ、そんなのは無視しろ、という声が心の中で聞こえた。でも、翌日になっても予感は消えない。ついに彼女は、衝動的に仕事中のテッドに電話をかけた。すると電話に出た女性が言った。

「申し訳ありません。あいにくその者はすでに退社して、当社の社員ではありません」

これだけで予感の正しさを裏づける確かな証拠が十分に揃ったわけではないが、この電話のあと、彼女の予感はより強く、より具体的なものになった。予感は彼女にこう告げていた。

「テッドはきっと、いつもお金の問題を抱えている。もし彼と結婚したら、それはトラブルと結婚するようなものだ」

彼女は結婚式を取りやめたいとテッドに告げた。もちろんテッドは怒り、大変な事態になった。何より辛かったのは、彼に「別れたい」と言いながら、その理由をきちんと言葉で説明できないことだった。しかし、彼女は自分の直感を信じ、あくまでそれに従った。結局、テッドは彼女の前から姿を消した。

ドロレスはテッドと別れる少し前、そして別れたあとにも、彼の友人、知人の何人かと会い、彼が本当はどういう人なのかを確かめた。それでわかったのは、テッドが大変なギャンブル狂いであるということだ。家族にも友人にも銀行にも、そして高利貸しにまで借金があった。会社はひどいサボり癖のせいでクビになっていた。顧客のところへ行くと言って外に出たまま一日中競馬場にいる、ということの繰り返しだったのだ。

ドロレスと別れた二年後、テッドは小切手の偽造をして捕まり、刑務所に入れられた。

C・C・ハザードはかつて株式仲買人をしていたが、相当な財産を築いて今は引退し、悠々自適の生活を送っている。「自分も株で儲けたいのだが、どうすればいいか」と人に尋ねられると、彼は自著『Confessions of a Wall Street Insider（ウォール街インサイダーの告白）』を紹介することにしている。

この本は彼自身の人柄を反映してか、かなり辛口の挑発的な内容で、数年前に出版されたとき、ウォール街での受けはあまりよくなかった。本の主なテーマは「ごく普通の人が株で儲ける方法」である。彼は本の中で、「投資顧問をつけたり、市場の統計分析をしたりしても、あるいは、株価チャートを描いたり、政府の景況予測を調べたりしても、ごく普通の投資家の場合、得るものは多くない」と言っている。要するに、論理的、合理的に相場の動きを予測しようとしても、たいして意味はないということだ。ハザードは「市場を動かす原動力となっているのは、理性ではなく感情だ」と言う。だから、理性的な手段で相場の動きを完全に予測することは不可能なのである。

では、どうすれば予測できるのか。ハザードによれば、直感が役に立つこともあるらしい。

「自分の直感が信用できるものだとわかるまでには、ずいぶんと長い時間がかかりましたよ」と彼は私に話した。

「一九五〇年代に初めて株取引をしたときには、GNPなどの指標を調べたりして、合理的な方法で相場予測をしようとしたんです。でも、コインを投げて決めてもそう変わらないんじゃないか、と思うくらい当たりませんでした。やがて、失敗するのは自分の直感に逆らうからだと気づきました。有名な評論家などが皆『これから相場は上がる』と言っていて、合理的な方法で予測してみてもそうなる。にもかかわらず、『どうも違うんじゃないか』という予感がする。そういうことが多かったんですよ。結局は皆の言う通り、上がるほうに賭けて失敗してしまう。絶対にいつもそう、というわけではないのですが、あまりに多いので、疑問に思い始めました。そして、ついにこう考えるようになったんです。『どれほど理性的な予測をしても、コインを投げて決めるのと変わらないんだ。だったら、直感に従っても同じことだろう』と。そして自分の直感に従い始めました。今となっては、本当にそうして良かったと思います」

ハザードが直感のおかげで特に大儲けをしたのは、一九六八年の終わり頃のことである。その頃の彼には、いつからかわからないが、漠然とした予感がずっとつきまとっていた。それがはっきりとしたものになったのは、ある金曜の夜のことだった。ニューヨーク証券取引所近くの「オスカーズ・デルモニコ」という有名なバーにいたときだ。その週の市場は、取引量も多く、株価は大幅に上がっていた。バーは、ブローカーやファンドマネジャー、投機家など、市場関係者でごったがえしていた。みな機嫌が良く、大声で話していた。

「私は二人の友人と何杯か飲みました」とハザードは回想する。

「その後、二人は店を出て、私一人が残りました。その週は妻が実家のある西海岸に出かけていたので、すぐに家に帰る気にもなれず、バーで飲み続けていました。大勢のなかで私は一人、考えごとをしながら立っていたのですが、不意に小柄な男がそばにやってきました。見たことのない男です。その後も二度と会っていません。その彼が私に向かって言ったんです。『いやー、本当に、何て素晴らしい相場でしょうねえ』。嬉しくてたまらない、という様子でした。バーのカウンターに登って踊り始めるんじゃないか、と思ったくらいです。私も幸せな気分になっていいはずでした。六〇年代には、申し訳ないくらい稼いで、六八年はそのなかでも最高の年でしたから。でも私は、その男につられて浮かれている気分ではなかった。妙な話ですが、その男が早口で明るく話すのを聞いて、私は陽気になるどころか、むしろ恐怖を感じたんです」

恐怖がどこから来ていたのか、そのときはわからなかったし、今でも正確にはわからないという。ただ、男の表情、声、しぐさに、どこか常軌を逸したところがあったからではないか、とは考えている。

「いずれにしても、その男を見たことで、ずっと私の中で引っかかっていた気持ちが、さらに強くなりました。そして、店内で自分の周囲を見渡し、ほかの人たちの様子を見ても、話していることを聞いても、やはり同じ恐怖を感じました。そのときの気持ちは、昔、子供と積み木遊びをしていたとき感じたものに似ているかもしれません」

「交代で積み木を積んで、どんどん塔を高くする遊びです。塔は高くなるにつれて不安定になります。自分が積み木を積んだときに、塔が倒れたら負けです。私が店で感じたのは、そのときと同じ気持ちです。自分たちは高い塔を築いている。塔が高くなるほど楽しくなり、皆が幸せになる――でも、それは同時に、その分恐ろしくなるということでもあるんです。塔はいずれすぐに倒れるからです。六八年に私が感じた予感は、まさにこれだと思います。この先に恐ろしいことが待っているぞ、という。そういう不安感が、なんとなく周囲に漂っていたんじゃないでしょうか」

一九六八年末の時点で、そんなことを合理的な手段によって予測していた人は、ほとんどいなかった。それでもハザードは、自分の持っていた株のほとんどすべてを売却した。相場が下落し始めたのは、その直後のことだった。

一九七〇年の半ばには、ハザードが持っていた株の価値は、売却時の半分以下にまで下がっていた。

◇無意識下の情報や記憶の有効性

直感はこのように、極めて正確に当たることもある。では、そんな直感はどのように生まれるのだろうか。「それこそ超能力だろう」と言う人もいるだろう。しかし、直感に関しては、超能力などの超常現象を持ち出さなくても十分に説明ができる。心理学者をはじめ、関連各分野の研究者には、そう考える人が多い。彼らの説明を要約すると、だいたい次のようになる。

第一に重要なのは、直感はあくまで自分が周囲の世界から取り入れた情報から生まれる、ということ。つまり、観察によって知り得た客観的な事実が基になっているのだ。

情報は記憶として蓄えられ、頭の中で論理的に分析される。直感はその結果、生まれるものである。情報が十分に多く蓄積され、それが適切に分析されたとき、直感が当たる可能性は高まる。ただ、この直感の基になる情報は、本人も気づかないうちに蓄積され、分析されていることが多い。無意識のうちに情報を取り入れ、無意識のうちに分析しているわけだ。

何かを直感したとき、「知っているような、そうでないような」妙な気分を経験するのは、おそらくそういう理由からだろう。知っている、わかっているのだけれど、どうして知ったのか、わかったのか、それは自分にもわからない。

このテーマに関しては、ニューヨーク在住の心理学者、ユージーン・ジェンドリン博士が一番詳しいだろう。ロシア系で、髪が黒く、痩せた人だ。博士は主として、「本人に完全には意識されない知覚」をテーマに研究を続けてきた。その研究の結果、従来とは違うまったく新しい心理療法も考案している。

この心理療法は、おおざっぱに言えば「患者の直感力を鍛える療法」ということになるだろう。患者は、この療法で直感力を鍛えることにより、自分の抱える問題に対処し、前に進むことができるようになるのだ。

治療を受ける患者は、頭の中に未整理のまま大量に蓄えられた情報の山の中に分け入っていく。博士の考えたテクニックを使えば、意図的にそうすることができるという。そして、直感はまさにこの情報の山から生まれるのである。

博士によれば、このテクニックは誰でも身につけることができ、皆がこのテクニックを身につければ、よほど深刻な状態の人でない限り、プロのセラピストは一切必要なくなるという。自分の中にどんな情報が取り入れられているかを確かめられるようになれば、自分自身が自分のセラピストになれるということだ。

たとえ精神状態が悪化したとしても、プロのお世話になるほど進行しないとしたら、確かに素晴らしいことである。それも一種の幸せであるだろう。普段は憂いなく、心穏やかに過ごすことができ、ときどき気分の明るくなるような嬉しいことがある――突き詰めれば、それが幸せというものだからだ。

その意味で生まれつき「幸せな人」もいるが、そういう人は、自分の中の「情報の山」に分け入る方法を、誰にも教わらずに知っているのではないか、と博士は考えた。何も、直感力を鍛えて株式相場の動きを事前に察知できるようになれ、というわけではない。今、直面している問題にどう対処すればいいか、二つの道が選べるときにどちらを選べばいいか、そういう判断に直感が役立てばいいのである。そうして常に的確な判断ができれば、心は平穏になるだろう。

さらに、博士のテクニックは、心を平穏にするだけでなく、運を良くすることにも役立つ。直感で先のことをおおまかにでも察知できれば、そして、その直感を意識的にはたらかせる方法を知っていれば、運を良くし、人生を変えることができるに違いない。

ジェンドリン博士は、自らの提唱するテクニックについて次のように説明している。

人は日々の生活の中で、頭の中にさまざまな情報を取り入れる。意識的に取り入れるものもあるが、無意識のうちに取り入れる情報のほうが圧倒的に多い。そのことは、自分の一番近くにいる人を頭に思い浮かべてみればわかる。その人に関しての情報は、これまで膨大に蓄積されているはずだ。それを頭の中からすべて取り出して列挙していったら、何年もの時間がかかるかもしれない。

外見についての情報もあれば、声やしぐさ、癖、物事に対する態度や考え方、感情の動き、仕事への取り組み方などについての情報もあるだろう。好きな遊び、食べ物、服装、自分も含めた他人との関係についての情報もあるに違いない。なかには、「自分の態度によってその人の態度がどう変わるか」といった情報も大量に蓄えられている。自分が嬉しそうにしているとき、怒っているとき、退屈しているとき、心配しているとき、何かを怖がっているとき、それぞれにどういう反応をするかが、だいたいわかるということだ。こうした情報のリストには終わりがない。なぜなら、日々二人が接触するたびに新たな情報が追加されるからだ。

驚くべきは、それだけ膨大な量にもかかわらず、すべてが自分の頭のどこかに蓄えられていて、いつでも簡単に取り出せることだ。今も本を閉じてその人のこと（「ジョー」でも「メアリー」でもいい）を考えれば、即座に姿が浮かんでくるだろう。その人の全体像がいっせいに思い浮かぶ。蓄積されたデータがすべて組み合わさって、全体像が形成される。それが、あなたにとってのジョーやメアリーである。

全体像をつくる情報はもちろん、自分の頭の中に蓄えられていたものだ。ただし、情報は一つひとつ論理的に処理されるわけではない。道を歩いていて、近くに友人がいれば、瞬時にその人であることは認識できる。そして、そう認識した途端、その友人に対していつも抱いている感情がすぐに湧いてくる。どういう感情になるかは、友人との過去・現在の関係によって決まる。

だが、「知性」によって情報を一つひとつ論理的に処理したとしたら、これほど瞬時に相手を認識することはできないだろう。相手に対する感情が即座に湧いてくることもあり得ない。あまりに情報が多すぎて、処理が間に合わないのだ。このとき、知性や理性による判断は一切行われていないと見ていいだろう。

こう考えていくと、「なぜ知っているのか言葉では説明できないが、確かに何かを知っている」ということは十分あり得る、とわかるだろう。何かを直感しているのだけれど、それがどんな情報を根拠としたものなのか説明できないケースのほうが、むしろ多いかもしれない。

街で友人を見つけたとき、「何を手がかりに、その人を友人だと認識しましたか？」と尋ねられたら、あなたはどう答えるだろう。鼻の形だろうか。それとも歩き方だろうか、頬のほくろかもしれない。服によったシワということもあるだろう。きっと、手がかりは数え切れないほどあって、それを一度に感じ取ったのだ。そうとしか答えようがないだろう。

すべての手がかりが集まって、その人の全体の印象が形づくられる。私たちはそれを感じ取って、人を認識しているのだ。具体的にどんな手がかりがあったのかを一つひとつ答えろと言われても、それは不可能である。「手がかりが何なのかはっきり答えられないなんて、それが友人だという認識は間違っているんじゃないの？」――誰もそんなふうには言わない。なぜか。皆、自分の認識を間違いなく正しいと感じ、まったく疑っていないからだ。なぜ正しいのかはわからないけれど、それでも、正しいことは知っている。

もう一つ例を挙げよう。友人が電話をかけてきたとする。親しい友人なら、名乗る必要はないだろう。二言三言聞いただけで、誰の声かわかる。なぜだろうか。どうやってそれを友人の声だと認識したのか、言葉で説明しようと試みても、それは不可能だと気づくだろう。

以前、ある電話会社が「人間は他人の声をどのようにして認識しているのか」を解明しようと調査したが、結局は徒労に終わった。わかったのは、その認識がどんな情報を根拠にしているのか、本人にもわからないということだけだ。それでも、「これは友人の声だ」という認識を、私たちは疑ったりしない。それが誰の声なのかは、聞けばわかるのだ。

こういう認識も、本質的には「直感」と同じものだろう。確かに知っているのだが、なぜ知っているのかはわからない。

直感の場合も、基になっているのは、意識のレベルには上らない情報、記憶である。その情報は、言葉で表現することもできず、一つひとつ列挙していくこともできない。「こんな情報があるよ」と他人に（自分にも）言葉で説明するわけにはいかないのだ。根拠を説明して、直感の正しさを証明したいと思っても不可能なのである。

だが、もしその直感が当たるのであれば、やはり根拠となる情報はちゃんと存在するはずである。その情報は、私たちのどこかに保管されている。確かに、情報の存在を自分で認識することはできず、それが正しいという検証もできない。もどかしいが、だからといって、直感の力、有効性を否定することはない。エンジンがどうやってつくられているのかを知らないからといって、車を運転できないわけではない。それと同じだ。

このように、直感は客観的な情報に基づくものである。ただ、その情報の存在をはっきり認識できないだけだ。それがわかると、直感をあまり「神秘的」だとは感じなくなる。

たとえば、コンラッド・ヒルトンのホテル入札の話もそうだ。彼の頭の中には、自分でも存在を知らない膨大な情報があった。その情報を基に「この金額では勝てない」という結論を導き出したのだろう。

ヒルトンは、長年ホテルビジネス一筋に生きてきた。テキサスにいた若い頃に初めてホテルを買収して以来、ホテルビジネスに関連する知識を蓄積してきた。その大量の情報が一瞬のうちに頭の中で組み合わされ、処理されたのだろう。さらに、シカゴのホテルの一件では、彼は売り手や競合相手に関しても豊富な情報を持っていた。一つひとつは言葉で説明できないとしても、相当な量の情報があったことは間違いない。

ヒルトンはもちろん、意識的に情報の収集に努め、それに基づいて入札をした。だが、それと同時に、彼の無意識は暗い巨大な情報倉庫の中を必死で探っていたのだ。「入札額が低すぎる」という結論は、そこから導き出されたものだ。その結論が、つまり「直感」だったわけだ。彼はその直感を信じ、実際に直感の通りになった。

ドロレスの例も同じだ。彼女の直感も同じように生まれた。

ドロレスの無意識は、交際相手のテッドについて詳細な情報を大量に集めていた。そのどれも、意識の上では「些細なこと」と思われるものばかりだ。テッドがふとしたときに口にした言葉、ちょっとした癖、彼女が何かを尋ねたり、提案したりしたときの微妙な目の動き、そういうものがすべて情報として記憶されていたのだろう。意識の上では重要ではなかったが、忘れ去られていたわけではなく、情報は意識の奥深くに残っていたのだ。意識の奥に蓄えられた情報は、無意識のうちに処理され、検証され、多数が組み合わされた。その結果、「何かがおかしい、どこかに嘘がある」という直感が生まれたのだ。

C・C・ハザードにも同じことが言える。彼は優秀なセールスマンだけに、日々、多くの人と会話をしていた。他人の話を聞く機会が多く、大勢の人を観察することができた。一日に何十人、一年では何千、何万という人と接していたのだ。

一人ひとりについての印象は、彼の意識には残っていなかっただろうが、取り入れた細かい情報は意識の下に保持されていた。それらが次々に組み合わされ、処理されたものが、彼の相場全体に対する印象となったのだ。膨大な情報は一九六八年、ついに一つの不思議な直感を生む。「……どこか空気が不穏だ……。きっともうすぐひどいことが起きるぞ……」という直感だ。

◇情報処理における性差の思い込み

このような無意識での「情報処理」は、主に女性のものと考えられていた。ドロレスも言っていた通り、昔から「女の勘」と呼ばれるものがこれにあたる。しかし何年か前、雑誌『ヴォーグ』が、精神科医などを集めて、この不思議な能力をテーマにしたシンポジウムを開いたところ、「直感力に関しては、男女に生まれつきの差はない」という共通見解が得られた。

では、つい最近まで「女性のほうが直感力が強い」と考えられていたのはなぜだろう。その原因は社会環境にあるらしい。男性は長らく、論理的、合理的な判断に優れているとされ、自らもそれを誇りにしていた。そして必然的に、それと対立するものは「女性的」とみなし、抑え込むようになった。感情など、言葉で説明しにくい曖昧なものは論理や理性に比べて劣ったもの、女性的なものとされ、優れた存在のはずの男性にはふさわしくないとされたのだ。

一方、女性は長らく、論理的な思考力を発揮する機会自体、ほとんど与えられなかった（また、女性が論理的な判断をしようとしてもバカにされ、相手にされないことが多かった）。そのため、代わりに別の面では自分たちのほうが優れていると信じたがった。「女の勘」は、そういう背景から生まれたものだったのだ。それで、よくこういう会話が交わされることになった。

女「ジョーとジェーン、何かあったみたいね」

男「どうしてわかる？」

女「どうしてって、ただわかるのよ」
男「そんなのバカげてるよ。証拠も何もないじゃないか」

男性も女性も、本当は差がないのに、どちらも自分をだまし、「男だから論理に優れている」、「女だから直感に優れている」などと思い込んできたわけだ。

男性が「客観的な証拠」を求めるのは、それが男として正しい態度だと思っているからだ。また女性は、それが女らしい態度だと信じて、自分の直感を人に披露したがる。披露するときは、できるだけ神秘的な印象を持たせようとする。それによって、「直感は男より鋭い」ということを強調するのだ。このように「直感は女のもの」と思い込むことが、男女双方にとって都合の良い時期が続いた。男女を区別する意識は今もまだ残っているが、今後は急速になくなっていくだろう。

女性が直感を女らしい能力と思い、その能力を発揮する自分を快く思う一方、男性は直感を男らしいとは思わず、直感に頼ることを良しとしなかった。その態度によって、男女の違いは強調されてきた。

だが、そういう伝統はあえて無視し、生きていくうえでの強い武器として直感を利用する男性も、ときにはいた。非常に知性的な男性が、論理に加えて直感も自在に活用し、目覚ましい成功を収めた例がいくつもある。コンラッド・ヒルトンもそうした男性の一人だし、ゼネラル・モーターズの歴代社長のなかで最も偉大とされるアルフレッド・P・スローンもそうだ。

スローンはあるとき、意思決定のための情報収集や情報活用について質問を受けた。新工場をどこに建てるべきか、車を何台製造すべきか、広告にいくらかけるべきか、といった判断を下すのには、とてつもない量の情報を集め、それを整理・分析する必要があるはずだが、それを実際にどうしているのか？　スローンはその質問に率直に答えた。

「情報はあまりに多すぎるので、整理はできていないし、しようとも思わない。できるとも思っていない。経営上の判断を下そうと思ったら、最後は直感に頼るしかないんだよ」


スローンの言葉は、経営における判断だけではなく、私たちが日常生活で下す判断にも当てはまる。好むと好まざるとにかかわらず、私たちは生きている限り、大小さまざまな判断をたえず下さなくてはならない。この会社に入るべきか？　こんなことをしたら彼は怒るだろうか？　「この家は雨漏りしない」と不動産屋は言ったけれど、信用してよいか？　など、挙げだしたら切りがない。

判断を下すときに根拠となる客観的情報が十分に得られればよいが、たいていの場合、情報は不足している。名探偵シャーロック・ホームズならば、自分の出した結論について、完璧に論理的な説明ができるだろう。しかし、私たち凡人にそれは不可能だ。自分でもなぜそうしたのか説明のできない決断を下すことが、どうしても多くなる。「なんとなくそうするのがいいと思ったから家を買った」というふうに。

運が良いといわれる人たちの多くは、大小を問わず人生の岐路に立たされた際に、正しい直感を得られる人である。自分の直感に従うことで、彼らは、雨漏りのする家を買わずに済み、タチの悪い中古車ブローカーから故障車をつかまされることもない。相場が下がり始める直前に株を買ってしまうこともないし、空港の発券カウンターで一番待たされる列に並んでしまうこともない。

その調子で、家庭においても、社会においても、男女関係においても、お金の面でも、彼らの人生は常に順調で、気分はいつも穏やかでいられるのだ。

幸運でありたいと望むのなら、直感力はぜひとも身につけておくべき能力だろう。では、どうすれば身につけることができるのか。

そのためには「三つのルール」を守る必要がある。ここからは、それらを紹介していく。

第一のルール　直感に十分な情報の裏づけがあるかを確かめる

直感は、前触れなく不意に訪れるものである。突然、わけもわからず「きっとこうに違いない」と強く感じる。その直感が果たして正しいのか否か、どうすれば判断できるのだろう。そのヒントはC・C・ハザードの言葉の中にある。彼はこう言っている。

「不意に直感が湧いたとき、私は自分にこう問いかけます。『それは本当に確かか？　ちゃんと根拠はあるか？』と。もちろん、仮に根拠があったとしても、それが具体的にどんなものなのかわかることはまずありません。いくら考えてもわかる見込みはないでしょう。しかし、根拠があるかどうか、またその根拠がどのくらい確かかは、自分に問いかければわかるんです。『もし直感が正しいなら、無意識のうちに根拠となる情報が大量に得られていることになる。自分はそれだけの情報を得られる立場にいると思うか？　たとえそれがどんな情報かわからなくても、情報を持っていることだけは確かだと思えるか？』。問いの答えがすべてイエスで、しかも直感が強力なものなら、私はそれに従います」

宝くじやスロットマシンで何かを直感し、本当にその通りになったという人もいるが、ハザードから見れば、その種の直感は信用に値しない。実際に直感通りのことが起きたとしても、それは信用できる証拠にはならない。なぜなら、そういう直感の「根拠となる情報」などあるはずもないからだ。宝くじの当せん番号も、スロットマシンの歯車のかみ合わせも、すべて偶然に決まるのだから、それを予測するための情報など蓄えようがない。仮に何か直感したとしても、それは当てにならないとみなして無視したほうが賢明だろう。

C・C・ハザードの生きたウォール街にも、そういう例はある。

・伝説の大投機家ジェシー・リバモア

ジェシー・リバモアという人物のエピソードはその一つだ。リバモアは、二〇世紀の初めにウォール街で名を馳せた投機家で、不気味なほどよく当たる直感で知られていた。おそらく自分でも説明のできない直感なので、説明しようと考えたこともないだろう。

なかでも最も評判になったのが、一九〇六年の春の日の出来事だ。なぜなのか理由はわからなかったが、彼は突然、ユニオン・パシフィック鉄道の株がこれから下落するに違いない、と直感したのだ。その直感に従い、彼は証券会社に行き、ユニオン・パシフィック株を何千株も空売りした。

空売りとは、所有していない株を売ること。株価が下がると予測したときに行われる取引で、実際に予測通り株価が下がった場合、売った値段より安く買い戻せばその差が利益となり、逆に、予測に反して株価が上がった場合は大きな損失が出る、リスクの高い取引のことである。

当時の新聞記事によれば、リバモアはその日、自分自身の行動に困惑していたようだ。無理もない。上げ相場が続いているときで、ユニオン・パシフィックは、なかでも一番買われている株だったからだ。空売りする妥当な理由など、どこにも見当たらなかった。しかし翌日、まだ少し困惑した様子のリバモアは再び取引所に向かい、さらに何千株も空売りする。

サンフランシスコを大地震が襲うのは、翌四月一八日のことだ。この地震でユニオン・パシフィックは、鉄道設備に大きな被害を受け、収益力の大幅な低下を余儀なくされた。株価は当然、急降下し、おかげでジェシー・リバモアはおよそ三〇万ドルもの利益を上げた。

この件に関しては、あとからなら何とでも言える。「現に当たったのだから、正しい直感だったのだ」と言うことは可能だ。しかし、いくら直感が当たったと言っても、このときの空売りが賢明な行動だったとはやはり言えない。大地震の発生を予測できる確かな情報を集めることは、彼には決してできなかったはずだからだ。このときの直感には、裏づけとなる情報は何も存在しなかった。破産する危険を冒してまで、そんな直感に賭けるのはあまりにバカげている。

実を言えば、リバモアは、その波瀾万丈の人生のなかで何度か破産をしている。直感が外れるときもあったということだ。それも晩年に近づくにつれ、外れることが増えた。一九三〇年代には特に大損をしている。

そして一九四〇年のクリスマス直前、運に見放されたことを悲観したのか、ニューヨークのホテルで酒を何杯かあおったあと、トイレに行くと、そこでピストル自殺をした。

結論を言えば、彼の直感は総じて信用できないものだったと言える――当たるときもあったが、それはたまたま当たっただけで、常に信用してよいものではなかった。

なぜそう言えるのかは、ここまで読んできた読者にはわかるだろう。直感には二種類あるのだ。一つは、確かな根拠があると推定してよいもの。いわば「合理的な直感」である。そして、もう一つは、客観的な根拠があるとは思えない、超能力や霊能力などの類と変わらない直感。これは「合理的でない直感」ということになるだろう。

ジェシー・リバモアの直感は後者であった。後者の直感を信じる人は、リバモアがユニオン・パシフィック株の下落を見事に当てたことが何よりの証拠だと言いたがるだろう。実際に当たったのだから、その背後に何かがあるはず、と主張するのだ。客観的な情報の裏づけはないが、それとは違った根拠があるに違いないと。

本書の目的ではないので、超能力に類する直感力が本当に存在するのか否かについて、ここで検討するつもりはない。信じる人にとっては役立つ能力だろうし、信じない人にとってはそうではない。だが、「合理的な直感力」ならば、誰でも役立てることができるのだ。超能力についてはあとでも少し触れるので、しばらくは合理的な直感力に絞って話を続けることにしよう。

次は、直感の根拠となった情報の信頼度を、どう判断すればいいかという話だ。

「直感の信頼度は、その直感に関わる過去の経験の量によって変わります」と語るのは、ニューヨークの精神科医、ナタリー・シャイネス博士である。博士は、運が良い人、悪い人の違いを長年研究してきた。

「信用できるのは、その直感に関わる経験が十分にある場合だけでしょう。たとえば私の場合、患者さんを治療していて何か直感を得る、ということがよくあります。どんな処置が効果的で、どんな処置が効果的でないかが、なんとなくわかったりするのです。私はこういう直感は信じます。この世界では長い経験を積んでいますから。無意識のレベルで、確かな根拠となる情報を多く蓄えているはずだからです。しかし、自分のよく知らない分野についての直感――「大豆の先物取引で大儲けできそう」というような直感――は信用しません。根拠となる情報を自分が持っているわけがないからです。こういう直感は当たるはずがありません」

直感が得られたときは必ず、その根拠となる情報の蓄積が自分にあるかを問うてみる。自分が十分な情報を吸収し、蓄積できる立場にいたかを問うのだ。それが直感に関して守るべき第一のルールである。第一のルールに関しては、補足ルールが二つあるので、それも覚えておいてほしい。

■補足ルール①　知り合ったばかりの人に関する直感はどれも信用しない

「運が良くない」といわれる人をよく観察すると、第一印象を頼りに重大なことを決めてしまう傾向があるとわかる。反対に「運が良い」といわれる人は、第一印象だけでは決めずに、もう一度よく見ることが多い。

人間は、三〇分前に出会ったばかりの人に対しても、何かしらの印象を持つものだ。誠実そう、親切そう、頭が良さそうなど、人間性についてある程度、直感的に判断をしてしまう。しかし、その判断はまず信用できないので無視すべきである。それだけの時間では、正しい判断ができるだけの情報は得られないからだ。一目惚れは確かに楽しいが、非常に危険である。二度、三度、会えば会うほど的確な判断ができるだろう。第一印象がまるで間違っていたことを、取り返しのつかない状況になってから知るのは辛いことだ。

知り合って間もない人や物に対して、自分の気持ちやお金を多く振り向けるようなことは、決してしてはならない。たとえば、車を新しく買おうという場合。魅力的な車は、いくつものメーカーから何種類も出ている。もちろん車の品質は大事だが、気になるのが「サービス」である。新車を買って、直後に調子が悪くなることもないとは言えない。そのときの対応が良くないと困るだろう。あるディーラーに行ってみると、何でも率直に話をしてくれ、誠実だと感じた。きっと客の要望に応えるべく、親身に対応してくれるだろうと思った。

この直感は信じてよいだろうか。

もちろん信じてはいけない。優れたセールスマンは優れた役者でもある。第一印象を良くするコツくらいは心得ているはずである。

まずは、自分の直感がいったいどんな情報を根拠としているのか、それを確かめてみよう。おそらく、セールスマンと一度話したくらいでは、本来、根拠になりようがない無価値な情報しか得られていないはずである。セールスマンの顔さえ、曖昧にしか覚えていないのではないだろうか。せいぜい知り合いの誰かに似ていた、というくらいの記憶しかないだろう。その知り合いが自分の好きな人だと、印象が良くなってしまうことがある。

こういうときは、すぐに判断を下さず、少なくとも一日か二日は保留すべきだ。その後、最低でもあと一回、セールスマンに会うようにする。向こうがこちらの来訪を予期していないときに、不意に行ってみるのが有効である。そのときの店の雰囲気を見たり、セールスマンのほかの客への対応を見たりするとよい。それだけで十分な情報が集まるわけではないが、正しく判断できる可能性が大きく高まるのは間違いない。二度、三度会ううちに、最初の直感とは違う印象を受け、不安になることもある。そういうときは、別の店での購入を検討すべきだろう。

■補足ルール② 「怠けたい」という理由で直感に頼らない

何か決断を下さなくてはならないときは、自分の置かれている状況に関して、可能な限り多くの情報を得るべきである。情報を得るためには、積極的な行動が必要だ。ただ情報が得られるのを待っているのではなく、自分から探して歩くのである。そして、いきなり直感に頼るのではなく、はじめはあくまで、意識的に得た情報を基に、論理的、合理的に判断しようと試みるべきだ。それで判断できないときに、はじめて直感に頼る。

逆に言えば、それ以外の場合、直感に頼るべきではないだろう。

「経営上の判断を下そうと思ったら、最後は直感に頼るしかないんだよ」というアルフレッド・P・スローンの言葉についてはすでに触れた。この言葉の「最後は」という部分が重要なのだ。目的は、あくまでも良い結果を得ることであり、直感に頼るかどうかは二の次である。良い結果を得るために、まず最大限の努力をするのは当然だろう。もし、直感に頼る理由が、「努力をせずに済ませたい」ということなら、つまり単に「怠けたい」ということであれば、結果はおそらく悲惨なことになる。努力を怠る人の直感は、情報の裏づけを欠いている。それは正確に言えば「直感」ですらない。ただの空想、「白昼夢」のようなものである。

カリフォルニア大学の教授で精神科医のウィリアム・ボイド博士も、その点を強調している。以前、大学で「ギャンブル・リスク・投機」と題した講座を担当していた教授は、直感というものにかねてから強い関心を寄せていた。主として研究対象にしていたのは、「ギャンブル狂い」の人たちである。彼らは総じて、直感という能力をうまく使うことができていない。それで、ほとんどいつもギャンブルに負けてしまう。

●ギャンブルと自滅願望

どうしてもギャンブルがやめられず、しかも負け続け、周囲にさんざん迷惑をかけている、そういう人たちに関しては、昔からいろいろな説がある。そのなかで最も支持されているのが、「彼らには、自分を罰したい、自滅したいという潜在的な願望があるのだ」という説である。食事や酒の席で、この説が披露されるのを耳にした人も多いだろう。自滅願望があるために、わざわざ負けて損をするような行動をとってしまう、というのだ。

そんな願望を持った人が絶対にいないとは言わない。だが、この説は裏づけとなる証拠に乏しいと思う。私は膨大な数の人に会い、運にまつわる話を聞いてきたが、自ら負けたいと願う人には一度も会ったことがない。

ボイド博士は、もっと納得のいく説明をしてくれる。博士はこう言う。

「ギャンブル狂いの人たちは皆、ごく普通の人たちですよ。ただ、努力がとても嫌いなだけです。懸命に働いたのだけれど、まるで報われなかった、という過去を持つ人も多いです。そういう人は、他人に『食いものにされた』という意識が強く、同じ気分を味わうのは二度とごめんだと思っています。それで努力をしようとしないのです。元手をかけずに得をしたいといつも考えています。直感に頼りたがるのはそのためです。しかし直感といっても、実のところ『なんとなくそういう気がする』というにすぎず、ほとんど当たることはありません」

ボイド博士の患者のなかには、「ブラックジャック」の必勝法といわれる「ソープシステム」の習得を試みた人もいた。これは「カードカウンティング」と呼ばれる戦術の一つで、カリフォルニア大学教授で数学者のエドワード・O・ソープが考案したものだ。カードカウンティングは極めて有効性が高く、あまりに有効なために、カジノでは非常に嫌われている。カウンティングをしていることが発覚すると、普通は即座にその場を追い出されるのだ。

ただし、ソープシステムを習得するには相当な努力が必要である。身につけるまでには時間もかかる。「その患者さんも結局、途中であきらめてしまいました」とボイド博士は言う。

「こんなに努力がいるのでは自分には無理だと、あっさり認めてましたね。それですぐ元に戻ってしまいました。『直感』に頼り、その結果負けてしまう、という状態に」

何かで直感に頼りたいという気持ちになったときは、自分に問うてみるといい。単に真面目に努力をするのが嫌なだけではないのか。調べたり、他人の意見を聞いたりといった手間をかけるのが嫌なだけではないのか、と。

こういう、努力したくないがための「直感」に頼って、涙を流すことになった人は多い。ウォール街にもそんな人が無数にいた。ときにはジェシー・リバモアのような幸運に恵まれることもないとは言えない（いや、彼には予知能力があったんだと言い張る人もいるだろうが……）。しかし、彼のように根拠のない直感を当てにするのは、あまりにバカげている。

大損をする投機家は、多くがこの種の直感に頼る人たちだ。彼らは「なんとなくこれから相場が上がる気がする」というだけで、十分な情報も集めることなく、株を買ってしまうのだ。当然必要なはずの手間を惜しむ。大損をするのも当然だ。すでに書いた通り、情報の裏づけがない直感は合理的な直感ではない。

逆に、合理的な直感によって成功を収める人もいる。

クリス・ウェルズは、自分の著書『The Last Days of the Club（クラブでの最後の日々）』でそんな人の例を紹介している。ウェルズは金融関係の記事を専門に書く新聞記者で、彼が本の中で例にあげているのがフレッド・メイツという人物である。メイツは株式相場に活気があった一九六〇年代に素晴らしい成功を収めたファンドマネジャーだ。元同僚は彼のことをこう話す。

「フレッドは、長い時間をかけて企業の動向を観察します。また、専門誌や業界紙をはじめいろいろな資料にあたって、大量に情報を集めます。しかし、ある程度情報が集まると、突然『この会社は買いだな。良さそうな感じがする』などと言い始めるのです。そう感じる理由を聞けば、もちろん教えてくれます。しかし、彼が説明できるのは九〇パーセントくらいまでで、完全な説明はできないのです。最後の一〇パーセントは非常に主観的な判断なので、誰もが納得できるわけではありません。芸術家的と言ってもいいかもしれません」

この「残り一〇パーセント」が、ここでいう「直感」である。メイツは、自分の直感がどうやって生まれたかを自分で説明できなかった。その点ではほかの人と何も変わらない。ただ彼の場合は、その前の地道な努力があったからこそ、自分の直感を信じることができたのだ。努力をしていなければ、とても直感を信じることなどできなかっただろう。

しかし、一九六九年に相場が大きく下がったときには、ほかの多くのファンドと同様、メイツのファンドも幸運に見放されてしまった。彼はその後、ウォール街を離れてワンショットバーを開いた。その理由を、「きっとみんな、相場のことは忘れて飲みたいだろうと思ったから」と説明している。

素晴らしい直感力を持っていたはずのメイツがなぜ失敗してしまったのか、それはよくわからない。ただ、彼が次に紹介する「第二のルール」を破ったのではないか、ということは言える。

第二のルール　願望と直感を混同してはならない

直感したことが、自分が強く望んでいる通りのことだった場合、その直感は疑ってかかったほうがいい。先にも触れたナタリー・シャイネス博士はこう指摘する。

「誤った直感は、その多くが『偽装をした願望』なのです。何かをあまりに強く望んでいると、その通りのことを直感した、と勘違いすることがあるのです」

前にも書いた通り、博士は、たとえ自分が「大豆の先物取引で大儲けできそう」などと直感しても信用しないと言っている。「願望と直感は混同されやすい」ということも、その理由の一つなのだろう。強い願望は、私たちの心の中でその姿を変え、直感と見分けがつかなくなってしまうことがあるのだ。ボイド博士も、直感と願望を混同することが、投機家やギャンブラーが失敗する主な原因の一つだと言っている。

「大儲けをしたいという気持ちが非常に強いと、『本当に大儲けできるような気がする、できるはず』と自分に言い聞かせるようになり、ついには絶対にそうなると信じ込むようになるのです。そういう人は『来週の競馬、大儲けできそうな気がします。直感ですね』などと言います。なぜそう思うのか、と尋ねれば、こんな答えが返ってくるでしょう。『もう長いこと負けっぱなしだから、そろそろツキが変わるはずなんです。その時がもうすぐ来るって感じるんですよ』。この人と言い争っても意味はありません。この直感は単なる願望です。彼は競馬場に行き、大穴に賭け、すべてを失うことになるでしょう」

どんな直感であれ、もちろん、完全に正しいという保証はない。どんなに信用できそうな直感でも、それがどんな根拠に基づいているのか、具体的にはわからないからだ。意識の下で、どんな情報がどんなふうに結びついて直感が生まれたのか、それはわからない。しかし、直感がだいたいどの程度信用できるのか、検証することくらいはできる。直感の強さを確かめ、外から触れてその輪郭、形を確かめることは可能なのである。

ある大手ファストフードチェーンの幹部が、直感を検証する具体的な方法を、私に教えてくれたことがある。彼は、自分の直感をあえて否定するところから始めるのだという。

「たとえば、ある人にフランチャイズをまかせるべきだ、という直感が湧いたとします。そんなとき、私はまず、自分の直感に異議を唱えます。『お前は、この人が病気の子供を抱えて気の毒だから、フランチャイズをまかせたいと思っているだけじゃないのか。この人は弱い人だ。状況が良いときならうまくやれるかもしれないが、手強い競合が近くに出店したらどうするだろう？　ただ、なすすべもなく、自分を憐れむだけじゃないだろうか。そのうえ、仕事ぶりが雑でもある。店をまかせても、良い商売はできないんじゃないだろうか。甘い態度で取り組んでいたら、お客は逃げるだろう。一〇代の少年少女がたむろするだけの、質の良くない店になってしまうのではないか』――こんなふうに、うまくいかない理由を一つひとつあげていくのです。実際にうまくいっていない様子を、具体的に頭に思い描きます。掃除が行き届かなくて油で光っているテーブル、店員がお客に無礼な態度を取っている姿などを想像するのです。そして、自分に問います。『本当にこうなるんじゃないか』と。その後、数日間待ってから、直感が問いにどう答えるかを確かめます。直感は『いや、たぶんそうならない』と答えることもありますし、『おそらくそうなるだろう』と答えることもあります。つまり、最初の直感と変わってしまうことがあり得るのです。そういうときは、再度できる限りの調査をしますが、『この人はやめておこう』という結論になることが多いです」

このような検証は自分には必要ないし、有効でもない、と思う人がいるかもしれない。ただ、「自分が直感と願望を混同しているのではないか」と問うことは絶対に必要だろう。もし、少しでも混同している可能性があるのなら、直感をそのまま信じず、慎重な態度でいなくてはならない。

第三のルール 直感力は自らの意志で鍛える

すでに書いた通り、直感は事実に基づく情報から生まれるものだが、「直感」という以上、それはあくまでも「感覚」にすぎない。この点について、前述のユージーン・ジェンドリン博士は「自分自身の感覚であっても、それと正面から向き合う人は多くありません。そんな人はほとんどいないでしょう」と言っている。

直感力は鍛えることのできるものだが、実際に鍛える人は少ない。それは、おそらく自らの感覚や感情に向き合う人が多くないからだろう。正しい直感を得るには、自分の内なる声に耳を傾ける必要がある。感覚の一つひとつに敏感になり、自分が今、何をどう感じているのかをよく確かめなくてはならないのである。これは、三つのルールのなかでも特に重要であると考えられる。

■補足ルール① 自分の直感を殺さない

これは、ジェンドリン博士が日頃から患者に繰り返し言っていることである。患者のなかには、自らの抱える問題の原因がどこにあるのか、また問題にどう対処すべきか、なかなかわからない人が多い。博士はまず、患者に静かにリラックスして座るよう指示し、「今はできるだけ、ものを考えないようにしてください」と言う。

「分析的な思考、論理的、合理的に何かを判断するような思考は、一切やめてもらうのです。『Xが真ならばYも真』というような思考はしないということです。それで、『今、自分の置かれた状況をどう感じているのか』と自分自身に問いかけてもらいます。いろいろな感覚や感情が湧いてくるでしょうが、ただ湧いてくるにまかせるよう言います」

博士によれば、そうやって「どう感じているか」と問いかければ、必ず、自分が想像以上に多くのことを感じているとわかるという。そうした感覚、感情は、いわば「状況全体」についてのデータだと言える。自分の身体と心が今の状況を全体としてどう捉え、把握しているかを反映したもの、と考えられるわけだ。感覚や感情を形づくっているのは、膨大な数の断片的な記憶や印象である。一つひとつを見分けることもできないほど曖昧で些細な記憶や印象が集まり、組み合わさって、感覚や感情が生まれるのだ。

問題に対処するとき、何か判断を下すとき、ただ合理的な判断だけに頼ろうとすると、無用に自分を縛ることになる。言葉で説明できない情報や、明確に意識できない記憶には一切頼らない、という姿勢だと、自分に大きな制約を課してしまう。それはまるで、せっかく石油を見つけようと地面を掘っているのに、一メートルくらいでやめてしまうようなものだ。大事なものはもっと深いところに埋まっているのに。

運が良いといわれる人たちは、そのことを生まれつき知っているようだ。誰かに教わらなくても、自ら進んで深く掘り進む。どう掘ればいいかもわかっている。幸いなことに、ジェンドリン博士によれば、誰でも訓練すれば同じことができるようになるという。

•自分自身を掘り下げる質問

博士は実際、患者に「深く掘る」方法を教えている。

まず、今、自分がどんな感覚、感情を持っているかを確かめる。次に、どういう出来事、どういう記憶がその感覚や感情の原因となっているかを、細かく調べていくのだ。その具体的な方法・手順を簡単にまとめると、次のようになる。

まず自分にこう問う。

「今の状況について、何を感じている？」

問いへの答えが返ってくる（答えが単なる「感覚」でしかなく、言葉ではない場合もある）。

「怖い、心配」

感覚や感情をより明確にするため、さらに問う。

「怖いってどういうふうに？」

すると、また答えが返ってくる。言葉にならない部分もまだ多い。

「自分の力ではどうにもならない感じ……。何かが壊れそうで、壊れないように必死で持ちこたえているのだけれど、もうすぐ壊れるような気がして心配……」

さらに詳しく問う。

「一番心配なことは何？」

答えがやや具体的になる。

「ジョージに関係することだと思う。彼が、わからないように私の妨害をしているような気がする」

さらに問う。「妨害とは？　どういうことをするの？」

こんな具合に続けていく。決して論理的な説明や証明をしようとしてはいけない。生まれつき直感の鋭い人は、人生の岐路に立ったとき、無意識のうちにこれと同じようなことをして、自分の進むべき道を決めている。また、子供の頃は誰でも、直感で何かを察知したり、物事を判断したりすることが多い。しかし、そのあとは、直感力を保ったまま成長する人もいれば、能力を殺してしまう人もいる。分析的、論理的な思考をするのが大人の分別だ、という観念が強すぎるために、直感を抑えつけ、はたらかなくしてしまうのだ。両親がそれを助長することも多い。

子「スーザンは私のことが嫌いなのよ」
親「どうしてわかるの」
子「どうしてって……ただわかるのよ」
親「スーザンが何をしたっていうの？　悪口を言ってるの？　叩いたり蹴ったりしたの？」
子「別に何もしてない。仲良くはしてくれる。でも、なんか……、わかんない」
親「じゃあ、いいじゃないの。バカな子ね！　何にも理由がないのにそんなこと言うなんて」

こんなふうに否定されているうち、持って生まれた直感力は失われていく。直感に頼ることを良くないこと、恥ずかしいことと思うようになり、直感を信じなくなるのだ。

■補足ルール② 常にその場の印象や雰囲気をつかむ努力をする

私たちは、外の世界から常に情報を取り入れている。そのなかには、客観的で明確な、いわゆる普通の意味での「情報」もあれば、もっと曖昧で不明確な情報もある。そういう情報は「印象」、「雰囲気」といった言葉で表現される。

直感には後者の情報が重要になる。大人になると、前者の、客観的な事実に基づく情報だけを尊重し、後者の情報は些細なこと、役に立たないこととして軽視するようになる人が多い。習慣的にそういう態度を取っていると、直感力は一切鍛えられない。

ある男性と女性が同じパーティーに出席した。友人がそのパーティーについて「どうだった？」と二人に尋ねた。

男性は答えた。「そうだね。ジョージとイブリンが来てた。それからエドとフェイもいたな……。そうそう、スペアリブのバーベキューを食べたよ」

女性は答えた。「昔の友達に一度にたくさん会えて、すごく楽しかった。でも、ちょっとピリピリした雰囲気もあったかな。みんなどこかで張り合ってるっていうか。ほら、誰が一番出世したとか、誰の子どもが一番できがいいとか……」

男性は、客観的な事実だけに絞って話をしている。女性のほうは、それだけではなく、印象や雰囲気についても話している。もし誰かが「あなたの話がどこまで正しいか証拠を見せてください」と言ったとすれば、男性はおそらく見せることが可能だろう。しかし、女性のほうは、自分の話の正しさを証明するものを何も見せられないに違いない。

だが、あとになって、「そのパーティーに出席していた誰かと一緒に何かをする」という話になったとしたらどうだろう。そして、その人の人柄を知る必要が生じたとしたら。その場合は、女性の持っていた印象や雰囲気などの情報が役立つ可能性が高い。

「印象や雰囲気を感じ取る能力は、訓練によって高まります」。ニューヨークの精神科医、アブラハム・ワインバーグ博士はそう言う。ワインバーグ博士の患者の多くは、ウォール街のブローカーや投機家である。

博士は、なぜ相場の動きを的確に読める人とそうでない人がいるのか、ということに強い関心を持ち、それについて長年研究してきた。その結果わかったのは、予想の的確な人は、客観的な事実に関する情報は当然集めているが、それに加えて「印象」、「雰囲気」といった情報も常につかんでいるということだ。

「印象や雰囲気をうまくつかめるようになるには、状況を問わず、いつも『つかもう』という気持ちを持っている必要があります」とワインバーグ博士は言う。

「目に見えている以上のことを、無理にでも把握しようと努めるのです。そのためにはたえず『ここはどんな雰囲気だ？　今、何を感じる？』と自分に問いかけるべきでしょう。こういう「五感」を超えたやり方を、超能力や神秘主義、オカルトの類と同一視してバカにする人も多いでしょう。しかし、その場に漂う雰囲気や印象というものは、間違いなく現実に存在するものです。それを察知し、それに応じた行動を取るためには、できる限り意識している必要があるのです」

ワインバーグ博士によると、このように印象や雰囲気を察知することで、ときにはまるで「テレパシー」が使えるかのように人の心を読めることがあるという。多くの研究者がそれを確かめているし、読者の身近にもそういう力を持った人がいるかもしれない。

ただし博士は、この能力を超能力だとは考えていない。通常の能力と考えても十分説明がつくという。自分が関わる他人の行動から、無意識のうちに多くの情報を得ていれば、何を考えているかを直感することは十分可能、ということである。

私も、この能力を超能力と考えないほうがいいと思う。どうしても超能力のせいにしたい人は、別にそう考えても差し支えないが……。いずれにせよ、感覚、印象、雰囲気といったものがこの世界に存在することは事実である。そして、努力してそれを察知し、その情報を利用したおかげで幸運をつかみ、お金持ちになった人が数多くいることも、また明らかな事実である。

第三章 運の良い人は勇気がある

"Audentes Fortuna Juvat"

「幸運は勇者に味方する（Audentes Fortuna Juvat）」。これは古代ローマの格言だ。

一見すると、まったく無意味な言葉のようにも思える。明日が戦いだというのに士気が上がらない兵士に、業を煮やしたローマの将軍が苦し紛れに言ったのでは？――そんなふうに考えられなくもない。あまりに楽天的すぎると思う人もいるだろう。根拠もなく、ただ勇ましいことを言っているだけだと。

運命の女神は、ときとして勇気ある人に微笑む。しかし、勇気ある人に徹底して辛くあたることもある。「冒険しなければ怪我もしない」と正反対のことを言う人もいるが、これも同様に真実をついているように思える。そういえば、軍隊には「どんなことでも、決して自ら志願してはならない」という格言があった。

しかし、一つ重要な事実がある。それは、「運が良い」といわれる人の多くが、「勇気ある人」だということだ。私はこれまで数多くの人に会ってきたが、一部に例外はあるとはいえ、だいたいにおいて「臆病な人ほど運が良くない」のである。

なぜだろう。まず言えるのは「運が良い人は勇気を持てる」、つまり、運の良さが勇気を生むということだ。今まで幸運が続いてきて、恵まれた境遇にいるなら、一度失敗したくらいで何もかも駄目になったりはしないだろう。しかし、一回の失敗で立ち直れなくなりそうな境遇の人に、一か八かの賭けはなかなかできない。

また、この逆のことも言える。「勇気が幸運を呼ぶ」ということだ。冒頭の「幸運は勇者に味方する」という格言も、これとほぼ同義だと言える。

では、その具体例を見ていこう。

◇二五年前の自分が今の自分を見たら……

一九七四年のこと、プリンストン大学の一九四九年度の卒業生たちは、卒業二五周年を祝う式典を開いた。四九年卒業ということで自らを「フォーティーナイナーズ（49ers）」と呼ぶ彼らは、まとまりがよく、皆で何かをする機会が多かった。

同窓生に対する関心も高く、定期的にアンケートを実施するなどして、それぞれが今どんな境遇にいて、どういうことを考え、感じているか調べたりもしていた。なかでも、卒業二五周年の記念式典のために実施されたアンケートは、特に複雑で詳細なものだった。面白いことに、そのアンケートの結果を見ていくと、運と勇気の関係が明らかになってくるのだ。

同じフォーティーナイナーズのメンバーでも、社会人として自立して生きた四半世紀の間には、それぞれにいろいろなことがあり、当然のことながら、幸運に恵まれた者も、そうでない者もいる。

一九四九年六月、卒業時のフォーティーナイナーズは、七七〇名の希望にあふれる青年たちの集団だった。しかし、卒業後二五年たつと、そのうちの二五名がすでに亡くなっていた――戦争で死んだ者もいれば、事故に遭った者も、病死した者もいる。理由はさまざまだが、いずれにしろ気まぐれな運命に翻弄され、命を落としてしまったのだ。「行方不明者も四〇名いる」と幹事の一人が悲しそうに話した。その四〇名に関しては、行方不明の理由もわかっていないという。残りはおよそ七〇〇名ということになるが、そのうちの三分の一は、アンケートには無記名で答えている。

アンケートの中には一つ、とても答えにくい質問があった。その質問に答えるためには、まず時間旅行をしなくてはならない。一九四九年の卒業式の日、あの、皆が若く希望に燃えていた日に戻らなくてはならないのだ。

六月のよく晴れた日。夢を持ちながらも、将来はまったく見えない、そんな若き日の自分に戻ってみる。卒業式に出ている自分。壇上には学長がいる。握手をすると、学長はうやうやしく、卒業証書を手渡してくれる。そのとき、卒業証書とともに、実際には渡されなかった「贈り物」を手渡されていたとしたら……。

その贈り物とは未来が映し出される水晶玉である。その未来像は一〇〇パーセント正確である。なぜなら、もうすでに確定している四半世紀後の自分の姿だから。フォーティーナイナーズ一人ひとりの、一九七四年現在の姿が映っているのだ。「未来像」というのは、この場合外見だけではない。職業、経済的状況、結婚や異性関係、家族や友人・知人との関係、健康状態など、未来の自分に関わるすべてだ。どんな喜びや悲しみを抱えているかも、すべてわかる。

そしてアンケートは「四半世紀後の姿を見た昔の自分は、どう感じるでしょうか？」という質問。若い自分は、果たして、将来の姿を見て「すごい！」と喜ぶか、「まあ、こんなものだろう」と思うか、「なんてひどい」とがっかりしてしまうか。

質問に回答した人のうち五分の二は、未来が予想外に素晴らしいのを知って昔の自分は喜ぶだろう、と答えている。ほかの五分の二は、いちおう満足はするがあまり何も感じないだろう、と答えた。四半世紀後の自分は、だいたい頭に思い描いていた通り、予定通りの自分だというのだ。そして残りの五分の一は、未来が思ったよりひどいので、きっとがっかりするだろうと答えた。

最初の五分の二、つまり「未来の自分を見て喜ぶ」グループは、「幸運な人たち」と言っていい。時の運と人の縁に恵まれ、その結果、自分で思ってもみなかったほどの良い人生を歩むことができたのだ。それに対し、最後の五分の一、「未来の自分にがっかりする」グループは、若い自分が予測していたような境遇、希望していたような境遇には恵まれなかった。総じて言えば、彼らは「不運」であると考えて間違いない。理由はそれぞれあろうが、ともかく彼らは、ほかの人たちに比べて人生に喜ばしいことが少なかった人たちなのだ。

しかし、それぞれの理由とは、いったいどんな理由だろう。彼らは人の輪が狭すぎるのか。幸運を捕まえる「クモの巣」が小さすぎるのか。それとも、「確かな直感力」が足りないということなのか。これらは、アンケート結果からは読み取れそうもない。だが、はっきり読み取れることが一つある。それは、彼らには「勇気が欠けていた」ということだ。

さて、アンケートには「あなたは卒業後、これまでにいくつの会社に勤務してきましたか？ また、これまでにいくつの会社を興しましたか？」という質問がある。そして、この質問への答えと、「水晶玉」の質問への答えの間には、驚くほど強い相関関係が見られた。その相関関係から、「運の良くない人は、総じて勇気がない」と考えることができるのだ。

アンケート結果によると、勤務した会社の数、興した会社の数が多い人ほど、総じて自分のことを幸福だと考える傾向にあった。勇気を持って、自分の働く場所を積極的に変えてきた人――六社、七社と会社を渡り歩き、または興してきた人――の大半が、「若き日の自分は現在の自分を見て『すごい！』と感じるだろう」と答えているのだ。

反対に、ずっと一つの会社にしか勤めていない人、あるいは会社を一つしか興していない人の多くは、「昔の自分は今の自分を見てがっかりするだろう」と答えている。

もちろん、この相関関係は慎重に解釈しなくてはいけない。こういう結果になったからといって、まさか「職を転々とすれば人は幸せになる」とは言えないだろう。反対に「生涯一つの仕事をやり通すと不幸になる」とも言えない。この先を読んでもらえればわかるが、大事なのは、次々に仕事を変わったことではなく、どう仕事を変えたか、である。勤め先を次々に変えたからといって、また次々に会社を興したからといって、それだけで、「勇気ある人」に直結するわけではない。

自分を幸運と感じているフォーティーナイナーたちは、当然のことながら、自分が「職を転々とした」とは感じていない。クビになったり嫌になったりして仕事を変わったわけではなく、自分の目標に向かって「上昇」してきたのだと感じている。また、少なくとも今いるところへの移動は上昇であったと感じている。

彼らの移動は総じて、自分が幸せになれるような「正しい」移動であったと言えるだろう。「正しい」移動とは、別の言い方をすれば「勇気ある」移動、ということになる。彼らが幸せになれたのは、リスクを冒すことを厭わなかったからである（しかも、一度だけではなく、何度もリスクを冒している）。少なくとも、それが理由の一つではあるだろう。

私は何も「一か八かに賭けるギャンブラーになれ」と言っているのではない。リスクを冒すと言っても、それが意味するものは一つではないのだ。リスクの「冒し方」にも、賢明なものと愚かなものがある。幸運をつかむうえで勇気はとても大切なのだが、その勇気は「正しい勇気」、「賢い勇気」でなくてはならない。何でも思い切ってやればいいというものではなく、やはり、危険を最小限に食い止めるべく慎重に考える必要があるのだ。幸運をつかんだフォーティーナイナーたちも、大半はそういう種類の勇気を持っていたと言える。

実は、かく言う私自身もプリンストン大学の一九四九年度卒業生、つまりフォーティーナイナーの一人である。それも幸運なほうのフォーティーナイナーだ。クラスの書記だった私は、アンケート結果に関することで、多くの人から興味深い話を聞くことができた。

そのほかにも私は、実際に勇気のおかげで幸運をつかんだ人や、運と勇気の関係について長年研究を続けている人とたくさん話してきた。その結果、「幸運は勇者に味方する」という古代ローマの格言は、ある意味で真実をついていることが再確認できた。

では、勇気ある人になって運を良くするには、具体的にどうすればよいのだろう。そのためには、以下に述べる「三つのルール」を守る必要がある。

第一のルール　常にチャンスに目を光らせる

「幸運な」フォーティーナイナーの一人は、私にこんなふうに話してくれた。

「大学を卒業したばかりの頃は、昔ながらの労働倫理に完全に染まっていましたね。いったんどこかに勤めたら、ずっとそこに留まって、あとはとにかくコツコツ真面目に働くのがいいっていう。たとえ途中で何度か滑り落ちたとしても、頂上に着くまでは同じ山を登り続けるんだって思ってました。でも、三〇歳になったくらいのとき、急に気づいたんですよ。この労働倫理ってやつは、不幸になるための処方箋みたいなもんだってことに——少なくとも、せっかく幸運をつかむチャンスがあっても、この倫理のおかげでみすみす捨ててしまうことがあるんだって。私の知っている限り、運の良い人は絶対に一直線な人生は歩んでいません。ジグザグに進んでいますね。たいした意味もなく、一本の道にしがみつくのは間違いです。こっちに良いことがあるとわかれば、すぐにでも方向を変えられるのが大事だと思います」

彼は、朝鮮戦争の間は空軍にいたが、その後、巨大メーカーに販売管理員の見習いとして入った。「社内にはたくさんの部署があり、何千人もの若者がいました。皆がピラミッドの頂上を目指して必死で頑張るわけです。一段上がるたびに、上に行ける人は少なくなっていきます。間違いなく、大半の人間は、最上段に到達する前に隅に追いやられ、そこで行き止まりになってしまいます。でも、はじめのうちは私も『コツコツ懸命に働くのがいい』、『決してあきらめないものが勝者になる』という倫理観に支配されていましたし、何よりそこにいれば安心でしたから、満足していたんです。それで長い間、同じところに勤め、一直線に歩んでいました」

不思議なことに、そんな彼に心惹かれるチャンスが訪れた。出張で、ある南部の街に行ったときのことだった。ホテルのダイニングルームに入っていくと、そこには偶然、高校時代の旧友がいて、一人で食事をしていた。話をすると、彼は投資信託を販売する仕事をしているらしい。当時はまだ知る人も少ない地味な仕事だったが、急速に成長し始めていた。

「友人はとても羽振りが良く、幸せそうでした。そして、彼のいる会社が人を増やしたがっていることも聞きました。今入れば、確実に金持ちになれるとも。私は彼から仕事について詳しく話を聞き、心惹かれたのですが、安定した仕事を辞めてまったく新しいことを始めるのは正直、恐ろしい。そんなことは全然、考えたことがなかったわけですから。でも、私は自分に言い聞かせました。『せっかく運命が素晴らしいチャンスを与えてくれたんだぞ、お前はそれを怖いから、というだけでみすみす捨てるのか?』。結局、私はそのチャンスに賭けてみることにしたんです」

投資信託の仕事で、彼は本当に金持ちになった。二つの会社で七年以上、その仕事を続けたが、やがて新たなチャンスが舞い込み、彼は二人の友人とともに投資管理会社を始めることにする。事業は成功し、彼はますます金持ちになった。そこへさらにチャンスが訪れる。金融界の人脈を通じて、州政府のある委員会への参加を要請されたのだ。それは、州が財政に関して抱えるいくつかの問題について、対策を検討するために設立された委員会だった。

「かねてから政府系の仕事に関わりたいと思っていたので、すぐ要請を受けることにしました。そして最近また、胸躍るような、ちょっと怖いようなチャンスが訪れたばかりです。先月、地元の人たちから、来年の市長選に出ないか、と言われたんです。私は思わず『いや、私は政治家を目指しているわけじゃないですから』と断りそうになったのですが、そうはしませんでした。すぐに『ノー』と言わないのは、これまでの経験があるからです。もし私が昔、すぐに『ノー』と言っていたら、投資信託の仕事は始めなかったでしょう。今の私はなかったに違いありません。私は、そうすべきと信じて、あえて『ジグザグ』に生きてきました。それで人生は面白くなったし、幸運にも恵まれました。来年、私はたぶん政治の世界に飛び込んでいると思いますよ」

このとき私たちのそばには、フォーティーナイナーズのなかでも最も不運な部類に入る人物がいた。彼は「未来の市長」の話を聞くと、三杯目のマティーニを手にして、悲しそうに頭をたれた。グラスに入った透明なカクテルは、まるで彼の涙のようにも見える。

「今になってみれば、変化する勇気も必要だったんだとわかります」と彼は言った。

「若いときにそれがわかっていれば……。私には自分の居場所が心地良すぎたんです。そこを離れて、新しい道を歩むのは怖い。妻も私もそう思っていました。まるで自分に足かせをはめていたようなものです」

彼は卒業後、大手のデパートに就職し二〇年間勤めたが、最後には業績の振るわない店の支配人にさせられた。それ以上、出世の望めない地位である。そのうえ、一九七〇年代初めの不況の影響で、デパートの業績が深刻な不振に陥り、その店は閉店することになった。前回会ったときには、必死で職探しをしているところだった。年齢も五〇に近いというのに。彼の妻は仕事を見つけて働くようになり、毎日暗い顔をして過ごす夫と暮らすのが嫌になったのか、家を出てしまった。

私とバーにいる間、彼はずっと、この世で一番悲しい遊びをしていた。「もし、あのときああしていたら…、ああだったら……」と想像する遊びだ。

「私に『ジグザグ』に生きる勇気さえあったら」と、未来の市長の言葉を借りて彼は言った。彼にもこれまで生きてきた間には、何度か大きなチャンスが訪れていた。でも、自分で全部それを見送ってきたのだ。

たとえば、釣りに出かけたとき、マリーナの建設を計画しているというグループとたまたま一緒になった。子供の頃からずっと船が好きだった彼に、グループのメンバーは「もし興味があるなら、マリーナの支配人にならないか」と持ちかけてきた。利益が上がれば、その分報酬は増えるし、株主にもなれるかもしれないという。しかし、一つの道を真っ直ぐに進むことしか考えていない彼には、ほかのことは何も目に入らなかった。「自分はデパートの支配人である」と決めつけてしまい、ほかの何者かになるという発想がまったくなかったのだ。

「マリーナの支配人を引き受けた人は今、お金持ちになっているし、何より自分のしたいことをして生きています。それは私のしたいことでもあったのに。なぜ一歩踏み出す勇気がなかったのか」

「幸運は、それを受け入れる心の準備ができた人に訪れる」――これも使い古された格言だ。

別の見方をすれば、ちょっとしたチャンス、幸運につながるきっかけのようなものは、誰のところにもときどきはやってくる、ということなのだろう。だがそれは、手を伸ばしてつかみ取る勇気のある人間にとってのみ価値を持つのだ。

チャールズ・カードウェル博士はバージニア工科大学の哲学教授で、人生における運の役割について長年研究してきた。博士は、「運（luck）」と「運命（fortune）」は違うと言っている。

「人は日頃、何気なく『運が良ければ』という言い方をします。しかし、もし『運』という言葉が『偶然に起きる出来事』という意味なのだとしたら、それを自分の力で『良くする』ことはできません。偶然の出来事は誰にもだいたい平等に起きるもので、自分でそれを操作することはできないのです。自分が何をどうしようが、勝手に起きるでしょう。でも、運命ならば自分の力で切り開くことができます。偶然に起きる出来事を常に注視して、それを賢く生かしていけば、運命を良い方向に導くことは可能なのです」

そして、偶然の出来事を生かすときに何より大事なのが「勇気」だという。先のデパート支配人は、自ら認める通り、勇気がなくて偶然の出来事を生かせず、幸運をつかめなかった。そうならないためには、次の「第二のルール」を守る必要がある。

第二のルール
勇気と向こう見ずの違いを見極める

創業したばかりの、いつ失敗して倒産するかわからない会社に全財産を投じるのは、勇気ではなく「向こう見ず」と言うべきだろう。だが、自分の今まで歩んできた道から外れて未知の世界に踏み出す、というのは必ずしも向こう見ずとは言えない。たとえば、転職の誘いを受けたときに、怖いけれど思い切って受けてみるのは、向こう見ずとは言えないだろう。

将来性が未知数の新興企業に投資することは、それ自体悪いことではなく、そこから得られるものも多いはずである。ただ、リスクを背負う覚悟は必要だ。一方、転職の誘いの場合は、得るものは大きいだろうし、何か失うものがあったとしても、新興企業への投資に比べればずっと小さいに違いない。人がときどき不必要に臆病になってしまうのは、この区別がついていないからだ。

「転職して失うものなんて、たかが知れているでしょう?」

前述の「未来の市長」とは別のフォーティーナイナーはそう語った。彼も幸せなフォーティーナイナーの一人だ。幸運が彼のドアを叩いたのは四〇歳を過ぎてからだった。管理職にはなったものの、仕事が「悲しいほど退屈」だった会社を辞め、大学教師としてまったく新しい人生を歩み始めたのだ——それは、長らく彼がやりたいと望んでいた仕事だった。

「夢がかなう絶好のチャンスは、まったく突然に訪れました。そのときは妻も子供たちも、私自身も心配になったり、気弱になったりしました。でも、私は自分に問いかけたのです。『お前が本当に怖いのは何だ?』と。環境が変わることか? 新しい人たちに出会うことか? 慣れない仕事でミスをすることか? もちろん、そういうことはみんな心配でしたし、ほかにも心配なことはたくさんありました。でも、私は妻に言ったんです。『確かに心配なことは多いけれど、どれも生死に関わることじゃない』と。たとえ、転職が良い結果を生まなかったとしても、自分たちがこの世から消えてなくなるわけじゃない。うまくいかなくたって、やっぱり生きているんだ。住む家もなくならないだろうし、食べていくためのお金くらいはどうにかなる。もし失敗しても、また別の仕事を探せばいい。頑張れば元通りくらいにはなれる、そう言ったんです」

彼はさらに、会社を飛び出した場合、最悪どんな結果になるかも想像してみた。そして想像し得る最悪の結果を、いろいろな角度からつぶさに見つめた。わかったのは「チャンスをみすみす逃してまで踏みとどまる意味はない」ということだった。

「本当に最悪の事態になったら、確かに悪夢だとは思いましたが、そこまでひどくなることはあり得ない。心配はいらないと思ったのです」

彼の想像した「最悪のシナリオ」は、具体的には次のようなものだった。

一．教師の仕事が、まったくうまくできない
二．その結果、辞職するか、解雇されてしまう
三．またどこかの会社に入ろうとする
四．だが、もう四〇代、あるいは五〇代になっている自分を雇おうとする会社はどこにもない

一見「いかにもありそう」と思えるが、現実にこの最悪のシナリオ通りになる可能性は、思ったより少ないようだ。彼は、実際に四〇歳を過ぎてから職探しを経験した人たちに話を聞いてみた。各都市にある「雇用の年齢差別」と戦う団体（主に四〇歳以上を対象とする）を訪ねたりもした。その結果、どうやら楽観的になってもよさそうだ、と思えたのだ。

「皆の話を聞いていてわかったのは、まず『どう生きても絶対に安心なんてことはないんだ』ということです。確かに、四〇歳を過ぎて管理職レベルの就職口を探すのは、容易なことではありません。でも、見つけている人も大勢います。そのなかには女性も何人かいました。彼女たちは年齢差別だけでなく、性差別も乗り越えたわけです。十分な資質と能力がある人が真剣に求職すれば、不可能ではないということです。そういう人なら、履歴書を送り始めてからだいたい三カ月以内には就職先が決まります。半年もかかる人は珍しいくらいです」

つまり、「半年間どこにも雇われず、稼ぎがなくなって苦しむ」というより悪いことは、まず起きないということだ。したがって、この転職は向こう見ずなギャンブルではなく、勇気ある行動と見ていいだろう、と彼は判断した。学術の世界に足を踏み入れることができれば、自分が人間的に成長できる可能性は高いと思えたし、満足のいく人生を歩めそうだとも思えた。それを考えれば、リスクはたいしたものではなかった。

彼はチャンスに賭け、新しい世界に移った。この行動は「向こう見ず」とは呼べないだろう。これは勇気ある行動である。

前述のアブラハム・ワインバーグ博士は、「自分を不運だという人の多くは、非常に『受け身』な人たちです」と言う。

「運の悪い人たちは、チャンスを生かすべく自ら積極的に動くようなことはなく、ただ起きた出来事にそのまま身をまかせてしまいます。変化を恐れる人が多く、ときには、まったくリスクのない変化でさえ嫌がります。ともかく、状況が変わることが嫌なのです。客観的に見て何も害がなくても、変わるというだけで嫌悪するのです。リスクが実際にどのくらいなのか、よく確かめずに、即座に『そんなギャンブルみたいなことはできないよ』と拒否してしまう。しかし、実はギャンブルでも何でもない。ただ、自分が馴染んでいる場所に居続けたくて、言い訳をしているのです」

●勇気のなさを隠す「軽はずみな行動」という言い訳

恐怖にかられ、その恐怖心から、勇気ある挑戦を「軽はずみな行動」と言ってしまう。それはよくあることだ。自分が何も行動しないことに対する言い訳の言葉として、これほど素晴らしいものはない。この言葉を使えば、反論してくる人はほとんどいない。こう言うだけで、分別のある人のように見えるのだ。

「冒険をしなければ、怪我をすることもない」と言う人は、何やら信頼できそうな気さえする。確かに、冒険をしなければ怪我はしないだろう。だが、そういう姿勢では、たとえ何か目標があっても、それに近づいていくことは難しいはずだ。

運を良くしたい人は、自分のしようとしていることが「勇気あること」なのか「軽はずみ」なのかをよく見極めるべきだろう。しつこいくらい自分に問うのだ。前に進むのが怖いと思ったときは、曇りのない目で状況をよく見なくてはならない。「軽はずみ」という言葉を、単に小さな一歩を踏み出す勇気がないことの言い訳に使っていた、とわかることもある。

もちろん、賭けに出れば、負けることも十分にあり得る。しかし、ゲームに参加しなければ、勝つこともない。

運の良い人は、負ける可能性があることをちゃんと知っているし、実際にときどきは負けているに違いない。しかし、小さな賭けなら、負けても失うものは少ない。小さな負けを厭わない姿勢でいれば、いずれ大きく勝てる立場に身を置くこともできる。

投機家であれギャンブラーであれ、長いスパンで勝っている人はそのことをよく知っている。カジノでもウォール街でも昔から言われているのは、「生活費を賭けに回してはいけない」ということだ。日々の生活のためにとっておくべきお金を投資に回してしまうのは、勇気ではなく、明らかに「向こう見ず」だろう（第一、そんな大事なお金を賭けてしまったら、緊張しすぎてまともな判断ができない）。だが、生活のためにすぐに必要ではないお金――失うのは確かに痛いけれど、失っても悲惨なことにはならないお金――を投資に回すのは、勇気と言える。また、そういう投資なら楽しむこともできるだろう。

私は何も、ギャンブルや投資に手を出すべきだと勧めているわけではない。それは自由である。私が言いたいのは、宝くじも株も買ったことのない人には、それで儲けた人をうらやむ資格はない、ということだ。勇気を持って一歩を踏み出したことのない人に、「あんなに運がいい奴がいるのに、自分にはまったく運が回ってこない」などと文句を言う権利はないのだ。ゲームに参加しない人間が勝つことはあり得ない。

運命の女神は、臆病も向こう見ずも好きではない。運命の女神は、勇気ある人が好きなのだ。勇気ある人は、自らを律し、臆病にも向こう見ずにもならず、その中間の姿勢を貫く。また、そのほうが成功の可能性が高いと思えば、思い切って途中で進路を変えることも厭わない。

第三のルール　情報が十分でなくてもまずは一歩踏み出す

一九七六年に亡くなった石油王のＪ・ポール・ゲティは、この章の「三つのルール」を常に守り通した人だった。特に彼にとって大事だったのが、これから述べる〝第三のルール〟である。

ゲティはとてつもなく幸運だっただけでなく、晩年にいたるまで、社交的で情熱的で、そして雄弁であった。彼は積極的に、自らの輝かしい人生の分析を試みた。そこから、将来ある若者たちに役立つ教訓が読み取れないかを探ろうとしたのである。私が彼と話をしたのは一度だけだが、大変なエネルギーの持ち主であると感じ、非常に強く印象に残った。

●23歳で油井を掘り当てた石油王

ポール・ゲティの父親は弁護士から石油商に転じて、莫大な財産を築き上げた。ゲティはこの父親から財産を引き継ぎ、それを元手にして大富豪に登りつめたと思われているが、実際にはそうではない。父親が亡くなったときには、すでにゲティ本人も大富豪になっていたのだ。彼がそれだけの財産を築けた理由は数々あるだろうが、「運が良くなる方法」を知っていたということも、その一つに違いない。

運の良い人の多くがそうであるように、彼も、特に若い頃は「ジグザグな」人生を歩んだ。大学に入ったときは、作家になろうと考えていた（ずっとあとになって、彼は確かに作家になった。副業とはいえ、なかなかの作家に）。その後、自分が交渉術に長けていることに気づき、外交官の仕事を志すようになる。大学を卒業してまず探したのは、政府関係の仕事だった。

しかし、しばらくしてゲティは、オクラホマ州で起きた石油ブームに惹きつけられる。彼の父親が、まさにその石油ブームに乗って大儲けをしていたからだ。自分がもともと歩もうとしていた道とは違ったが、若きゲティは、勇気を出して目の前にあるチャンスをつかむべきだと感じた。そして、外交官になるのを一年や二年遅らせても、石油の採掘に乗り出そうと決意した。

最初はほかの採掘業者の仕事を手伝い、ときには父親から借金もしたが、着実に稼いでいった。父親は厳格で、決して息子を甘やかさなかった。たとえ五セントの金でも「くれる」ことはなく、必ず期日を決めて返済させたという。

幸いにも、若きゲティは、勇気と向こう見ずの違いをよく心得ていた。彼は、失敗した場合に莫大な損失が出るような投資は絶対にしなかった。自分を苦境に追い込む危険のあることには、手を出さなかったのだ。必要な金はできるだけ少なくなるよう努力した。金に頼るよりも、自分の交渉力、セールスマンとしての才能を頼みとしたのだ。相手の心理を読み、円滑に抜け目なく交渉を進める能力が、彼にはあった。

彼は自らも油井《ゆせい》を掘り当てようと試み、最初の何回かは失敗している。それで、もう外交官への道に戻ろうかとも思ったが、一九一六年初め、ようやく十分な産出量の油井を掘り当てた。使った掘削機は、五〇〇ドルという安値でリースしたものだった。産出量は一日七〇〇バレルにも及び、それが莫大な財産を築く基盤となった。当時ゲティはまだ、二三歳という若さである。

彼が油井を見つけられたのは、運が良かったからだろう。しかし、見方によっては、こうなって当然とも言える。常に取るべき行動を取り、あらゆる手を尽くしていたからだ。

有名になってから、彼は何度も同じ質問を受けた。

「なぜ、あの場所を掘ろうと思ったのか」、「間違いなく石油が出るという確信はあったのか」と。答えは「わからない」である。

ゲティは事前に集められるだけの情報を集めていた。掘削地点だけでなく、周辺の地形についても十分に調べ、地質学者など専門家にも意見を聞いていた。だが、最終的に掘ると決めたのは「ここはいいぞ」という強い予感があったからだ。

「実際にどういう結果になるか、最初からわかっていたわけではないんです」と彼は言っている。

「そんなことあり得ないでしょう。石油がどこに埋まっているか一〇〇パーセントわかる方法があるのなら、誰も失敗などしませんよ。人生には、これと似たことがたくさんあります。誰かと結婚することも、新しい車を買うこともそうでしょう。うまくいくかどうか、完全に予測することなどできません。偶然に左右される部分が必ず出てくるからです。また、その事実を進んで受け入れることが大切でしょう。『一〇〇パーセント大丈夫という保証がないと嫌だ』という人は、決断を下すことなど一切できません。そんな人は、ただずっと迷い続けるだけで終わるでしょう」

大事なのは、ゲティがただ一か八かに賭けているのではなく、間違いのない予測をするため、可能な限り情報を集めているということだ。どんな場合でも、まずは情報を集め、慎重に検討する。そのあとで、思い切って前に出るか否かを決断するのだ。

ただし、常に十分な情報が得られる保証はない。自分がどんなに知りたいと思っても、すべてを知ることはまず不可能だ。情報を集めること、慎重に検討することは大事だが、ある時点でやめなくてはいけない。考えすぎて決断が遅れれば、何も得られなくなる。「ある時点」を過ぎても行動を起こさず、「調べている」、「考えている」と言い続けるのは、もはや言い訳である。「今、動くのは向こう見ずだ」と言って何もしないのは、単に臆病なだけだ。

ゲティもこう言っている。

「政府はよくそういうことをします。決断を下すのが恐ろしいので、何カ月もの間、あれこれ調査をしたり、公聴会を何度も開いたりと、やたらに忙しく動き回り大騒ぎをしますが、すべてはまやかしです。実際は、前に進んでいないことを隠すための行動なのです」

・背中を押してくれるもの

決断を下すのが恐ろしいとき、それを乗り越える手立ては何かないものだろうか。どんなものでもいい、背中をフッと押してくれるものである。それが迷信の類であっても、この場合はむしろ有益かもしれない。

現代の先進工業国に住む人なら、洋の東西を問わず、迷信をバカにするのが普通だろう。今の時代を「エイジ・オブ・アクエリアス（水瓶座の時代）」と呼ぶ人たちがいる。その時代は一九六〇年代に始まったとされ、それ以前よりも、神秘的なものに対する世の中の寛容性が高まるという。ただし実際には、相変わらずごく一部の人たちに留まっている。ラッキーナンバーを信じる人、塩まきが厄除けになると本気で信じている人はいるだろうが、それを公言することは、一般にあまり賢明とは言えない。仮に話題にするにしても、自嘲気味の笑みを浮かべて、「バカげていることは承知ですが」と前置きしておいたほうが無難だろう。

だが、そんな迷信も、よほど妙なものでなければ、役に立つことはあるのだ（水晶玉やカードの占いが必ず当たると思っていたり、超能力や霊能力で何もかも思い通りになるなどと思っていたら問題だが……）。では、実際にはどう役に立つのだろうか。

運・不運ということに私が関心を持ったのはずいぶん昔のことだが、関心を持ち始めてすぐ、私はある事実に気づいて困惑してしまった。例外はあるものの、運が良い人の多くが迷信深いという事実である。本当に、迷信深い人が驚くほどたくさんいるのだ。

ポール・ゲティもその一人だったようで、本人も認めていた。ただ、どう迷信深いのか詳しいことまでは話さなかった。レナード・バーンスタインは、ステージで指揮をするとき、縁起を担いでいつも同じカフスボタンを身につけていた。作家のトゥルーマン・カポーティは、灰皿に吸い殻が三つ以上あるのは良くないと信じ、そういう灰皿を見るたびに空にしないと気が済まなかった。女優のアーリーン・フランシスは人前に出るとき、必ずいつも同じペンダントをしていた。その日の服に合わないときは、見えないように隠して着けていた。同じように女優のザ・ザ・ガボールも、子供のときにもらった指輪をいつもはめていた。

有名人には占星術の熱心な愛好家も多い。その名前をただ並べていくだけで、電話帳くらいの本ができる。

元大統領のグローバー・クリーブランドは、よく占星術師に助言を求めていた。J・P・モルガンもそうだった。また、ニューヨーク証券取引所の歴代理事長のなかにも、占星術師のお世話になっている人はいた。ジェイコブ・スタウトとシーモア・クロムウェルの二人がそうだ。鉄道王と呼ばれたコーネリアス・（コモドール）・ヴァンダービルトは、占星術師だけでなく霊媒師の助けも借りていた。呼び出した霊に、将来のことを相談していたのだ。

成功者に迷信深い人が多いというのは、明白な事実のようである。このことは、少なくとも二通りに解釈できる。

まず一つは、占星術や降霊術には本当に人を幸福にする効力がある、という解釈である。現に成功者の多くが利用しているという事実が、効力を示す証拠として挙げられることも多い。「J・P・モルガンに効いたのだから、ほかの人にも効くはず」というわけだ。

もう一つの解釈は、占星術や降霊術自体に効力があるとは考えないが、先の見えない恐怖・不安から決断ができないときに一歩を踏み出す手助けをしてくれている、というものだ。自分の背中を自分で押すための道具としてちょうどいい、というわけである。

決断を下さなくてはならないけれど、判断をするための情報が不足していて不安なとき、占星術師などが親身に話を聞いてくれ、いちおうの助言をしてくれるだけでも力になる。考え込むだけで動けない状態を抜け出せることがあるのだ。集められるだけの情報を集めたけれど、それでも十分でないために、迷信に頼るという方法もあり得る。状況を改善するには前に進むしかないというとき、迷信は勇気を奮い起こす助けとなってくれるかもしれない。

そう考えると、運が良い人の多くが迷信に頼っているという現象は、簡単に説明できる。本人はそうと意識していないかもしれないが、彼らは、自分に一歩を踏み出させるための助けとして迷信を利用しているのだ。迷信によって決断力を高めていると言ってもいい。

ポール・ゲティもそうだったが、彼らは皆、何をするにせよ、そこにはどうしても偶然の要素が関わってくること、ときには偶然の要素のほうが大きい場合もあることを知っているのだ。偶然は自分の思い通りにはできない。思い通りにする合理的な手段がないのなら、そんなときは、たとえ迷信であっても、悩むことなく早く決断する手助けをしてくれるだけでも、十分に役立っていると言える。

「考えすぎて何も選ばないのが一番いけない」という状況に、私たちは案外多く直面する。フランク・ストックトンの有名な短編『The Lady, or the Tiger ?（女か虎か）』は、まさにこういう状況を描いた印象的な作品だ。

ストーリーを簡単に紹介しておこう。主人公の青年は、王の怒りを買ったために、罪人として刑罰を受けることになった。変わった刑罰で、極めて難しい決断を迫られる。まず彼は競技場に入れられ、そこに閉じ込められてしまう。出口は二つのドアだ。一方のドアの向こうには、美しい女性がいる。そのドアを開けた場合、青年は女性と結婚しなくてはならない。そして、もう一方のドアの向こうには、腹を空かせた虎がいる。

開けるべきドアを指示するのは、青年の恋人である王女だ。彼女は、どちらのドアに女性がいて、どちらのドアに虎がいるのかを知っている。果たして王女は、彼の命を救うために身を引こうと考えているのか、それとも嫉妬にかられて、青年が死んでしまえばいいと考えているのか——それは本人にしかわからない。しかし、青年は決断しなくてはならない。ドアを開けずにずっと競技場にいれば、ゆっくりと、しかし確実に餓死することになるからだ。

作者のストックトンは、青年が決断を下すために何をしたのかを書いていない。だが、このとき彼が何か迷信を利用できたら、少しは助けになっただろうと考えられる。どんなものでもかまわない。いずれにせよ、どんなにあがいても悩んでも、賢い選択などできない状況なのだ——勇気を持って早く決断をするのが最良の行動である。それでどんな結果になろうと、それは仕方ない。ポケットにコインでもあれば十分だろう。コインの表裏で決めることにしてしまえば、数秒でこの状況を打ち破れるのだ。

人生には、こういう状況が頻繁に訪れる。ちょっとした迷信に頼ることができれば、比較的容易にそこから抜け出せるだろう。人に知られるのが嫌なら、表向きは「そんなもの」と笑い飛ばしてもいい。それでも迷信は、どちらのドアを開ければいいかを決める手助けをしてくれるだろう。

たとえば、手に入る情報から見れば、どちらも同じくらい魅力的な二つの仕事の、どちらかを選ばなくてはならない。二人の人を同時に愛してしまい、どちらとも同じくらい結婚したい。休暇でどこかに行こうと思うけれど、どこに行くべきか決められない、というようなことだ。

迷信は、情報が足りないときの決断の助けになるだけではない。「自分の決断は正しい」という確信を強めてもくれる。正しいという確信があれば、決断の結果、どんなことが起ころうと対処していこうという気になる。

つまり、いずれにしろ勇気が出るということだ。

ブリッジ愛好家の間では、「席を替わるとツキが変わる」という迷信が広く信じられている。自分とパートナーがそれぞれ東と西に座っている場合、その配置を南と北に変えれば勝つ確率が上がる、といった具合である。バカげていると思うだろうか。確かにバカげているかもしれない。しかし、そう思わない人もいるのだ。

有名な女性誌『マッコール』に毎月コラムを連載していたチャールズ・ゴレンは、その中で「気分が良くなれば、それだけでもプレーは良くなる」と書いていた。席を替わったことで「これで運が良くなるぞ」と思えば、気分が明るくなり、その影響で良いプレーができるようになる可能性があるというのだ。「自分はついている」と信じていれば勇気が出て、迷うことなく、より素早い決断ができる。そうすれば、めぐってきたチャンスを確実にものにできるのだ。つまり、席を替わったことで実際に運は良くなる、ということになる。

反対に、こういう迷信をむきになって否定しようとしても、あまり得になることはない。一九二〇年代の世界的テニス・プレーヤー、ヘレン・ウィルスは、生涯にわたって「靴は左足から履いたほうが縁起がいい」と信じていた。半面、そんなのはバカバカしい迷信にすぎないという気持ちもあった。それである日、自分は靴の履き方なんかに支配されないことを証明しようと決意し、右足から靴を履いて試合に臨んだ。結果は惨敗だった。

「どうも妙な感じだったんです」とヘレンは明かす。

「何だか落ち着かなくて、集中できませんでした。バカバカしいことだとわかってはいるのですが……。今後、二度と逆らおうとは思いません。絶対に靴は左足から履きます」

そうしていけない理由が何かあるだろうか。確かに迷信には違いない。だが、少なくとも害はないのだ。また考えようによっては、それで気分も良くなり、自信もつくのだから、能力を高めるのに役立っているとも言える。彼女自身も、この習慣を守り続けるのをバカげたことと感じているが、無理にそれを否定するのは、さらにバカげたことだったのだ。

その気になれば合理的な判断が十分可能なのに、迷信に頼ってしまったら、それは当然害になる。だが、そうでない限り、迷信に害はないのだ。普通の状況ならば、あくまで合理的にものを考え、できる限りの努力をすべきである。最大限に力を尽くして、もうほかに何もできることはないというとき、はじめて迷信に頼ればいい。考えられる手をすべて打った、そのあとを引き継ぐのが迷信なのだ。

まさに「神は自ら助くる者を助く」である。

「ギャンブルでずっと負け続ける人間は、問題の解決にあたって、迷信やまじないの類に頼りすぎる傾向があります」

モントクレア州立大学の心理学者、ジェイ・リビングストン博士はそう言う。博士は、「ギャンブラーズ・アノニマス（ギャンブルにのめり込み、生活に支障をきたした人たちの支援を目的とした団体）」のメンバーやその家族と二年間にわたって生活をともにした。そうすることで、「なぜ負け続ける人がいるのか」、また「なぜ彼らは負ける勝負に繰り返し挑もうとするのか」といったことを解明しようとした。

「負けてばかりいる人は総じて、自分の能力に自信がなく、能力に頼って良い結果が得られるとは思っていません。それで、どうしても自分以外の何か神秘的な力に頼ろうとするのです。もちろん、そういう力がいつも彼らの願いをかなえてくれるわけではありません」

「勝つ人はまったく違います。勝つ人のなかにも迷信を信じる人は多いですが、彼らは自分たちの力でやれることがあるうちは迷信に頼ろうとはしません。たとえば、毎日ヒットを打ち続けている好調な野球選手がいるとします。ひょっとすると、彼は『ソックスを替えると打てなくなる』というゲン担ぎをして、履き替えずにいるかもしれません。そして、同じソックスを履き続けることで安心し、本当に打てることはあるかもしれません。ただし、彼はゲン担ぎだけでなく、毎日、練習もしているのです」

第四章

運の良い人はラチェット効果をはたらかせる

The Ratchet Effect

車輪などを一方向にのみ回転させるための装置を「ラチェット（歯止め）」という。定められた方向とは逆に動こうとすると、ラチェットが制止するので、車輪は必ず一方向にだけ動く。装置のこのようなはたらきを「ラチェット効果」と呼ぶ。

「運が良い」といわれる人は、どうやらこれと同じような「装置」を、自分の中に持っているようだ。何かをすれば、当然、良い結果もあれば、悪い結果も出る。始める前から、結果が果たしてどちらに転ぶか、完璧に予測をすることは不可能である。だが、「運が良い」といわれる人は、実は、自分のしていることが悪い方向に転がり始めたら、いつでも動きを止められるよう準備をしている。状況が悪化し始めたときには、素早くその場から逃げ出すことができるのだ。不運をつかんでしまったら、すぐに手放して、さらに悪いことが起きないようにする。

こういうと、何だか簡単なことのように思える。「当たり前じゃないか」と思う人もいるだろう。しかし、実際にはそれほど簡単ではないのだ。世の中の大半の人（つまり運が良いとはいえない人）に、これはできない。普通の人は、いったん悪い状況に陥ると、そこから抜け出すことができず、多くの場合は生涯そのままになってしまう。

もし、人生が悪い方向に転がるのを簡単に止めることができるのなら、運の悪い人など一人もいないことになる。しかし、大部分の人にとって、それは簡単なことではない。理由は、あとで述べる二つの心理的な障害が立ちふさがるからだ。

その障害を乗り越えるのは非常に難しいが、なかにはいとも簡単に乗り越える人がいる。そういう人が「運が良い人」と呼ばれるのだ。一方で、ほかの大多数の人たちは、乗り越えられずに苦労している。

ただ、障害の姿がはっきり見えれば、少しは楽になる可能性がある。敵を倒す第一歩は、その敵を知ることである。「なぜ、幸運が自分を避けていくのか」。それがわかれば、今までよりは運が良くなるはずだ。少なくとも、ただ途方に暮れて「世の中には運のいい奴がいるのに、どうして自分はダメなんだ」と嘆くだけ、ということはなくなるだろう。

では、「二つの障害」とはいったいどんなものなのか、どうすれば乗り越えられるのかを詳しく見ていこう。

第一の障害

人は「自分が間違っていた」とはなかなか言えない

一九七五年に亡くなった投資家のジェラルド・M・ローブは、近年のウォール街でも、あらゆる面から見てひときわ輝かしい実績を残した人物だろう。ウォール街で最も「運が良かった」人物と言ってもいい。

一九五〇年代から六〇年代にかけて、相場に活気があった時期に大儲けをした人は、ほかにも大勢いる。ローブが特別なのは、一九六九年に活況が終わりを迎えたあとも、富や名声を失わなかったからだ。また彼自身だけでなく、彼の助言を聞いた人たちも、やはり財産を失わずに済んだ。ローブは、運を思い通りに操る方法を知っていたのだ。

「ラチェット効果」という言葉を、ローブが知っていたかどうかはわからない。だが、運を操るのにそういう「装置」が必要なことはよく理解していた。物事はいつも自分の都合の良い方向には転がらない。それをよくわかっていて、少しでも悪い方向に転がり出したときには、即座に対応できるよういつでも準備していたのだ。だから、彼の運が一定以下に悪くなることはなかった。相場が悪くなり始めると、彼は即座に退場したのだ。そのため、活況のときに稼いだ分はほとんど減らずに残った。

ローブは賢いだけでなく、驚くほど正直でもあった。

彼の最も有名な著書には、『**投資を生き抜くための戦い**』（**パンローリング**）というタイトルがつけられていた。私は一度、彼に尋ねたことがある。「このタイトルはやや暗い印象を受けるが、なぜこういうタイトルをつけたのか」と。これだと、まるで株式投資がとても辛い仕事、難行苦行であるかのような印象だからだ。投資関連のハウツー本の多くは、だいたいが「楽しんで大儲け」という感じになっている。努力とか苦労についてはほとんど触れられない。しかし、この本のタイトルは読者を脅すかのようだ。

ロープ自身もそれは認めていて、こう説明する。

「私は、人にこんなふうに言われるのが嫌なんです。『ロープさん、あんたが簡単だって言うから投資を始めたのに、大変じゃないか』と。実際には、株というのは、お金を儲ける方法としては地上で一番難しいんじゃないかと思います。少なくとも普通の人にとっては。工事現場で働くほうが楽に稼げると思います。本に書いたのは確かに有効な方法ですが、やり遂げようという勇気と根性のない人には、役立たないでしょう。訓練も必要ですし。誰もが成功できるわけではありません。成功のためには、誰もが持っているわけではない『何か』が必要だからです。その『何か』とは何なのか、それは私にも正確にはわかりません」

本の中でも特に重要なのが、「ラチェット効果」と株式投資の関係について書かれた部分だ。相場が悪くなっていくときに、どうすればそこからうまく逃げられるのか、その具体的な方法が書かれている。その方法は、ロープが独自に考え出したものである。

・運の悪い投資家にならないために

似たようなことは、アムステルダムの資本市場が栄えた一六世紀から今日にいたるまで、ずっと言われてきたかもしれない。経験を積んだ老人が、熱くなりがちな若者に忠告をするときには、きっと同じようなことを言っただろう。

しかし、ローブほど明確に、力強く主張した人間はおそらくいなかった。そういう主張ができたのは、彼自身が一九二〇年から長年にわたり、ずっとその方法で投資を続けてきたからだ。実績があるため、正しいと確信することができた。ただし、本に書きながらも彼は、自分の提唱する方法を実践する読者が多くないことを知っていた。正しく実践するには、勇気と決断力が必要だからだ。

「本を読んだ人は皆、『そうだ！　これだよ！　こうすればいいんだ』と言うのですが、いざ書いてある通りにやろうとすると、難しいと悟るのです。自分の限界を知ってしまう、と言ってもいいかもしれません」

ローブの方法を簡単にまとめると、次のようになる。

まず、購入する株を選ぶ。購入前には、誰でも十分に情報を集め、識者の助言なども参考にするだろう。最後は直感に頼る人もいるかもしれない。ただ、どういうふうに株を選んだにしろ、その株が将来どうなるかは、まったく予測できない。

購入の翌日、予測もつかない事態が生じて、株価が急落することもあり得る。また、株価は確かに上がるけれども、短い間だけで、その後すぐに下がってしまうこともある。運が良ければ、長期間にわたって上がり続けることもあるが、いずれにせよ、事前に予測はできないし、ましてや、起きることを思い通りに操ったりはできない――他人の行動を操ることができないのと同じだ。実は株式投資も、一部は完全に偶然に左右されてしまうのである。

とはいえ、一つ確かなこともある。それは、遅かれ早かれ、どの株であれ、価格が下がるときは必ずあるということだ。そのときに「ラチェット効果」をはたらかせるのが、ローブのやり方である。自分の所有する株の価格が、購入後の最高値よりも一〇パーセントから一五パーセント下落したら、その株は即座にすべて売却してしまう。その価格が、購入時の価格より高くても安くても関係なく、必ずそうするのだ。

この方法では、利益が保証されないのは明らかだ。立て続けにいくつもの株を買ったら、途端にすべて一〇パーセント下がってしまう、というのも十分にあり得ることである。だが、そんなときでも、辛い思いをこらえて売却しなくてはならないのだ。つまり、小さな損をすることは常に覚悟して、利益が上がるのを待たねばならないということである。

ローブのやり方の利点は、大損は絶対にしないということだ。だからこそ、一九二九年や一九六九年のように市場が壊滅的な状況になり、多数の破産者が出ても、ローブは大損を免れたのである。ラチェット効果は幸運をもたらすというより、不運から身を守ってくれるものと考えるべきかもしれない。

ローブの方法は、理屈のうえでは完全に正しい。ただ残念ながら、うまく実践できている人は少ない。ロープ自身が言う通り、この方法にはかなりの犠牲が伴うからだ。特に辛いのは、「自分は間違っていた」とはっきりと認めなくてはならないことである。自分の心の中でそう認めるだけでは済まない。他人に自分の間違いが知られてしまう覚悟も必要になるのだ。

誰だって間違いを認めるのは辛い。耐え難いほど辛いこともある。三流の投資家の多くは、この辛さを嫌って三流のままで終わる。それで破産する人間もいる。

買った株が直後に下がり始めた場合、「すぐにまた上がるはず」と期待して、そのまま持ち続けてしまう人は多い。あとで本当に上がってくれれば、自分の判断の間違いを認めずに済む。だから「下がっているのは一時的なことだ。この株を買ったことは正しい」と自分に言い聞かせる。「最初にちょっと下がったからってすぐに売ってしまうのは軽率じゃないか。ここで売ったら後悔する。ちょっと待ってみよう。きっと、やっぱり買って良かった、自分は間違っていなかったと思うことになるから」などと考える。

すぐに売ってしまった結果、ひどく後悔することも確かにある。売却した株が、その直後に二倍に上がることもあるからだ。ウォール街で取引をしていて、これほど辛いことはほかにないだろう。そして、この辛い出来事は誰にでも起こり得るのだ。現に、毎年、何千人ものトレーダーの身にそういうことが起きている。だが、それがいつ起きるかを予測することは、まったく不可能だ。

だから、株価が下がり始めたときは、「上がってくれ」と祈りながら待つのではなく、そのまま下がり続けると考えるのが賢明なのである。勇気を持ってすぐに売却し、損失を最小限に食い止めるほうがいい。
もちろん、売却後すぐに株価が上がれば儲け損なってしまう。儲け損なえば後悔する。しかし、そのまま持ち続けて、株価が回復しようがないところまで下がってしまったら、もっと後悔するに違いない。

運の悪い投資家がしていることは、まさにそれだ。逆に言えば、そういうことをしているから運が悪いということになる。間違いを認めるのが嫌で、あるいは後悔するのが怖くてどうしても売ることができず、「せめて買ったときの値段に戻るまで」と思ってひたすら待ち続けてしまう。何カ月も、ときには何年、何十年も待つのだ(一九六九年に暴落した株を、その後長らく持ち続けた人は多かったし、一九二九年の暴落の際もやはり同じだった)。

仮に一〇年待って株価が元に戻れば、いちおう「自分は間違っていなかった」と思うことはできるかもしれない。それで「損はしていないから、いいじゃないか」と言い張る人もいるだろうが、厳密には損をしていることになるのだ。一〇年間、塩漬けで動かせなかったお金を、もし定期預金にでもしていたら、金利によっては倍に増えたかもしれないからだ。運の良い人なら、同じお金をもっと有効に運用することもできただろう。

運が良いといわれる投資家は、当然、これまで何度も自分の間違いを認めてきたはずだ。間違いを認める不愉快さに耐えて生きてきたとも言える。間違えたという事実は、自分だけではなく、証券会社にも、家族にも、もしかすると友人にも知られてしまっただろう。間違いを認めるたび、悔しい気持ちを味わったに違いないし、できれば認めたくないとも思っただろう。しかし、それに耐えなければいけないと考え、実際に耐えたのだ。勇気がいったはずである。

精神科医のスタンリー・ブロックと心理学者サミュエル・コレンティは、株式市場で損ばかりしている人について長年研究を続けている。彼らは、著書『Psyche, Sex and Stocks（サイケ・セックス・株）』の中で面白いことを書いている。

この本によれば、損ばかりする人に共通する特徴は、まず「自分を賢く見せたい」という気持ちが異常に強いことだという。もちろん、自分を賢く見せたい、賢く見られたいという欲求は、誰もが共通して持っているものだ。しかし、良い結果を得たいと思うのなら、その欲求をうまく抑える必要がある。自分を賢く見せたいという欲求が強すぎると、間違いを認めることができなくなってしまう。間違っている証拠がどれほど揃っていても、素直に認めることができず、その態度が不運を招くことになるのだ。

株式投資の場合は、その人の姿勢が直接結果に反映されるので、まだわかりやすいとも言える。だが、それ以外の場面で同様のことが起きていても、気づくのが難しいことが多い。ラチェット効果は、株式投資だけでなく、人生のあらゆる場面で有効である。自分の判断、行動が間違っているとわかったら、即座に、勇気を持ってそれを変えることが大事なのだ。そうすれば、判断の誤りによる悪影響をほとんどなくすことができる。

●手遅れになる前に

コネティカット州で開業している臨床心理士、ロナルド・レイモンド博士は、「運が悪い」とされる人の結婚や人間関係に共通する傾向を発見した。彼らのなかには、「絶対に自分とは合わない」とわかっている相手と長くつき合ったり、結婚をしたりしている人が多いのだ。早い段階で行動すれば、こじれて身動きがとれなくなる前に関係を断ち切れるのに、それをしない。

もちろん、関係を断ち切ることは、「自分が間違っていた」と認めることだ。それに、いったん日取りの決まった結婚式を中止したりすれば、どちらか一方、または双方が苦しまねばならず、恥ずかしい思いもすることになるだろう。

「うまくいかないとわかっている結婚を中止できないのは、そうしたら、多くの人に自分が愚かであると知らせることになってしまうからです」とレイモンド博士は言う。

「そのため、深刻な不安を抱えているにもかかわらず、何もせず結婚式の日までずるずると過ごしてしまうのです。式の日が近づけば近づくほど、状況は込み入ってきて中止は難しくなります。結局は、惰性のまま、お互いそうしたくないのに、結婚生活に入ってしまうのです。その後は、何年も、おそらくは生涯にわたって不幸な気持ちで過ごすことになります。なかには、私のところに相談に来る人もいます。不幸な状況から何とか抜け出す方法はないかと。本当は、結婚式の前に行動を起こすべきだったんです。間違った電車に乗ってしまったら、一刻も早く降りるべきでしょう。でも、私がそんなことを言っても意味はありません。彼らには最初からわかっていたのです。そう、わかっていたのに、手遅れになってしまったのです」

「運が悪い」といわれる人は、よくこのように「手遅れ」になってしまう。ラチェット効果は、早いうちならば、大きな力を発揮する。確かに嫌な思いはするし、勇気はいるけれど、動き始めたばかりなら止めるのは比較的簡単だし、それで失うものも、ほとんど（まったく）ないことが多い。

しかし、「早いうち」と呼べる時期は、あっという間に過ぎ去ってしまう。その時期を過ぎると、さまざまな「しがらみ」がまとわりつき、どんどん身動きがとれない状態になっていく。そうなると、もうどうすることもできない。おそらく一生そのままだ。

同様のことは仕事についても言える。

「好きでもない仕事に就いて、辞めることもできなくなっている人がどのくらいいるか、それを考えると悲しくなります」。前述のヘッドハンター、ウィリアム・バッタリアはそう言っている。「そういう人でも、若いうちならば、案外簡単に身動きがとれたはずです。しかし、同じ仕事を長く続けるほど、辞めるのは難しくなっていくのです」

作家のF・スコット・フィッツジェラルドは「アメリカ人の人生に第二幕はない」という言葉を残しているが、これはまさにそういう状況を言い表していたのだろう。もちろん、この言葉は少々大げさだ。実際には、途中で仕事や人生設計を変える人も大勢いる。しかし、それは決して容易なことではなく、誰にでもできるというものではない。

アメリカでは（おそらくほかの国でも）、途中で人生を変える人は多数派とはいえない。ほとんどの人は三〇歳、あるいはそれより前に、人生の基本的な部分が決まってしまう。それ以降は、せいぜい微調整をするくらいで、大きく何かを変えることは難しくなる。

歩む方向が固まってしまったあとで、実はその方向には思ったほどの可能性がないとわかる、そんな人も多い。本人がどの程度そう感じるかは人によるだろうが、彼らが「不運」な人たちであることは間違いない。だが、身動きがとれなくなる前に「自分は間違っていた」と認めていれば、不運は避けられたはずである。

ウィリアム・バッタリアは、「間違っていたと言えずに身動きがとれなくなってしまった人」の典型例を教えてくれた。北西部の小さな炭鉱会社に勤めていた若い化学者の話である。

彼は、その小さな会社を辞め、給料の高いニューヨーク近郊の大企業に移った。彼の妻は、この転職は間違いだと思った。山に囲まれ、川にはマスが泳いでいるような自然の中で育った人間が、大都会に出ていっても辛い思いをするだけだと考えたのだ。炭鉱会社の社長もやはり同じように、この転職は賢明ではない、大企業にはきっとうまく馴染めないだろうと考えた。「まあ、半年もしないうちに、戻りたいって言うんじゃないかな。半年後にはまたここに座っているさ」。そして、親切な社長はこう付け加えた。「待ってるよ。戻りたくなったら、いつでも連絡をくれ」

転職して数カ月後、彼は妻と社長が正しかったことに気づいた。何よりもまず、大都会での暮らしに馴染めなかった。さらに、新しい職場では、予想もしなかったような不運に見舞われた。社内で内紛が起き、経営陣が大きく入れ替わったのだ。彼を雇って、「努力次第でいくらでも出世させてやる」と言ってくれていた重役も、突然降格され、権限を剥奪されてしまった。やがて内紛は収まったが、そのときには、彼の仕事も、将来の可能性も、最初の契約とはまったく違ったものになっていた。

ラチェット効果をはたらかせるのなら、まさに今、というタイミングだった。しかし、彼は妻や元の会社の社長に「自分が間違っていた」と言うのが嫌で、ニューヨークに留まった。今は良くないけれど、待っていればいずれ状況が好転することもあるのではないか、とも考えた。

「確かに、ただ何もせずに待っていて、問題が目の前から消え去ることもあります」とバッタリアは言う。

「何もせずに待つ、という方法で人生を乗り切ろうとする人は大勢いるでしょう。実際にそういう人をたくさん知っています。彼らは、ただ待っていれば物事が良い方向に向かうと考えるのです。確かに、予想もしなかったようなことが起きて、状況が急に良い方向に変わることがないとは言えません。時間が経てば、問題自体がなくなってしまうこともあります。でも、いつもそんな受け身な姿勢で人生に臨むのは、『博打を打ち続けている』ようなものです。待っているだけで問題が消えるということは、普通はないからです。少なくとも短期間で消えてしまうことなど。むしろ、放っておけば悪化することのほうが多いはずです」

ニューヨークに留まった彼に起こったのも、まさにそういうことだった。やがて彼は、目の前の問題が一時的なものではないと悟るのだが、そのときにはもう身動きがとれなくなっていた。最初の数年のうちならば、会社を辞めて地元に戻ることもできただろう。しかし、それができなかったのは、次に書く「第二の障害」が彼の前に立ちはだかったからだ。

この第二の障害は、時間が経つほど大きくなっていく。

第二の障害　投資したものを捨てるのは難しい

ここでいう投資には、お金だけでなく、愛情、時間、努力など、お金以外の投資も含まれる。また、そのうちの一つではなく、お金と努力、愛情と時間、時間と努力などを組み合わせて投資する場合もあるだろう。このように具体的内容はさまざまだが、いずれにしろ、その投資は本人にとっては大事なものであり、守るべきものであるはずだ。

だが、何かに投資したけれど結果が思わしくなかったという場合、投資したものをすべてあきらめて捨てなければ、先には進めない。自分が間違っていたと認めるのも辛いが、投資したものをあきらめて捨てることも、同じくらい辛いことである。ときには、そちらのほうがはるかに辛い場合もある。あまりに辛いため、どうしてもあきらめられない、捨てられないという人も多い。しかし、捨てないでそのままにしていると、いつまでも悪い状況から抜け出すことはできない。状況が悪化していくなか、どうすることもできずにもがくだけになってしまう。

先に触れた若い化学者にも、ニューヨークへの転職には相当な投資をした、という気持ちがあった。まず、遠くまで引っ越すのに費用がかかっている。郊外に家も買ったし、家具も購入した。時間も投資している。しかも、ニューヨークで過ごす時間が長くなればなるほど、当然のことながら投資した時間は増えることになる。

努力の投資も大変なものだ。新しい知識・技術を習得する必要にも迫られただろう。会社の主催するセミナーにも参加したし、それでも足りない部分を補うため、夜間大学にも通った。企業年金の掛け金も支払っているし、長く勤めるほど額が増えるボーナス制度のことも考えてしまう。こうして、時間が経てば経つほど、お金と時間の投資がどんどん増えることになってしまった。

やがて七年、八年と時が経ち、「第二の障害」はそれに伴って大きくなり、とても乗り越えられないと感じるほどになってしまった。もはや、自分がかつて夢に見た理想——会社で研究だけをしていられるという理想——が実現されることは決してないだろうとわかってきた。

今では、社内で最も活気のない部署に追いやられ、仕事といえば物品の購入と品質管理だけ。彼は中年になった今もそこにいて、陰気な顔をしてただ退職までの時間を過ごしている。とても幸せな人間とは言えない。

ときどき友人に愚痴る。

「チャンスは皆に回ってくるのに、自分には回ってこない」

確かにその通りかもしれない。しかし、ニューヨーク行きが失敗だったとわかったとき、すぐにラチェット効果をはたらかせて、会社を辞めていれば、損失は最小限に食い止められたはずだ。会社を早いうちに離れていれば、ほかのチャンスを探すこともできただろう。しかし、そうせずに手をこまねいているうち、あっという間に手遅れになってしまったのだ。

•損切の有効性

ウォール街でも、今まで投資したものをあきらめることができず、それが悲惨な状況を招いているという人が多い。先に触れたジェラルド・M・ローブの場合は、株価が一定以下に下がれば、たとえそれで投資した大金が無駄になろうとも、即座に売却を決めていた。ときには、資産の一〇分の一が一気に失われるようなこともあったが、それでもためらわなかった。「一〇分の一を失っても、残りの一〇分の九はまだある。それで十分」というわけである。

だがほとんどの人は、それだけのお金をみすみす捨てて穏やかではいられない。

先に触れた『Psyche, Sex and Stocks』の著者、ブロックとコレンティの二人は、あまり上品ではないたとえを使ってこう指摘している。

「投資家のなかには、まるで『便秘』になってしまったような人が多い。ほんのわずかなお金でさえ、自分から出ていくのを極端に嫌がる。たとえ、それが破滅につながるとしても、持っているものに執着し、手放すことを拒否するのだ」

ポーカーのようなギャンブルにおいては、第二の障害が株式投資と比べて恐ろしいほど大きくなり得る。ゲームをやめない限り、ずっと投資を続けなくてはならないからだ。その意味でポーカーは、ウォール街よりもさらに厳しいと言える。

たとえば株を買ったとしても、(信用取引をしていない限り) その後さらに投資が必要になることはない。相場が下がったときすぐに売却する決心がつかなければ、投資したお金が減っているのを惨めな気持ちで見なくてはならないが、それ以上のひどいことは起きない。株が下がっても、さらに金を払えと要求されることはあり得ないのだ。

だが、ポーカーの場合は事情が違う。ポーカーは実に面白いが、苦しいゲームなのである。前に投資したお金を守ろうとすれば、続けて投資をしなくてはならない。長くプレーし続けるほど、投資額は増えていく。つまり、長く続けるほどやめるのが嫌になるということだ。

ミネソタ大学でコミュニケーション学の教授を務めるE・ルイス・マヒゲル博士は、ポーカーについての造詣が深く、ポーカーでいつも勝つ人、いつも負ける人は性格的にどう違うかということもよくわかっている。

博士は一五歳のときに高校をやめ、その後は一〇年間、プロのギャンブラーとして生計を立てていた。いわゆる「ハスラー」だったわけだ。それでかなり裕福に暮らしていた。

彼が成功できたのは、自分自身も含めた人間というものについて深く追究したから、人間をよく知っていたからだろう。ギャンブラーの生活に飽きてからは、高校の卒業資格を取得して大学に行き、最終的には博士号もとった。しかし、いまだにポーカーをしていた頃の体験はよく覚えているし、どういう人間が勝ち、どういう人間が負けるかも覚えている。

「ギャンブルに勝ち続ける人、ギャンブルのプロの際立った特徴は、彼らがゲームの〝やめ方、やめどきを〟知っているということです。そして、うまく『損切り』ができるというのも特徴です。もちろん、『どんな手札のときに、どのくらいの確率で勝てるのか』といった数字のデータは、すべて頭に入っています。そういうことも彼らの強みであり、そのおかげで戦いを優位に進められることは間違いないでしょう」

「しかし、それが最大の強みというわけではありません。最大の強みは、やはりきっぱりとあきらめることのできる心の強さです。データから見て勝てる見込みが薄いとき、彼らは迷うことなくゲームから撤退します。カードを置き、お金を引き上げてしまうのです。いつも負けてばかりいる人は、とてもそうはいきません。感情が邪魔をするのです。それまでに投資したお金を失うことに気持ちのうえで耐えられず、勝つ見込みがほとんどない勝負に挑んでしまうのです」

大きく得をするために小さな損を厭わない。たとえ小さな損が続いても受け入れる。それが、ギャンブルにしろ投資にしろ、長い目で見て「勝つ人間」に共通する特徴である。勝つ人間は必ずそうだ。そしてこれは、人生において「運が良い」とされる人すべてに共通する特徴とも言える。

「売りどきを知っていること。そして、売るべきときに売れる勇気があること。それは、人生で成功するための必須の条件です」とジェラルド・ローブも言っている。

売るべきときに、持っている株をすべて思い切って売ることができる、それが運の良い人になるための必須条件なのだ。

彼らは、たとえば恋愛などにおいても、不満を抱えたまますずるずる関係を続けたりはしない。それまでに投資してきた「愛情」を無駄に捨ててしまうことになっても、早い段階で関係を断ち切る。時間が経って仮に結婚することにでもなってしまえば、さらに関係を絶つことが難しくなるとわかっているからだ。仕事においても、状況が良くないと見れば、ただ好転するのを手をこまねいて待っていることはない。投資してきた時間や努力を思い切って捨て、早いうちに新たな道に踏み出すのだ。

以前、一代で巨富を築いたスイスの銀行家に会い、話を聞いたことがあるが、彼は自分の投資哲学をこんな言葉に要約していた。

「トラと綱引きをして負けたら、すぐに綱から手を離すべきです。そのまま綱を持っていれば、トラは手に食いついてくるでしょう。綱なんていつでも買えますから、あきらめればいいんです」

大きな損を防ぐために、小さな損を受け入れなくてはならない――人生にはそんな状況が頻繁に訪れる。これを実践できている人が「運の良い人」といわれるのだ。

この章と前の章を読んで、「そうか、運の良い人というのは、移り気で簡単に態度を変える人のことなんだな」と解釈する人がいるかもしれないが、絶対にそんな解釈をしてはいけない。森にゴルフボールを打ち込むと、何本もの木に当たって次々に飛ぶ方向を変える。それと同じで、気まぐれに態度を変えても、運が良くなるわけではない。たいした意味もなく、つき合う相手や仕事を次々に変えていっても、幸せにはなれないのだ。

まずは自分の置かれている状況をよく見る必要がある。そこに留まって望ましい結果が得られる見込みがおおいにあるなら、留まるべきだろう。勇気を持って撤退するのは、そこに留まってもまず良いことはない、と判断できたときだけだ。

私の知る限り、気まぐれにあちこち動き回って幸福になったという人はいない。ただ、ずっと同じだと退屈だからとか、隣の芝は青く見えるとか、そういう下らない理由で動いても、何も良くなりはしない。変化のための変化では意味がないのだ。

運が良い人は、職を転々としたりはしない。会社を次々に変わっても、結局やっていることが同じなら意味はないだろう。次々に離婚するのも同じこと。まだ見ぬ理想の相手を探し求めている、などと言って簡単に相手を変えてしまうような人が、幸せになるはずがないのだ。目的もないのに、ただ態度をコロコロ変えるのもいけない。むしろ、不幸を招く恐れのほうが大きくなるだろう。

変化がいつでも幸運に結びつくわけではない。結びつくのは、次の二つの場合だけだ。

一つは「目の前に絶好のチャンスが訪れた場合」である。これについては前の章で触れた。絶好のチャンスが訪れたなら、変化を厭わず、勇気を持ってそれをつかみ取らなくてはいけない。

もう一つはこの章で触れた「自分の置かれた状況が悪化し始め、待っていても良くなる見込みがない」という場合である。待っていても好転しないことがわかっているなら、早いうちに動かなくてはならない。身動きが取れなくなる前に、その場を離れなくてはならないのだ。これが「ラチェット効果をはたらかせる」ということである。

勇気とラチェット効果――運を良くするには、この二つの要素が欠かせない。もちろん限界はあるが、勇気を持つことができれば、またラチェット効果をはたらかせることができれば、ある程度は自分の運を良くすることができるのだ。これは、良いカードが配られたら、それを確実につかんで手放さないようにし、悪いカードが配られたら即座に捨てる、ということである。しかし、頭ではわかっていても、現実にこれを実践できる人は少ない。その数少ない人たちが「運の良い人」と呼ばれるのである。

勇気とラチェット効果について大切なのは、両者が補完し合う関係にあるということだ。勇気ある人ならば、ラチェット効果も、おそらく必要なときに早い段階ではたらかせることができる。そして、ラチェット効果がうまくはたらいていれば、間違った場所に縛りつけられて身動きがとれなくなることはない。だとすれば、きっと勇気を出して一歩踏み出すことも容易だろう。

ラチェット効果をうまくはたらかせることができる人は、状況を一定水準より悪化させることがない。だから、目の前にチャンスが訪れたときにも、恐れることなく、つかみ取ることができる。そのチャンスにリスクが伴うとしても、つかみ取る勇気が出るのである。

彼らは、こう考えているはずだ。

「チャンスに手を伸ばせば、失敗して何かを失うかもしれない。でも、失うものはそう大きくならない。大きくしない自信が私にはある」

転職した先で仕事がうまくいかなかったとしても、つき合い始めた人との関係が悪化したとしても、買った株が下がってしまったとしても、「これはダメだな」とわかれば即座に撤退できる――そういう自信があれば、怖いものはほとんどないだろう。

絶好のチャンスが訪れたとき、それをためらうことなくつかみ取れば、その先に無限の可能性が広がることになる。ラチェット効果により、失敗した場合の損失はある程度以下に抑えられるが、それで可能性まで限定されるわけではないのだ。

こう考えていくと、運というものは「一定の範囲内でならコントロールの効くもの」と言えるかもしれない。

第五章

運の良い人は悲観的推測に基づいて行動する

The Pessimism Paradox

「運の良い人」というと、なんとなく「楽観的」というイメージがあるのではないだろうか。私も最初は「運の良い人ほどきっと楽観的なのだろう」と思っていた。しかし、それは間違いだった。

運の良い人はもちろん、幸せな人生を送っている。そうでなければ、「運が良い」とは誰も言わない。幸せな人生を送っているからこそ、「運の良い人」と呼ばれるわけだ。運が良いと他人から思われ、自らも運が良いと思う人は、おそらく何か自分なりの目標をすでに達成した人だろう。

目標を達成するためには努力も必要だが、それとともに、偶然の力（同じことを「運」、「神」などと呼ぶ人もいる）も大切だ。目標が達成できた人は、それに満足し、嬉しい気持ちで日々を過ごしている。だからよく笑う。そういう人と一緒にいれば、みんな楽しい。それでつい彼らを「楽観的な人」と呼びたくなるのだが、それは違うのだ。

「楽観的な人」というのは、簡単に言えば、「なんとなくうまくいくだろう」といつも思っている人のことである。しかし「運が良い」といわれる人たちは、だいたいそうではない。むしろ、彼らのほとんどは、極めて悲観的な一面を持っている。頑固、気難しい、神経質、という面もある。いつも楽しい人かと思って接していると、ときおり彼らのそういう面に触れて驚かされることがある。

こういう「悲観的な」性格は、生まれつきのものというより、あとから身につけたものであることが多いようだ。自分で意識して、懸命に悲観的な態度を取っていると言ってもいい。つい気が緩んで楽観的になりそうになるが、日々細心の注意を払い、努めて悲観的なものの見方をするようにしている、ということだ。理由が明確にわかってそうしている人もいれば、なんとなく直感でそうしている人もいるが、ともかく、悲観的な態度をとても大切にしているのである。その態度を失えば幸運が逃げていく、そう思っているのだ。

私自身も、最初に抱いていた「運の良い人は楽観的だろう」という先入観を、なかなか変えることができなかった。たとえば、ラスベガスのプロのギャンブラーから「負ける覚悟のできないうちは勝つことを考えてはいけない」という言葉を聞いたときには困惑した。石油王のJ・ポール・ゲティは「取引に向かうときに一番考えるのは、失敗したときにどうするか、です。失敗による損を最小限に食い止め、身を守るにはどうすべきかを考えるのです」と言っていたが、これも同じだ。

商品相場で大儲けをした女性と話したときにも戸惑った。彼女はこう言った――「四回取引をしたら、三回は失敗してお金がなくなるだろう、と思っています。四回全部失敗しても、私は何も驚きません」。大投資家のジェラルド・ローブも、彼独特の言い回しで同じ趣旨のことを話していた。「株式市場で楽観的になるのは自殺行為ですね」と言いきったのだ。たぶん、私が一番驚いたのはこの言葉だろう。

なぜ、みんなこれほど悲観的なのか、それをよく考えねばならない。

運の良い人の悲観的態度について調べるうち、私はそれを二つの法則でほぼ言い表せることに気づいた。二つは互いに関係し合っていて、実は表裏一体と考えてもいいくらいだ。

ただ、ここではわかりやすくするため、二つをまったく別のものとして、一つずつ説明していくことにする。

◇マーフィーの法則

「マーフィーの法則」は広く知られており、特にエンジニアやビジネスマンが好んで口にする。難しい言い方をすれば、「この不確実な世界の中で、確実なものを渇望している人たち」に特に愛されている法則、ということになるだろう。マーフィーの法則の中でも最も有名なのは、「うまくいかない可能性のあるものは、必ずうまくいかない」というものだ。

幸運をつかむには勇気が必要、ということはすでに書いた。なぜそう言えるのか、理由もすでに説明した。また、運が良いといわれる人は、何か賭けに出るとき必ず「ラチェット効果」をはたらかせる、ということも書いた。賭けに負けたときにはいち早く撤退して、損失を最小限に食い止めるのだ。

運が良い人は当然、よく幸運に恵まれるわけだが、彼ら自身は決して「自分は幸運に恵まれやすい」とは思っていない。そして、そのことが逆に幸運に恵まれる理由になっている。幸運の女神が気まぐれだということを、彼らは知っている。今日は優しくしてくれても、明日は急に蹴飛ばすかもしれない、と。

「自分は幸運の女神に愛されている」などと絶対に思ってはならない。最高に幸せで輝いているとき、素晴らしい幸運に恵まれて気分が高揚しているとき、この幸運が奪われることなどあり得ないと思えるとき、人間はそんなときが最も危ない。最も不運に弱くなるのは、そんなときなのだ。

幸福で気分が高揚しているときには、どうしても悲観的な態度でいることが難しくなる。態度が悲観的でなくなるというのは、つまり無防備になってしまうということだ。不運から身を守る力が弱まってしまう。ラチェット効果もはたらきにくくなる。何か悪い予感がしても、それを無視する。せっかく予感が何かを伝えようとしているのに、聞きたくないからと耳をふさいでしまう。そして、気づくとうつぶせに倒れ、顔を泥の中に突っ込んでいるということになる。幸運の女神に足で首を踏まれ、身動きがとれない。

ヘレナ・ルビンスタインは、まだビジネスの世界で女性が活躍することが稀だった時代に化粧品会社を創業し、大成功を収めて莫大な財産を築いた人物である。彼女の考え方は、まさにマーフィーの法則と同じだった。どれほどの幸運に恵まれても、悲観的な態度を崩すことが一切なかったのだ。

九二歳で亡くなる少し前、彼女は『My Life for Beauty（美に捧げた人生）』という本を書いた。オーストラリアの小さなビューティーサロンから始めた事業が、驚くほどの成長を遂げて世界的有名企業になるまでの軌跡が書かれている。

その著書で彼女は、偶然訪れた幸運が自分の成功に大きな役割を果たしたことを率直に認めて、「運命の綾」、「幸運の天使」といった言葉も多用している。残念ながら、幸運が訪れた背景についてはほとんど書かれていない。気軽に読める楽しい本にするためか、彼女の人間性の中でも私が最も重要と思う「悲観主義」の部分については、何も触れられていないのだ。

ヘレナは実際、本当に悲観的なものの見方をする人だった。雑誌の仕事で一度、電話をかけたことがあるのだが、私が電話ボックスからかけていると知ると、すぐに「あなたの電話番号を教えてください」と言ってきた。電話ボックスだと途中で話ができなくなると困るから、自分のほうからかけ直す、というのだ。そんなことが起きる可能性を、私はまったく考えなかった。これは間違いなく、「うまくいかない可能性のあるものは、必ずうまくいかない」という法則に従った言動である。実際、気づくと私は小銭を使い切っていた。

この悲観的な態度は、彼女の幸運な、しかし波乱に満ちた人生で非常に重要な役割を果たした。彼女にも自分なりのマーフィーの法則があった。「製品に誤った使い方をされる可能性があるなら、必ず誰かが誤用する」というものだ。そして、これには「誤った使い方をする顧客には、必ず、そのことを話す友人が大勢いる」という法則も付随する。

一度、新しいスキンクリームの開発中に、彼女が「このクリームの瓶をヒーターの上に置きっぱなしにする人がいたらどうなるの？」と言い出したことがあった。その言葉を受けて調べてみると、もし本当にそんな顧客がいれば悲惨なことになるとわかった。温めたクリームは完全に変質してしまったのだ。実に汚い、気味の悪い液体に変わってしまった。結局、開発は中止された。

ヘレナは、ダンサーのイサドラ・ダンカンのファンだった。ロンドンで一度会ったことがあり、ダンスだけでなく、服飾に関してのセンスも素晴らしいと思っていた。特にドラマチックでカラフルなところに心惹かれた。

イサドラがいつも身につけていた、引きずるほど長いスカーフやショールが好きで、「自分も同じようなものを身につけてみたい」と考えていた。しかし、結局はそうしなかった。引きずるほど長いスカーフをしていたら、閉まりかけたドアに挟まるかもしれないし、ディナーパーティーでスープに浸かってしまうかもしれない。棚に置かれた物を引っかけて落とし、壊すかもしれない。そう考えたからだ。マーフィーの法則では、必ずそうなるのだ。

しかし、この件については、ヘレナですら楽観的すぎたことがのちに判明する。イサドラ・ダンカンは、このスカーフが原因で命を落としたのだ。乗り込んだ車が発進する際、車輪が長いスカーフを巻き込んでしまったのである。まだ四九歳の若さだった。

世の中には、トラブルに巻き込まれやすい人、事故に遭いやすい人というのがいる。心理学者や医師の間では、そういう人種が存在することはよく知られている。トラブルや事故の大半は些細なものである。せいぜい、つま先をどこかにぶつけるとか、少し指を切るとか、その程度のものだ。だが、ときには深刻なトラブルもある。実際イサドラも、船のデッキにあいた穴に落ちたことがある。そういう事故は、彼女が不器用だから、運動神経が鈍いから、という理由で起きたわけではないだろう。少なくとも、舞台上での素晴らしい、優美な動きを見る限り、運動神経のせいだとは考えにくい。それでもトラブルに見舞われてしまうのは、彼女が「起き得るトラブル」に対して何ら備えることのない人だったからだろう。要するに、極端に不注意な人だったということだ。

彼女の、ときに信じがたいほどの不注意さは、人生のあらゆる面に見られた。ただ怪我をするに留まらず、ありとあらゆるトラブルが起きていた。彼女は三人の子供を産んだが、いずれも私生児だった。三人とも、彼女より先に亡くなっている。一人は生まれて間もなく死に、あとの二人は自動車事故だった。

イサドラは、パスポートなどの重要書類をなくして、役所に面倒をかけることも多かった。いつもお金に困っていて、借金をしては返せなくなり、債権者への対応に多くの時間をとられていた。お金がないのは収入が少ないからではなく、驚くほど管理がずさんだったからだ。

彼女のように、豊かな才能を持ちながらたえずトラブルに見舞われ、若くして亡くなる人はときどきいる。心理学では昔から、そういう人は潜在的に「自滅したい」という願望を持っているのだと説明されていた。この解釈は、一般論としてはいまだによく聞かれるが、現代の心理学や精神医学の専門家には支持されなくなっている。

その一人が、カリフォルニア大学教授で精神科医のフレデリック・I・マグワイヤ博士だ。博士は、トラブルに遭いやすい人間についての研究では全米でもよく知られた存在だが、やはり古くからの解釈には疑問を唱えている。

「確かに自己破壊願望、自殺願望が深く関わっているとみられる事故も、なかにはあります。しかし、トラブルの多い人すべてに同じ説明が当てはまるとは思いません。原因は人によっていろいろでしょう」

「ギャンブラーズ・アノニマス」のメンバーについて長年研究してきたジェイ・リビングストン博士も、マグワイヤ博士と同じことを言っている。「いくら負けてもギャンブルがやめられないという人も決して、自滅願望を持っているわけではないというのだ。

「過去には確かにそういう見方がありましたが、今では時代遅れですね。トラブルや事故、ギャンブルでの損失など、不運によく見舞われる人について調べてみても、彼らが自滅したがっている、損をしたがっていると言える証拠が見つかることは少ないのです。彼らもやはり勝ちたいし、幸運に恵まれたいと思っています。不運な目に遭ってしまうのは、それを望んだからではないのです。原因はもっと別のところにあります。それはおそらく『行きすぎた楽観主義』でしょう」

同じことを「悲観的な態度の欠如」と言い換えてもいいだろう。そのほうが、マーフィーの法則との相性は良い。

イサドラ・ダンカンが事故に遭い、重要書類をなくし、金銭のトラブルも起こす、という波乱の人生を歩んだ理由も、主にこの「悲観的な態度の欠如」にあると考えられる。彼女は明らかに、自分の運の良さを信じすぎていた。大仰で激しい文体で書かれた彼女の自伝にも、そのことがうかがえる記述がある。たとえば「私は神に遣わされた人間である。これまでずっと、自分の前に現れる前触れや兆しを察知し、それに導かれて人生を歩んできた」という具合だ。

何か新しいことを始めるたび、状況が変わるたび、彼女は神が自分を助けてくれると思った（これは、つまり「自分は必ず幸運に恵まれ、うまくいくはず」と信じていたということである）。失敗する可能性について立ち止まって考える、ということはまずなかったし、不運に見舞われたときに備えて策を講じる、ということもなかったのだ。

あるとき、イサドラは衝動的に、大規模なパーティーとダンスショーを野外で開催する、という計画を立てた。万一、雨が降ったときのために、屋内の会場も用意しておいたほうが賢明だという友人の助言を、彼女は芝居がかった言葉で一蹴してしまう――「人生は生きるためのものよ。心配するためのものじゃないわ」。当日は案の定、雨だった。会場にはほとんど誰も来なかったが、それでも仕出し業者はやってきた。大量の食べ物が用意されており、どれも、保存がきかない。その代金は、彼女に請求されることになった。

自らの幸運を強く信じる人ほど、実際には幸運に見放される。まさにパラドックスだ。運命の女神は、強く寄りかかりすぎると、身をかわしてしまうのである。

運が良いと思われる人は、多くの場合、悲観的な態度でトラブルを避けている。

たとえば、寝室の扉の内側に絵を描くとする。運の良い人は、「絵を描いている間に起きそうな悪いこと」を事前に考えるのだ。たとえ部屋の外に「今、絵を描いています」という貼り紙をしたとしても、うっかり見落とし、最悪のタイミングでドアを開ける人間がいるに違いない。ドアは顔を直撃するかもしれないし、ひじに当たってはずみで手からブラシが落ちるかもしれない。ペンキ缶が倒れることもあり得る。この三つが同時に起きることだってあるだろう。それが嫌ならば、こういうことが確実に起きるのだ、という前提で行動するしかない。ペンキ缶の置き場所をよく考え、ドアが急に開かないよう常に足で押さえるようにする、といった対策を講じるのだ。運の良い人はそうしている。

反対に、運の良くない人は肩をすくめてこんなふうに言う。「私は運が良いから大丈夫。神様はきっと自分に味方してくれる。第一、絵はほんの一〇分くらいで描けるんだから。子供は近くにいないし、おじいちゃんはテレビの前でうたた寝してるし……」。しかし、おじいちゃんも一年に一度くらいは、突然起きることがあるかもしれない。そして、眼鏡が見つからずに、家の中を歩き回るかもしれない。そういうことは十分に起こり得るのだ。

以前、南アフリカで何年にもわたり、バス運転手と事故についての詳細な調査が行われたことがあった。このときも、悲観的な態度の大切さがわかる結果が得られている。ほかより多くの事故を起こしている運転手は、総じて非常に楽観的な性格だったのだ。具体的には、①自分の運転技術、②ほかの運転手の技術と注意力、③自分の運、という三つのことに関して非常に楽観的で、過信していることがわかった。

迷信深い人も多かった。危険な交差点を通るときも、「自分は運が良いから大丈夫」として運に頼ろうとする（つまり「運」というものを、自分を守ってくれる「神」のように考えているわけだ）。決して、自分で自分の運を良くしようとはしない。ただ、もともと運が良いはずだから大丈夫と考えてしまう。これも一種の迷信だろう。

何かを選んだり判断しなくてはならないとき、迷信が役立つこともある、というのはすでに書いた。だが迷信が役立つのは、あくまで、できる限り自分で客観的な情報を集め、合理的な判断を下そうと努力したあとのことである。

競馬やルーレットなどのギャンブルで負け続け、大金を失う人たちも、悲観的な態度に欠けている点では、事故の多い運転手たちと同じである。彼らについても、トラブルの多い人と同じように、「破滅願望があるのだろう」という解釈が古くからなされてきた。

だが、この解釈に関しても、裏づけるような証拠は私の知る限り見当たらない。カジノだろうが、競馬だろうが、サイコロ賭博だろうが、ギャンブルの種類に関係なく、そういう破滅願望を持った人の例を、私は一人も知らないのだ。ひどい精神の病を抱えた人なら、ひょっとするとそういうこともあるかもしれない。だが、それ以外はまずあり得ないだろう。

ギャンブラーは誰でも、幸運に恵まれたいと望んでいる。負ければ、誰でも気分が沈むし、勝てば、誰でも喜ぶ。なかには、ギャンブルで勝つことに至上の喜びを見出す人もいる。あまりに喜びが大きいためにその経験を忘れることができず、繰り返し気まぐれな運命の女神の手にお金を預けてしまう、そういう人がいるのだ。

彼らは破産したいわけでも、飢えたいわけでもない。そんなことはあり得ないことだ。彼らの問題は、「楽観的すぎること」である。

ジェイ・リビングストン博士は言う。

「ギャンブルにのめり込んでいる人について詳しく調べていくと、彼らの多くが、はじめのうちは勝っていたということがわかります。ギャンブルを始めたばかりの頃は『ついていた』わけです。それがあまりに楽しかったために、同じ気持ちを繰り返し味わいたいと思ってしまったのです。しかし、確率の法則はそれを許しません。それは誰にとっても自明のことのはずですが、彼らは『また同じことが起こるはず』という希望を失いません」

これは「楽観主義の呪い」である。前述のウィリアム・ボイド博士も、このいわゆる「ビギナーズラック」の危険性を指摘している。

「ギャンブルにのめり込む素質を持った人というのはときどきいますが、こういう人にとって一番良いのは、ギャンブルを始めたばかりの頃にひどい負けを経験することです。もしビギナーズラックを経験してしまったら、それは最悪の不運かもしれません。死刑宣告に等しいと言ってもいいでしょう」

同じことはギャンブルだけでなく、人生全般についても言える。たとえば保険会社は、見方によっては「悲観主義を売る」のが商売だとも言える。人が保険に入るのは、不運から身を守るためだ。自分が不運に見舞われることなど想像もしない人、星や神が神秘的な力でいつも自分を守ってくれると信じている人は、保険など入らないだろう。

保険会社ノースウェスタン・ミューチュアルに勤めるピーター・フェイガンは、こんなことを言っている。

「私たちにとって何より良くないのは、若い人たちが早いうちに幸運に恵まれることです。自分自身にも、家族にも何も悪いことが起きない。病気にもかからず、大きな金銭問題も生じない。そうなると、彼らは自分を無敵のように思い込みます。なんとなくかもしれませんが、ともかく、このまま何も起きずに順調に歩んでいけるだろう、と思ってしまうのです。そしてこんなふうに言います。『運は良いほうだと思いますね。ずっとそうです。ちょっと良くないことが起きても、しばらくするとまた良いことがあるし……』」

「……私は仕事上、こういう幸せな、楽観的な人たちに冷水を浴びせるようなことを言わなくてはならないので、いつも申し訳ない気持ちにはなります。ただ、幸せな人たちほど、不運に弱いというのも事実なのです。ずっと幸運だった人は、保険に入らないことが多いし、不運に備えることをまったくしていない場合が多いのです。つまり、『自分は運が良い』と感じている人ほど、あとで不運に見舞われたときに大きな打撃を受けやすい、ということです」

「自分は運が良い」という思い込みこそが、不幸を招く大きな原因になる、ということだ。その思い込みには客観的な根拠はない、ということをよく認識しておくべきだろう。マーフィーの法則を常に忘れてはいけない。

実は、プロのギャンブラーにとっては、マーフィーの法則ですら甘すぎるらしい。

彼らは、「物事は常にうまくいかない」と思っているだけではない。「悪いことが起きるときは、その起き方も常に最悪である」と思っている。つまり、ただ不運に備えて準備をしているのではなく、「自分はとてつもなくひどい最悪の不運に必ず襲われる」という前提で行動しているのだ。

ラスベガスのあるギャンブラーは、私にこう話してくれた。

「ギャンブルの弱い人に限って、もし負けが込んだらどう耐え忍ぶか、ということを考えないのです。負けが込んでしまっても勝負を続けるには、資金が必要です。次に大きなツキが回ってくるまで、負けることに耐えられるだけの十分な資金がなければ、最後に勝つことはできません。資金が豊富であればあるほど、長く耐えられるのです」

「ところが、弱い人は耐え忍ぶことの大切さをわかっていないことが多いんです。だから、たいした資金の用意もなく勝負に挑みます。負けたときのことを何も考えていない、というわけではないのですが、負け方に対する見通しが甘いのです。彼らはまず、自分が『大負け』するとは考えていません。勝ったり負けたりはするだろうが、極端な大負けはしないだろう、と思っているのです。しかしプロは、現実がそうでないことを知っています。プロは自分が、大負けをするもの、と思って勝負をしています。まるで悪夢のような負け方をしても、動じることなく対処できるよう準備をしているのです」

ギャンブルでの「悪夢のような負け方」というのが具体的にどれほどのものかは、ルーレットを例に考えてみるとわかりやすい。たとえば、「赤か黒か」に賭けるなど、五分五分の勝負をしたとしよう。一度の賭け金は必ず一ドルだとする。この場合、平均をとれば、だいたい二回に一回は勝てる計算になる（正確には、赤と黒以外に、緑に塗られた「ハウスナンバー」が加えてあるので、勝つ確率は二回に一回よりはやや低い）。また、「赤の次は黒、黒の次は赤」というように、振り子が揺れるように交互に出るわけではない。それは皆、知っているだろう。何度か赤が続いたかと思うと、何度か黒が続くこともあり得る。

では、最高で赤ばかり、黒ばかりがどのくらい続くと考えておけばいいのだろう。おそらく、「続いてもせいぜい五回くらい」と考える人が多いのではないだろうか。それに加えて、ハウスナンバーの分も考えておかねばならない。ハウスナンバーは続いても二回くらい、と考えるのが妥当のように思える。これを総合すると、最悪でも「七回連続外れ」くらいを想定しておけば大丈夫のようだ。要するに、余分に七ドル持っていれば、一晩中プレーできるということである。

しかしこういう考えだと、もし万一、一〇回連続、一五回連続外れてしまうような事態になったら、簡単に資金が尽きてしまうことになる。ひどいときにはもっと早く資金が尽きて、プレー続行不可能になるかもしれない。不運に対する備えが不十分ということだ。

あらかじめ最悪の事態を想定し、十分な資金を用意していれば、負けが続いたあとに一気に流れを変えることもできる。

たとえば、「続けて負けたら、その後は賭け金を増やす」という単純な作戦でもそれは可能だ。もし賭け金を増やしたときに勝てば、その前に負けたときの損を一度に取り戻せるからだ。これはたやすいことのようだが、実行するには大変な額の資金が必要である。特に、延々と負け続けた場合には、必要な額が大きくなってしまう。

ちなみに、資金豊富な客が来た場合に備えるため、カジノでは必ず、一回の賭け金の額に制限が設けられている。過去何世紀かの間にルーレットの必勝法は何十と考案されたが、主にそういう理由から、どれも本当に「必勝」とは言えない。現在でも、ラスベガスやモンテカルロには、必勝法で勝てると思い込んでいる楽天的な客が大勢やってくるが、なかなかそうはいかないのである。確かに、「そこそこの不運」くらいなら、賭け金を増やすことで損を取り戻すことも十分可能だが、長い間には誰でも必ずひどい不運に見舞われることになる。そのときの損を確実に取り戻す方法は存在しないだろう。

第二部で紹介した数学者のマーティン・ガードナーは、ランダム理論の信奉者であると同時に、大のギャンブル好きでもあった。彼もやはり、「極端な不運」に襲われることを覚悟して常に準備するのを信条にしていた。

「大丈夫。雷が同じ人に二回落ちるなんてことは絶対にないから」——などとは決して考えないことである。

◇ミッチェルの法則

アーカンソー州の平凡な家庭に生まれたマーサ・ミッチェルは、努力の末にモデルとして成功し、弁護士だった夫ものちに大変な出世を遂げた。一時は素晴らしい名声を手に入れたが、夫がニクソン政権の司法長官となり、ウォーターゲート事件に巻き込まれたことで人生が完全に狂ってしまった。

一九七五年のある日、私は二人の編集者とともに、ニューヨークで彼女に会った。彼女が自伝を書こうと考えているというので、昼食をとりながらそのことについて話したのだ。長年の新聞報道で私たちが知っていた彼女は、声が大きく、自我の強い女性だった。しかし、私たちの会った彼女は、そのイメージとはまったく違っていた。

マーサ・ミッチェルは穏やかにこう言った。

「人生とはつるつる滑る石鹸のようなものです。自分ではしっかりとつかんでいるつもりでも、つるりと手から落ちてしまうんですよ」

これを私は「ミッチェルの法則」と名づける。私が勝手につけたものだ。

この本で何度か触れたヘッドハンター、ウィリアム・バッタリアはこんなふうに言っていた。

「自分は将来、こうしたい、ああしたい、と計画を立てる人はたくさんいます。でも、その計画通りになるかどうかは、少なくとも半分は運次第なんです。運と言って悪ければ、偶然の出来事に左右される、と言い換えてもいいでしょう。もし、成功した人物が私のところにやってきて、『自分の人生はすべて計画通りに進んできた』と言ったとしたら、私はこう返すでしょう。『あなたは自分に都合の悪いことを全部忘れているだけだ』と」

第一部で紹介したカーク・ダグラスの発言も、同じことを指摘している。

「人間は、自分の人生が自分の思い通りになると考えたがりますが……。でも、そんなのはとんでもない勘違いですね。人生にはいつも『未知の要素』があると思います」

この未知の要素こそ、我々が普段「運」と呼んでいるものである。本書の冒頭で、私は「運」という言葉を「人生を大きく左右し、人間の手で操作・制御することが不可能に見える事象」と定義した。もし、「自分だけは運には左右されず、自分の人生を完全に自分の思い通りにできる」と信じている人がいるとしたら、その人はとんでもない勘違いをしていることになる。この勘違いは危険である。

「何もかもが自分の思い通りになる、そんなふうに思ったことがありました」

マーサ・ミッチェルは言う。

「欲しかったものをすべて手に入れて、何か自分の人生を思い通りにコントロールできるような気分になっていたんです。『油断さえしなければ、きっと私は何も失わずに済むだろう』――そう思っていました。でも、それは間違いでした。結局、私は何もかも失ったのですから。でも、私があれほど自信過剰でなかったら、いつか何かを失うかもしれない、という気持ちがどこかにあったら、こういう事態に備える方法はいくつもあったはずなんです……」

彼女が言うのは、「もっと悲観的な態度でいればよかった」ということだ。自分の人生を思い通りにできるなどと思わず、「思い通りになどなるわけがない」という悲観的な見方をしていればよかったのだ。

一九六〇年代の時点で、彼女が将来自分の身に起きることを予測するのは絶対に不可能だった。夫がこれほど大きな政治的スキャンダルに巻き込まれるなど、いったい誰が予測できただろう。登りつめた地位から一気に転げ落ち、混乱の中で夫とも別れ、無力で孤独な存在になってしまうこと、体調も崩し、ほとんど破産状態にまで陥ってしまうこと、そんな予測ができた人間は一人もいなかったに違いない。

しかし、具体的に何が起きるかは予測できなくても、「自分はいずれ不運に見舞われるかもしれない」ということを見越して、それに備えることは可能だったはずだ。少なくともお金の面に関しては、不運に備えることができただろう。そして感情の面でも。自分はいずれ不幸な目に遭うと思っていれば、実際にそうなったときも、驚いたり、動揺することはなかった。あの栄光の真っ只中で「人生とはつるつる滑る石鹸のようなもの」という言葉が言えればよかったわけだ。

だが本人も認める通り、それに気づいたときにはすでに遅すぎた。

予測もしなかったこと、自分の力では防ぎようのないことが突如として自分の人生に入り込んでくる、そんなことがいつあっても不思議はない。運が良い人は、運が悪い人に比べて、それをはるかによく認識しているのだ。誰の人生も、完全に本人の思い通りになることはあり得ない。運の良い人は、自分がそういう「不確実」な世界に生きていることを知っている。

彼らは、いつチャンスがめぐってきてもいいよう、備えをしているし、またいつ危険にさらされてもいいよう、自分の身を守る対策を講じている。そして、実際にチャンスが目の前にやってきたら、確実につかみ取る。自分の予定にはなかったから、進むべき道を外れてしまうから、などと言ってみすみす逃してしまうことはない。不運に襲われたときには、さっと身をかわす。それができる態勢になっているのだ。すぐに逃げるので、身動きが取れない状態には陥らない。

運の良い人は、人生を秩序あるもののように錯覚したりはしない。前もって細かく計画を立てたとしても、すべてその通りにできるなどとは思わないのだ。決して予想通りにならないこの「無秩序さ」、「でたらめさ」が、あるときは人を喜ばせ、あるときは人をいら立たせる。いら立ってしまう人が、すなわち「運の悪い人」というわけだ。運の良い人は、この無秩序さを事実として受け入れ、嫌でも対処しなくてはならないものと考える。そこが、運の悪い人と決定的に違っている。

運の悪い人は、無秩序さを受け入れようとはしない。無秩序でないことを、何とか証明しようとする。

ミシガン州立大学の経営学教授、ユージーン・エマソン・ジェニングズ博士も、自身の研究の中でそのことを確かめている。博士は、企業経営者のどのような資質が成功・失敗を分けているのかを長年研究し、その結果を『Executive Success（経営者の成功）』という本にまとめた。

この本の中で博士は、失敗しやすい経営者には二つの特徴が顕著に見られる、という興味深い見解を示している。その一つは、「自分だけは不運に襲われない」と思っていること、もう一つは、「人生で起きるあらゆる出来事を自分の意のままにできる」と思っていることである。

「経営者の仕事は、計画を立てて、その通りに物事を進めていくことです。しかし実際には、偶然、あるいは何かの間違いによって、思いがけず起きることはとても多いのです」と博士は書いている。そして、ずっと成功を続ける経営者は、そういう不測の事態への精神的な備えができているのだという。だから、突然不運に襲われても、混乱したり気力を失ったりすることはない。反対に失敗しやすい経営者は、不運に対する心の準備がないので、ちょっとしたことで簡単にうろたえてしまう。

成功した経営者に共通するのは、どんなに慎重に計画を立てても、その計画を狂わせるようなことは絶対に起きる、と理解していることである。もちろん、計画が狂えば良い気分ではないが、それで挫折することはない。計画の狂いがすべて自分のせいだとは思わないからだ。「責任の一端は自分にあるかもしれないが、どうしても不運に襲われるときはあるから仕方がない」と考えるのである。

逆に、失敗する経営者は、そんなふうに穏やかに事実を受け止めることができない。物事は必ず自分の思い通りにコントロールできるという幻想にとらわれているため、不運に襲われたことを自分の能力や努力が足りないせいだと思ってしまう。どうやっても自分の手には負えないこともあるのだ、とは思えないのだ。彼らは「自分のミスだ」という気持ち、自分を責める気持ちから逃れることができない。

突然の不運に対し、こういう反応をしていては、状況がさらに悪化することになってしまう。それでビジネスがうまくいくわけがない。前述の数学者ホレス・レビンソンも、先に紹介した著書『Chance, Luck and Statistics』の中で、ある企業の経営幹部のエピソードを書いている。

その幹部は、競合する企業から市場シェアを奪い取るべく、綿密な計画を立てた。それは素晴らしい計画だった。しかし、計画を実行に移し始めた途端、予想もしなかった不運に見舞われ、先へ進むことができなくなってしまったのだ。

彼は再度の挑戦を望んだ。「失敗したのは、偶然の出来事のせいだ。同じことはそう何度も起きない」と主張したのである。もちろん、絶対に同じことが起きないという保証はないので、今度はそのときのための十分な備えをしておけばいいという考えだった。だが、ほかの経営幹部たちは賛成しなかった。「事実、一度失敗しているのだから、やはりこの計画自体が良くないに違いない」というのだ。これでは、せっかくの優れたアイデアが生かされることなく捨てられてしまう。

しかし、こういう発想をする人は決して珍しくない。ビジネスには必ず偶然の要素があるのに、それを無視してしまうのだ。計画の失敗が偶然の出来事のせいだったにもかかわらず、計画そのものが悪かったかのように考えてしまうのである。

同じようなことはビジネス以外でもある。自分に起きることをすべてコントロールできると信じている人は、どこにでもいるからだ。そういう人は、不測の事態に対する備えがない。自分の力の及ばないところで何かが起こり、勝手に運命を決められてしまうことはいつでも起こり得るのだが、彼らはそれをまったく予期していない。備えがないので、実際に不測の事態があるとすっかりうろたえてしまい、有効な対応ができなくなるのだ。

その点から言えば、プロのギャンブラーは、ビジネス界の人より総じて賢明である。元ギャンブラーのE・ルイス・マヒゲル博士もこう言っている。

「プロのギャンブラーは、たとえばカードゲームの場合なら、結果が腕と運の両方で決まることをよく知っています。それで、この二つを自分が混同しないよう、常に細心の注意を払っているのです。また、二つをつい混同しがちな愚か者をカモにして儲けようとする、と言ってもいいでしょう。愚か者たちの特徴は、実際には自分の思い通りにならないことまで、思い通りになると信じ込むところにあります」

何度か続けて良い手札に恵まれて勝負に勝ち、目の前に大量のチップを積まれたとき、愚か者たちは、つい「自分の腕がいいから勝てた」と思ってしまう。あるいは、「今夜はついてる。このまずっと勝ち続けられるに違いない」と思ってしまう。どちらにしても、それは幻想なのだ。

プロのギャンブラーは、こういう愚か者の姿をテーブル越しに眺め、「しめた」と思う。すっかり気を良くした愚か者は、手札がたいして良くないときでも大きな賭けに出てしまうことを知っているからだ。ゲームのツキはいつでも簡単に変わってしまうのだが、愚か者はその変化に対する備えができていない。彼らは、自分の腕も運も揺るぎないものだと思い込んでしまっている。

この思い込みにプロが拍車をかける。「いやー、見事なお手並みですね。今夜はついているみたいですよ！」などとそそのかすのだ。資金の豊富なプロは、多少負けが込んでも十分に耐えられる。じっと耐え、自分のところにツキが回ってくるのを待つ。そして、ツキが回ってきたら、すかさずそれをものにするのだ。

自分の運命はすべて自分で決められる、そんなふうに思ってしまうことは誰にもある。だが、それは絶対に間違いだ。そのことは、ウィリアム・S・ホフマンJr.の著書『The Loser（負け犬）』にも明確に書かれている。なぜかさほど注目はされなかったが、非常に魅力的な本だ。

この本には、ギャンブル（特に競馬）に取り憑かれたホフマンが、ギャンブルによって徐々に破滅していく様子、借金を背負い、貧乏のどん底まで落ちていく様子が克明に描かれている。

私はこれまでに「運を良くする」コツをいくつか紹介してきたが、彼はすべてその逆をやって生きていた。もちろん「悲観的態度」も取らなかった。彼の心の中にずっとあったのは、スポーツの指導者として少し名の知られた父親から教わった昔ながらの倫理観だ。

すなわち「頑張っていれば、きっと良いことがある」という考え方である。

昔ながらの倫理観がかえって不幸につながることがある、ということはすでに述べたが、特に良くないのが、この「頑張っていれば、きっと良いことがある」という考え方だろう。これは、どう考えても完全な誤りである。なぜ、これほど長く生き残ってきたのか不思議なほどだ。不運な人によく見られるのだが、ホフマンも生活のあらゆる面でこの考え方に深く影響されていた。

彼は自分が競馬をよく知っていると信じていた。おそらくそれは事実だろう。そう言えるだけの豊富な経験を積み、努力もしていたからだ。つまり、「頑張って」競馬をやっていたわけだ。だが、彼はあまりに自分を信じすぎていた。自分の力で勝つ馬を当てられると信じ、運の要素をあまりに小さく見ていた。実際には、競馬においては、彼が思うより運の要素がはるかに大きかったのだ。事実、彼はその運によって破滅することになった。

人は皆、いつ不運に襲われるかわからない。不測の事態に対処するには、常に心の準備をすることが必要だ。自分の運命が思い通りになるなどと、絶対に思ってはならない。どういうことが、いつ、突然、自分の身に起きるかは誰にもわからないのだ。

マーサ・ミッチェルが身をもって証明してくれたではないか――「人生とはつるつる滑る石鹸のようなもの」だと。

ここまでは、マーフィーの法則とミッチェルの法則を別々に見てきた。すでに述べた通り、この二つは互いに関係し合っており、表裏一体と言ってもいいくらいのものだ。

では最後に、両方の法則を合わせて考えてみよう。

マーフィーの法則が教えてくれるのは、「自分の幸運を信じすぎてはいけない」ということだ。今まで運の良かった人でも、いつそれが変わるかはわからない。一方、ミッチェルの法則が教えてくれるのは、「運が自分の思い通りになると思ってはいけない」ということだ。たまに「思い通りになる」と錯覚することもあるが、実際にはそんなことはない。

結局、二つの法則で言われているのは、

悪いことはいつ起きるかわからないから、常に備えを怠ってはいけない

ということだ。つまり、「悲観的な態度が大事」ということである。それが運を良くするためのコツなのだ。悲観的であれ、と言われると、なんとなく希望を失ってしまいそうにもなるが、実は、その裏には希望も隠れている。

悲観的な態度が必要なのは、不運がいつやってくるかわからないからだが、いつやってくるかわからないのは「幸運」も同じなのである。二つはコインの表と裏だ。そして、いつやってくるかわ

からない幸運を確実につかむのが「勇気」である。たとえそれが、まるで予定になかったことだったとしても、思い切って前に出ないと幸運はつかめない。

幸運にしろ不運にしろ、自分の人生を自分で「こうだ」と決めつけてしまっていては、まったくうまくいかない。突然の幸運、突然の不運で人生が思いがけず大きく変わる、その可能性は絶対に無視できない。

マーフィーの法則、ミッチェルの法則からは、次のような「明るい」法則も導き出される。これもぜひ、覚えておいてほしい。

物事がうまくいっているときは、流れにまかせる

また、こんな法則も導き出せるだろう。

脇道にそれたほうがうまくいきそうなら、それてみる

だいたいわかってもらえただろうか?

どんなに頑張っても、人生は石鹸のようにつるつる滑るので、しっかりと手につかむことはできない。思い通りになることなどない。それを決して忘れないように。

では、読者の幸運を祈って、この本を終わりにしたいと思う。

■著者紹介

マックス・ギュンター（Max Gunther）

英国生まれの作家、ジャーナリスト、投資家。11歳で米国に移住。プリンストン大学卒業後、『ビジネスウィーク』誌勤務を経て、『プレイボーイ』『リーダーズ・ダイジェスト』『サタデー・イーブニング・ポスト』などの雑誌、新聞に寄稿するようになる。父親はスイス銀行界で活躍した人物で、世界的に名を知られた「チューリッヒの小鬼たち」と呼ばれたうちの一人。自らも13歳で株式マーケットに参入し、財を成す。

著書に『マネーの公理──スイスの銀行家に学ぶ儲けのルール』『運とつきあう──幸せとお金を呼び込む13の方法』（日経BP社）のほか、『Wall Street and Witchcraft』、『The Very, Very Rich and How They Got That Way』、『Instant Millionaires』など、多数。

■訳者紹介

夏目 大（なつめ・だい）

大阪府生まれ。翻訳家。『6時27分発の電車に乗って、僕は本を読む』（ハーパーコリンズ・ジャパン）、『エルヴィス・コステロ自伝』（亜紀書房）、『タコの心身問題』（みすず書房）、『「男らしさ」はつらいよ』（双葉社）、『ダーウィン「種の起源」を漫画で読む』（いそっぷ社）、『Think CIVILITY』（東洋経済新報社）など訳書多数。

2021年５月３日 初版第１刷発行

ウィザードブックシリーズ ㉛③

ツキの方程式
── 人生は思いがけず変化する

著　者　マックス・ギュンター
訳　者　夏目 大
発行者　後藤康徳
発行所　パンローリング株式会社
〒160-0023　東京都新宿区西新宿 7-9-18　6階
TEL 03-5386-7391　FAX 03-5386-7393
http://www.panrolling.com/
E-mail　info@panrolling.com
装　丁　パンローリング装丁室
印刷・製本　株式会社シナノ

ISBN978-4-7759-7282-3

ウィザードブックシリーズ 297

行動科学と投資
その努力がパフォーマンスを下げる

ダニエル・クロスビー【著】

定価 本体2,800円+税　ISBN:9784775972663

ヒトという不合理投資家のための特効薬！

ニューヨーク・タイムズの2017年ベスト投資本の著者による本書は、心理学を応用して資産運用の理論と実践を改善する方法を紹介している。心理学者であり、資産運用者でもあるダニエル・クロスビー博士は、私たちの投資判断に影響を及ぼす社会的・神経的・心理的要素を検証して、リターンと行動を改善する実践的な解決策を紹介している。博士は、投資家の行動に関する最新かつ包括的な検証を用いて判断過程を洗練させ、自己認識を高め、多くの投資家が抱える致命的な欠陥を避けるための具体的な解決策を提示している。

ウィザードブックシリーズ 301

ルール
トレードや人生や恋愛を成功に導くカギは「トレンドフォロー」

ラリー・ハイト【著】

定価 本体2,800円+税　ISBN:9784775972700

伝説的ウィザード ラリー・ハイトが教える相場版『バビロンの大富豪の教え』

本書は人生の困難から学ぶという勇気づけられる話であり、間違いなく投資において不可欠な洞察と教訓にあふれている。ラリー・ハイトはミント・インベストメント・マネジメント社の創立者兼社長だった。彼が在職していた13年間に、運用資金の複利でのリターンは手数料込みで年率30%を超えた。彼は「元本確保型」という概念を初めて作り上げた。これによって、このファンドは10億ドル以上を運用した最初の投資会社となった。ヘッジファンド界のトップに上り詰めたラリー・ハイトの力強い物語から、読者は間違いなく重要な洞察と教訓を得ることができるだろう。

ウィザードブックシリーズ 233

完全なる投資家の頭の中

定価 本体2,000円+税　ISBN:9784775972021

当代随一の投資家は人生でも成功者だった！
バフェットのビジネスパートナーの決定版！

バークシャー・ハサウェイの副会長であり、ウォーレン・バフェットの無二のパートナーであるチャーリー・マンガー。本書は、インタビューや彼の講演、投資家への手紙、多くのファンドマネジャーや投資家などの話からマンガーの投資戦略に不可欠なステップを明かした初の試みである。ベンジャミン・グレアムのバリュー投資システムから派生したマンガーの手法は非常に明快で、一般の投資家でも応用できる。しかし、本書はただの投資本ではない。これは、あなたの人生を助けるメンタルモデルを育むための教えでもある。

ウィザードブックシリーズ 246

リバモアの株式投資術

定価 本体1,500円+税　ISBN:9784775972151

リバモア自身が書いた唯一の相場書
順張りの極意が待望の復刊

20世紀初頭、トレードの世界で大勝利と破産を繰り返した相場師ジェシー・リバモア。彼は厳しく徹底したルールを自らに課し、外からの情報には一切流されず、自身の分析のみで相場に挑む孤高の相場師であった。何年もかかって独力で作り上げた投機のルールとそれを守る規律だけでなく、破産に至った要因、その分析と復活を成し遂げた軌跡は、その後の多くのトレーダー・投資家たちに大きな影響を与えた。本書はリバモアを知るための必読書である。

ウィザードブックシリーズ 280

ポール・ゲティの大富豪になる方法

定価 本体1,800円+税　ISBN:9784775972496

資産50億ドル【ギネス認定】
世界で最も裕福な男の「富の法則」

伝説の石油王、ジャン・ポール・ゲティ。世界一の大富豪でありながら、孫が誘拐された際に身代金の支払いを拒否するほどケチだったことでも有名だが、本書は、そうした行動のすべてにつながる一貫した信念が語られた貴重な一冊。金儲けの方法から財産を使って何ができるかまで、巨万の富を築いたゲティが成功の秘訣を具体的かつ実用的に余すところなく明かした本書は、彼のように富を築きたいと願う者にとって格好の教科書となるだろう。